新时代高等教育管理改革与高质量发展

——中国政法大学法学院专题理论文集

第二辑

中国政法大学法学院◎编

主　编◎王文英
副主编◎李玲慧

中国政法大学出版社

2024·北京

声　　明　1. 版权所有，侵权必究。

　　　　　2. 如有缺页、倒装问题，由出版社负责退换。

图书在版编目（CIP）数据

新时代高等教育管理改革与高质量发展：中国政法大学法学院专题理论文集. 第二辑 / 王文英主编.
北京：中国政法大学出版社, 2024.8. -- ISBN 978-7-5764-1665-7

Ⅰ. G649.21-53

中国国家版本馆CIP数据核字第2024126ZF0号

出　版　者	中国政法大学出版社
地　　　址	北京市海淀区西土城路 25 号
邮　　　箱	fadapress@163.com
网　　　址	http://www.cuplpress.com（网络实名：中国政法大学出版社）
电　　　话	010-58908435(第一编辑部) 58908334(邮购部)
承　　　印	固安华明印业有限公司
开　　　本	720mm×960mm　1/16
印　　　张	18.5
字　　　数	330 千字
版　　　次	2024 年 8 月第 1 版
印　　　次	2024 年 8 月第 1 次印刷
定　　　价	88.00 元

序 言

经过两年的精心策划，中国政法大学法学院编的《新时代高等教育管理改革与高质量发展——中国政法大学法学院专题理论文集（第二辑）》和大家见面了。这本书的出版凝聚了中国政法大学和兄弟院校教师、行政人员和辅导员对"高等教育管理"这一主题的多重思考、研究与实践。

中国政法大学法学院是国家重大教育教学改革试点工作的具体承担学院，也是中国政法大学践行教授治学最早的试点学院。为深入总结高等教育管理规律，积极推进高等教育管理创新，加快提升大学治理体系和治理能力现代化水平，学院特别创设了"新时代高等教育管理改革与高质量发展"主题系列活动，已连续举办四届征文活动，主题涵盖高等教育管理改革的诸多领域，从校院二级管理到科研体制机制改革，从学生管理与就业到思政教育与实践教学，从党团建设到国际交流合作等，进一步激发了高校同仁的创新热情，也深化了大家对相关主题的理性思考。同时，我们还成功举办了四届主题论坛，邀请中国人民大学、北京师范大学、西南政法大学、首都经贸大学等10余家兄弟院校法学院同仁，与我校校部机关负责同志等深入开展研讨，在沟通中凝聚共识，在交流中启迪智慧，在碰撞中升华思想。在此基础上，我们选择第三届和第四届征文中的优秀成果，汇编成此论文集。

本书的内容编排体现了策划人的匠心。本辑论文集共分为四个篇章，高校治理篇，探讨新时代法学教育评价体系、高校教师招聘、高校考核机制、大学治理能力、高校校园安全、国际化办学指标体系建设、大学生就业法律权益维护与风险防范等。人才培养篇，探究研究生联合培养基地建设、高校法学应用型人才培养、法律职业伦理课程思政建设、法学交叉学科专业人才培养、大学生创新创业教育等。党团建设篇，进行高校教职工党支部类型化研究、高校基层团支部研究、党的二十大精神的青年化阐释、高校师德监督体系构建等。思政教育篇，开展高校思政教育工作创新发展路径研究、习近平法治思想融入法科学生职业伦理教育研究、法学实验班班主任工作思考、高校辅导员角色定位、高校新生适应性教育研究、资助育人体系建设研究等。

  愿以该理论成果向法大 72 周年校庆献礼。希望这本书的出版，能推广法学教育管理经验，推进高校同行间深入交流，为新时代高等教育的高质量发展贡献一份力量！

王文英

中国政法大学法学院党委书记

2024 年 7 月

目录 contents

一、高校治理篇

新时代教育评价改革对高校教师招聘的影响与对策分析
　　——以中国政法大学为例　　　　　　　　　　　　　刘　澍 / 1
学校、学院、教师三级联动考核机制：T职院的实践　　　许　琦 / 10
结构功能主义视角下"大学治理能力"的提升与路径优化
　　——以领导干部的权威构建为切口　　　　　吴昌林　张泽政 / 24
基于和谐视角的高校校园及周边环境安全治理模式研究　郭佳楠　张　慧 / 41
地方高校群落与高校体制间互动：以河南商丘为例　　徐宁远　路子琦 / 57
国际化办学指标体系建设及其反思　　　　　　　　　朱　铮　曹昱晨 / 65
法学院实验班就业合力机制研究　　　　　　　　　　　　樊昌茂 / 80
大学生就业法律权益维护与风险防范　　　　　　　　王家启　高泽宇 / 86

二、人才培养篇

协同育人：法律硕士研究生联合培养基地建设成效研究
　　——以体育法法律硕士研究生培养为例　　　袁　钢　倪晗悦 / 96
成果导向理念下高校法学应用型人才培养目标的重塑　　　　魏小来 / 107
法治中国建设下"大思政课"教学规范化研究
　　——以思政教育与实践教育协同育人为视角　　　　　　杜津宇 / 120
法律职业伦理课程思政因素的挖掘与开拓　　　　　　　　　王迎龙 / 134
大数据时代实行教学目标责任制提升教育实效性　　　王华彪　耿　茹 / 143
法学交叉学科专业人才培养的问题与对策　　　　　　　　　杨雪婧 / 149
浅析新时代财经院校大学生创新创业教育面临的问题与对策
　　——以南京财经大学为例　　　　　　　　　　　　　张周驰 / 155

实验班本科生导师制探讨　　　　　　　　　　　　　　　　孟祥滨 / 162
构建以创新力为核心的人才自主培养质量标准体系　　　管晓立　郝丽婷 / 169

三、党团建设篇

高校教职工党支部类型化研究　　　　　　　　　　　　　　王文英 / 174
构建"三位一体"学生党建高质量提升体系
　　——以"励志学堂""强信讲堂""笃行课堂"为例　　　孙　毅 / 180
构建高校院系高质量学生党建工作体系的实践与思考
　　——以Z大学法学院为研究对象　　　　王家启　孙文亭　王毅彬 / 187
思政育人视域下新时代高校基层团支部的困境与对策研究
　　——以南京财经大学财政与税务学院为例　　　　　　张周驰 / 197
党的二十大精神的青年化阐释　　　　　　　　　　　　　　邱　然 / 206
高校师德监督体系中的信任理论、制度及重构方案　　　　任国征 / 211
习近平总书记关于师德师风建设重要论述探析　　　　　　徐　茂 / 229

四、思政教育篇

新时代高校思政教育工作创新发展路径研究
　　——以学习党的二十大精神思政教育工作体系为例　　刘彦君 / 239
习近平法治思想融入法科学生职业伦理教育的有机路径　　黄天浩 / 244
法学实验班班主任工作的实践与思考　　　　　　　　　　姜晓敏 / 249
论辅导员在中学教育到大学教育转变中的作用　　　　　　孟祥滨 / 262
新时代"三全育人"视域下高校辅导员的角色定位与履职路径研究 刘彦君 / 267
高校新生适应性教育研究
　　——以R学院"第一时间，第一接触"新生辅导员工作室为例
　　　　　　　　　　　　　　　　　　　　　　张宇飞　吴紫夷 / 272
学生发展需求的变化对学生发展工作的挑战
　　——以法学院卓越法律人才培养为例　　　　　　　　樊昌茂 / 282
"五育并举"视域下资助育人体系建设研究
　　——以中国政法大学为例　　　　　　　　　　　　　韦　婷 / 288

一、高校治理篇

新时代教育评价改革对高校教师招聘的影响与对策分析

——以中国政法大学为例*

刘 澍**

摘 要：教育评价事关教育发展方向，有什么样的评价指挥棒，就有什么样的办学导向。在新时代的教育评价改革中，对高校教师的招聘也提出了新的要求，这具有极其重要的指导性作用。而教师招聘，正是教育评价改革中的关键环节，它直接关系到教育评价改革的效果。一个科学、合理的教师招聘制度，有助于构建更高水平的师资队伍，从而更好地服务于学校的整体发展。在新时代教育评价改革背景下，高校应该立足教育事业发展的实际情况，持续增强贯彻落实《深化新时代教育评价改革总体方案》的行动自觉，建立全面公平的人才引进评价机制，建设高水平的人才队伍，服务国家教育事业发展。

关键词：教育评价改革；人才招聘；高校

教育评价事关教育发展方向，事关教育强国建设。2020年10月13日，中共中央、国务院印发了《深化新时代教育评价改革总体方案》（本篇文章以下简称《方案》），《方案》提出了22条重点改革任务，搭建起了新时代教育评价改革的"四梁八柱"。《方案》提出："树立正确用人导向。党政机关、事业单位、

---

* 本文系中国政法大学科研创新项目资助（中央高校基本科研业务费专项资金资助）项目"浅析新时代教育评价改革对高校教师招聘的影响与对策分析"（10823568）的阶段性成果。

** 刘澍（1989-），男，中国政法大学人事处人事科科长，副研究员，中国政法大学光明新闻传播学院博士研究生在读。

国有企业要带头扭转"唯名校"、"唯学历"的用人导向，建立以品德和能力为导向、以岗位需求为目标的人才使用机制"[1]。《方案》还要求，"促进人岗相适。各级公务员招录、事业单位和国有企业招聘要按照岗位需求合理制定招考条件、确定学历层次，在招聘公告和实际操作中不得将毕业院校、国（境）外学习经历、学习方式作为限制性条件。职业学校毕业生在落户、就业、参加机关企事业单位招聘、职称评聘、职务职级晋升等方面，与普通学校毕业生同等对待。用人单位要科学合理确定岗位职责，坚持以岗定薪、按劳取酬、优劳优酬，建立重实绩、重贡献的激励机制"[2]。总的来说，《方案》为教育评价改革指明了方向，也为高校教师的招聘带来了深远的影响。从《方案》出台至今，国家又有一系列配套文件密集印发，推动打通教育评价改革"最后一公里"。

为扭转"唯帽子"倾向，推进人才称号回归学术性、荣誉性，教育部印发《关于正确认识和规范使用高校人才称号的若干意见》，从不同角度回答了人才称号"怎么看"，从实践层面对人才计划改革、高校人才引进与管理、各类评估评审"怎么办"提出一系列改革举措。

为破除论文"SCI至上"，推动高校回归学术初心，净化学术风气。教育部、科技部印发《关于规范高等学校 SCI 论文相关指标使用 树立正确评价导向的若干意见》，其中提出应建立健全分类评价体系、完善学术同行评价、规范评价评审工作，同时提出 5 项负面清单规范高等学校 SCI 论文相关指标使用[3]。

为破除哲学社会科学研究评价中"唯论文"不良导向，推动高校加快构建中国特色哲学社会科学，教育部印发《关于破除高校哲学社会科学研究评价中"唯论文"不良导向的若干意见》，要求树立正确导向、严格底线要求、优化评价方式，全面优化学术生态，不断提高研究质量，推动高校加快构建中国特色哲学社会科学[4]。

---

[1] 《中共中央 国务院印发〈深化新时代教育评价改革总体方案〉》，载 https://www.gov.cn/zhengce/2020-10/13/content_5551032.htm，最后访问日期：2024 年 7 月 3 日。

[2] 同上。

[3] 《教育部 科技部印发〈关于规范高等学校 SCI 论文相关指标使用树立正确评价导向的若干意见〉的通知》，载 http://www.moe.gov.cn/srcsite/A16/moe_784/202002/t20200223_423334.html，最后访问日期：2024 年 3 月 18 日。

[4] 《教育部印发〈关于破除高校哲学社会科学研究评价中"唯论文"不良导向的若干意见〉的通知》，载 http://www.moe.gov.cn/srcsite/A13/moe_2557/s3103/202012/t20201215_505588.html，最后访问日期：2024 年 3 月 18 日。

一、高校治理篇

这些文件的出台，标志着国家层面配套政策体系逐步健全，当然也对高校教师招聘带来了一系列的影响。

一、高校教师招聘的现状问题

根据中华人民共和国教育部的官方统计，截至2023年6月15日，全国高等学校共计3072所，其中：普通高等学校2820所，其中，公办院校2060所（含分校），具有事业单位性质[1]。根据官方统计，2023年我国高校毕业生数量达1158万，同比增加82万人，创历史新高，其中硕士毕业生77.98万，博士毕业生8.23万，同比增长都在5%以上，硕士和博士毕业生人数首次超过本科毕业生，另外，我国应届博士毕业生、往届延期和海外取得博士学位的人数超过10万人，截至2023年8月底，有将近40%的博士毕业生去了高校和科研机构，占比最多。这一趋势意味着高学历人才将越来越多地涌入就业市场，竞争也将变得更加激烈。以中国政法大学2024年教师招聘为例，全年计划招收44人，共接收有效投递简历3952份，每个岗位竞争比高达90∶1，竞争非常激烈。各高校的招聘普遍面临这样的问题，在面对如此众多应聘者中如何筛选出最优秀和合适的人才。根据国家对于高校岗位设置的指导意见，专业技术岗位一般不低于岗位总量的55%[2]。因此，高校招聘岗位主要以教师岗位为主，含教学科研型岗位、教学岗、科研岗和辅导员岗位。近年来，各高校的招聘普遍面临以下几方面的问题。

1. 政策预期目标和现实情况的矛盾难以调和。近年来，博士研究生毕业人数大幅增长，在这种增长趋势下，博士毕业生在就业市场上的稀缺性和含金量大打折扣。加之，近年来各高校不断进行大规模的招聘，各高校的师资队伍体量已接近饱和状态。目前，人才市场上高学历毕业生的数量远超过需求，使得教师岗位的竞争变得日益激烈。这种情况逐渐促使各高校提高了对招聘人员质量的要求。各高校在实际招聘工作中普遍建立了一定的标准，而且这个标准与

---

[1] 《全国高等学校名单》，载 http://www.moe.gov.cn/jyb_xxgk/s5743/s5744/A03/202306/t20230619_1064976.html，最后访问日期：2024年3月20日。
[2] 《人事部 教育部关于印发高等学校、义务教育学校、中等职业学校等教育事业单位岗位设置管理的三个指导意见的通知》，载 http://www.moe.gov.cn/jyb_xxgk/gk_gbgg/moe_0/moe_1443/moe_1497/tnull_23287.html，最后访问日期：2024年3月15日。

学历学位、毕业院校以及学术成果等可量化的指标建立匹配。现实状况恰恰与《方案》要求的破除"唯名校""唯论文"等导向有冲突和矛盾。教育评价改革的真正难点和关键在于政策如何落地落实。《方案》颁布后，虽然教育评价改革取得了一些积极的进展，但是在观念、文化和制度等多个层面也遭遇了复杂的困境。深层次的矛盾和问题逐渐暴露出来，部分政策的预期目标与实际效果之间存在明显的偏差。教育的功利化、短视化等不健康趋势还未得到根本性的改变，"唯论文论""唯帽子论"等根深蒂固的问题依然存在。

2. 招聘条件提高和招聘规模缩减的矛盾日益凸显。高校引进人才时，会看重人选的专业才能和教育背景。过去几年，对人才的学历要求以硕士为主，现阶段人才，具有博士学位的占比逐步提高。尤其是一些拔尖人才，覆盖各学科带头人等岗位，高学历是各项硬性衡量指标的重要指标。各高校接收的简历基本能满足教育部要求的最低标准线，在众多高学历中挑选更优秀的人才，不可避免要比较毕业学校的知名度、综合实力以及优势学科教育资源配置的校际差异，甚至应聘者的学术论文等成果的数量和质量差异。上文已经提到，近年来各高校教师招聘特别是事业编制人员几近饱和，带来招聘规模缩减。以中国政法大学为例，2019 年招聘京外生源应届毕业生 25 人，2024 年计划招聘京外生源应届毕业生 18 人，招聘规模减小将近三分之一。

二、新时代教育评价改革对高校教师招聘的影响

教育评价改革强调实际应用能力和实践经验的重要性。传统的高校教师招聘过程主要注重应聘者的学术成就和研究能力，而忽视了教学能力和实践经验的评价。随着教育评价改革的推进，高校教师招聘对教学能力和实践经验的要求也在逐渐增加，这对高校教师的招聘带来了新的影响。

教育评价改革强调综合素质评价的重要性。新时代要求高校培养更具综合素质的人才，因此在高校教师招聘中，综合素质评价也越来越受到重视。传统的学科背景和学术成果评价已经不能完全满足当前高校教师队伍建设的需要，因此对高校教师招聘带来了新的影响。新时代教育评价改革严格禁止招聘的歧视性条件，保障了招聘公平性，提升了人才引进的质量，促进了人岗相适，有利于建设更高水平的师资队伍，服务于学校学科整体发展。《方案》在重点任务中对事业单位的招聘提出了一系列要求，从当前高校人才招聘改革的视角来看，

《方案》的要求大致可归纳为两个方面：人员与职位的匹配性和招聘的公正性。在人员与职位匹配性方面，《方案》强调，在高校进行人才招聘时，必须根据学校的学科结构和未来发展愿景来选择合适的人才，确保人与职位的高度契合。高校在招聘人才时，应以岗位需求为导向，不仅要求应聘者具备胜任该岗位的专业能力，更需注重其是否具备高尚的师德。对应聘者的评估，应着重考察其是否拥有良好的教学道德和教育风范，以及他们能否肩负起教育学生、引导学生前行的重任。这是选拔优秀人才的首要条件。

为了完善高校人才评价体系，我们需要摒弃"只看名校背景""只看论文数量"等过时且片面的评价标准。取而代之的，应当是从教学能力、科研实力以及社会服务等多个层面，全方位地评估一个人是否胜任其岗位，这样才能真正挑选出全面优秀的人才。在招聘的公正性上，高校需要确保对所有应聘者一视同仁，不得因应聘者的毕业学校、是否有海外学习经验或学习方式等因素而有所偏见。深化新时代教育评价改革对高校人才招聘势必会产生积极的影响，主要体现为以下几方面：

1. 新时代教育评价改革促使人才招聘与岗位需求紧密结合。高素质的人才队伍是推动高校持续发展的核心资源。为了学校的整体和谐发展，必须根据岗位的特性选择合适的人才，确保人才与岗位的高度契合。《方案》倡导构建一个以岗位需求为导向的人才使用机制。为了落实这一机制，高校招聘应建立在充分的岗位规模分析基础上，根据拟聘岗位性质、岗位职责，结合学校学科发展需要，进行评估和研判。以往，各高校在招聘筛选简历时，倾向于看学术成果的数量和应聘者的学历毕业院校等条件，《方案》的出台推动了高校向重视人才与岗位匹配性的方向转变。这样的转变旨在确保每个招聘岗位都能充分发挥其预设的功能和作用，从而为学校的长远发展贡献力量。例如，中国政法大学近三年来，招聘的教学科研岗位教师，更多地结合学校"双一流"建设重点培育和紧缺学科需要，并且不以学历背景、论文数量等条件筛选，如果仅仅简单而粗糙地以学历背景和论文数量作为选拔人才的标准，不仅会造成人才资源的浪费，还会对那些虽然其他条件不够出色但真正适合岗位的人才造成不公平。相反，如果能够选择最适配岗位需求的人才，就可以有效地避免人才"过度消费"的现象，同时也有助于实现整个社会人力资源的更合理分配。这种方式不仅更加精准，也更能体现公平和效率。

2. 新时代教育评价改革机制提高人才招聘整体质量。教育部在《关于破除高校哲学社会科学研究评价中"唯论文"不良导向的若干意见》中提到："不得把 SSCI、CSSCI 等论文收录数作为教师招聘、职务（职称）评聘、人才引进的前置条件和直接依据[1]。"在评估应聘者的学术能力时，不仅应看成果的数量，更应看重论文的质量和学术价值。高校招聘人才时，应将教师的职业道德、思想政治、教学能力、科研实力、团队协作能力等综合因素作为重要的评价指标，不能仅仅依据候选人的毕业学校、是否有海外学习经历或发表论文的数量来全面评价其能力和素质，这样做有助于根除"只看名校背景"和"只看论文数量"的不良倾向。

为进一步规范高校教师履职履责行为，落实立德树人根本任务，弘扬新时代高校教师道德风尚，推进师德师风建设工作，2019 年中国政法大学相继出台《师德考核实施办法》和《师德师风负面清单和失范行为处理办法》，推动发挥各级党组织政治把关作用，坚持正面引导与负面约束相结合。坚持把师德师风作为第一标准，在人才引进、岗位考核、岗位聘任、推优评先等各个环节中，将教师思想政治素质和师德师风作为首要要求和第一标准，学校在教职工招聘、年度考核、聘期考核和职称评聘程序中，均增加了征求同级党组织意见环节。同时，注重健全师德师风长效机制，提升教师思政素养。在招聘笔试考试中，加入师德师风内容的考查；常态化开展课程思政及师德师风培训，每年实现新入职教师师德师风专项培训全覆盖，将师德师风建设要求贯穿招聘入职各环节，对聘用人员的师德师风和思想政治素质进行全面考察。2023 年，学校在聘用合同中加入了规范教师与学生发生不正当关系的规定条款，如查证属实，学校可以随时单方面解除聘用关系，进一步强调了师德师风第一标准，对师德违规问题零容忍。

3. 新时代教育评价改革保障高校人才招聘的公平性。在《方案》发布之前，国家和上级的人事制度规定中也多次强调公平性原则和禁止歧视性条件。与以往的文件规定相比，《方案》对招聘的公平性原则进行了更为明确的阐述，这一规定为高校的人才招聘提供了更清晰的指导，进一步确保了招聘过程的公正性。以往，各高校在招聘简历筛选阶段，常常过于简单地将国内与国外院校、

---

[1]《教育部印发〈关于破除高校哲学社会科学研究评价中"唯论文"不良导向的若干意见〉的通知》，载 http://www.moe.gov.cn/srcsite/A13/moe_2557/s3103/202012/t20201215_505588.html，最后访问日期：2024 年 3 月 18 日。

双一流高校与其他高校、全日制与非全日制的毕业生进行区分，导致招聘单位不看能力看出身，部分毕业生在公开招聘中受到不公平对待，这种所谓招聘歧视如长期存在，将对不同形式的教育发展造成不利影响。2022年起，中国政法大学在公开招聘启事中，将明确标明招聘人员类型的信息删除，取消关于海外学历的要求，认真贯彻落实《方案》要求，改革用人评价方式，扭转不科学的教育评价导向，坚决扭转"唯名校""唯学历"的用人导向，提高学校教育治理能力和水平。

三、深化新时代教育评价改革教师招聘的实践路径

扫除教育评价改革政策执行阻滞的过程是教育评价赋能提质的过程，不仅关乎教育评价的正本清源，更关乎教育高质量发展目标的实现。在新时代教育评价改革的政策推动下，高校人才招聘应准确识变、科学应变、主动求变，要主动寻求多方面的实践路径，以适应改革要求。

1. 转变人才招聘观念，树立思政评价体系。高校应该合理设置岗位资格条件，突出政治标准，坚持德才兼备。具体来说，第一，应该做到综合研判岗位职责要求和近年招聘情况等，科学设置拟招聘岗位学历、专业、年龄、工作年限等资格条件，避免设置带有歧视性、指向性及其他不合理的限制性条件，坚决防止"萝卜招聘""因人画像"等问题。第二，学历学位、专业等要求应当明确、规范。专业设置可以参考国家有关部门制定的学科专业目录等建议提出，并在招聘公告中明确参考目录名称、学科专业（类）名称及代码。留学归国等应聘人员所学学科专业不在选定参考目录的，资格审查部门（单位）应当结合所学课程、研究方向等进行审查，不得以学科专业不在参考目录为由不予通过审查。第三，实行应聘人员诚信承诺制度。应聘人员在报名时应当签署诚信承诺书，承诺所提供的信息真实准确，并承担不实承诺相关责任。

简言之，高校再也不能简单依靠制定不合理的条件筛选人才，采取笔试、面试、考察等流程全面评价应聘者综合素质和岗位胜任能力。高校应结合国家战略需求和经济社会发展需要，依据学校发展定位、学科建设整体部署和人才队伍建设实际，制定学校教师队伍建设规划。出台相关管理办法，要求各用人单位在招聘中，切实加强对拟聘专任教师政治素养、道德评价、精神风貌的考察。积极探索深化人事制度改革，始终坚持党管人才原则，发挥学校党委在人

才引进工作中的主体作用，制定人才引进规划，严把"进人关"，做到"凡引必审"，严格进行政治把关和舆情把关，并且将教师思想政治素质和师德师风作为首要要求和第一标准，引导教师以德立身、以德立学、以德施教。

2. 加强公开招聘统筹管理，提升规范化水平。各高校应该不断改进和完善公开招聘组织方式，防止和解决招聘组织工作不规范带来的问题，应严格按照规定程序组织开展招聘。第一，严格按照相关规定实施招聘程序。面向社会公开发布招聘信息，不应限制其他符合条件的人员报名应聘。不应以"人才引进"名义面向高校毕业生搞"绕道进人"。第二，规范招聘信息发布工作。不能仅通过内部网站、微信群或张贴布告等方式在特定人员范围内发布，招聘公告一经发布，不能擅自更改，确需更改的，也要按完整程序发布补充公告，并相应延长报名时间。资格审查应当严格规范。

高校应按照招聘公告明确的资格条件进行资格审查，符合公告所列条件的报名人员原则上都应当允许进入下一个招聘环节，对没有通过资格审查的应聘人员，有义务接受其询问并告知原因。资格审查应当贯穿公开招聘全过程，在招聘过程中的任何环节发现应聘人员不符合录用资格的，均应取消聘用资格。与本单位工作人员有亲属关系的，应当要求在报名应聘时主动报告，并认真落实《事业单位人事管理回避规定》，其中与本单位人员有亲属关系的履行回避原则，防范"近亲繁殖"问题。各高校也应该不断健全完善相关政策，切实加强指导监督。

参考文献：

[1] 邵雨辰：《新时代教育评价改革对于高校人才招聘的影响分析》，载《中国轻工教育》2021年第5期。

[2] 吴庆春：《高校教师招聘管理中的问题与对策》，载《佳木斯职业学院学报》2020年第11期。

[3] 李洋：《新时代教育评价改革对高校教师招聘的影响及对策》，载《北京师范大学学报（社会科学版）》2018年第5期。

[4] 张立红、王旭东、马腾：《新时代高校教师招聘中评价改革的实践与对策》，载《当代教育论坛》2019年第12期。

[5] 蔡吉祥、袁佳炜：《新时代背景下高校教师招聘中评价改革的问题及对

策》，载《现代教育管理》2019年第9期。

［6］张俊、李丽娟：《新时代高校教师招聘中教育评价改革的问题与对策》，载《教育探索》2020年第5期。

［7］杨玉娟、张娟、赵国文：《新时代高校教师招聘中评价改革的影响与对策》，载《中国高教研究》2021年第1期。

［8］陈丽：《新时代我国高校教师招聘中评价改革研究》，载《高教发展与评估》2019年第2期。

学校、学院、教师三级联动考核机制：T 职院的实践*

许 琦**

摘 要：将学校整体、学院集体与教师个体上下串联，探索并形成了一套齐抓共管的联动考核机制。贯彻省高校综合考核理念，有效地将其衍生到二级学院的办学水平评价，为二级学院充分发挥优势特长夯实基础；以二级学院发展目标引领年度目标任务管理，将目标任务分解落实到教师个人，敦促每位教师均成为质量保证责任主体。剖析了传递考核意图、盘点家底存量、构建目标任务、运用绩效奖励等学校-学院联动关键要素，实现二级学院优势互补，彰显学校整体实力，形成学校整体和学院局部之间的促进关系；分析了分解工作任务、监控工作进程、量化工作落实等学院-教师联动关键要素，将学院发展意图与教师提升意愿汇成凝聚力，形成学院集体和教师个体之间的叠加关系。阐述了 T 职院的考核模型和实施举措，力争为兄弟院校提供一份综合考核联动实施的实践案例。

关键词：联动考核；目标任务；意图传递；成果叠加；T 职院

一、引 言

2023 年，Z 省教育厅（以下简称省厅）面向全省公办高校启动了综合考核

---

* 本文系浙江省高职教育"十四五"第一批教学改革项目"建立健全高职院校督导评估长效工作机制：学校、学院、教师三级联动"（jg20230234）；2024 年度台州市教育科学规划研究课题"高职院校督导评估常态化机制研究"（TG24010）；台州职业技术学院 2023 年"四类优质"课程群教学管理专项课题"高职院校督导评估上下联动机制研究：台职院的实践与思考"（SL202323）。

** 许琦（1983-），男，浙江台州人，博士，教授，教育质量评估院院长，主要从事高职教育评价等方面的研究。

工作（以下简称省高校综合考核），通过多元化、定量与定性相结合的考核方式，对高校的各项工作进行综合评价，激励高校不断优化教育资源配置，提升教育教学、科研创新和社会服务能力，促进高校提升办学水平和教育质量。省高校综合考核是一项全面、科学的系统性评估工程，需要从认识论、方法论和实践论的角度出发，把握总体要求和具体指标的关系，细化量化各项指标，找准主要问题，提出相应方案，推进学校整体更上一个层次。江苏大学[1]在省属高校中率先实施校内综合考核，立足学科特点、办学规律，分类划定考核对象，区别设置考核内容，打造"共性+个性"的组合式考核内容，通过综合考核推动内涵式高质量发展；孙雁冰等[2]对差异化导向下江苏省高校高质量发展综合考核实施路径进行分析，充分考虑各校办学差异、特色，打造"共性+差异性"考核体系，最大限度地激发高校实现自身内涵建设和特色发展；闫燕琴[3]厘清了江苏省高校综合考核为什么考、考什么、怎么考、结果怎么用四个方面问题，为进一步有效发挥综合考核"指挥棒"作用夯实基础；眭平等[4]对江苏省高校综合考核制度体系的阶段性成效进行了总结，并从考核指标设定、考核流程安排、考核技术手段、考核结果应用等方面提出了构建高质量高校综合考核制度体系的对策建议；陈婕[5]总结了上海、江苏、山东等地的省高校综合考核与高质量发展理念的偏差，并从升级评价模式、引领高校自身高质量发展、推动高校服务区域经济社会高质量发展等方面提出了优化建议。

上述研究工作从问题导向、实施路径、偏差分析、经验总结等方面对各地的省高校综合考核工作进行追溯剖析，对各高校制定本校综合考核工作方案提供了有益的参考和借鉴。T职院结合实际校情，做好各方任务分工，调动各方积极性，探索并形成了一套职能部门（包括牵头部门和协同部门）、二级学院、教师个体齐抓共管的联动工作机制。本文第2节探讨学校、学院、教师三级联动机制的出发点和落脚点，重点分析了学校-学院联动、学院-教师联动的关键要素；第3节阐述T职院省高校综合考核、二级学院综合考核和教师工作绩效积分制考核的考核模型和实施举措；第4节总结全文，并对下一步的研究工作进行展望。

二、联动考核机制

综合考核工作如何落地，T职院作出了创新思考，实行学校、学院、教师三级联动考核，机制如图1所示。此处联动机制设计主要考虑两方面问题[6]：一方面，是否可以借省高校综合考核的契机，有效地将其衍生到二级学院的办学水平评价，促进学校整体办学水平提升，同时形成一种积极的激励和导向，充分激发二级学院的积极性，主动参与到省高校综合考核中来；另一方面，如何动员每一位教师围绕学校的中心工作认真履职，成为责任主体而不是置身事外，将学校发展意图与教师提升意愿汇成凝聚力，形成左右横向呼应、上下纵向联动的良好工作氛围。

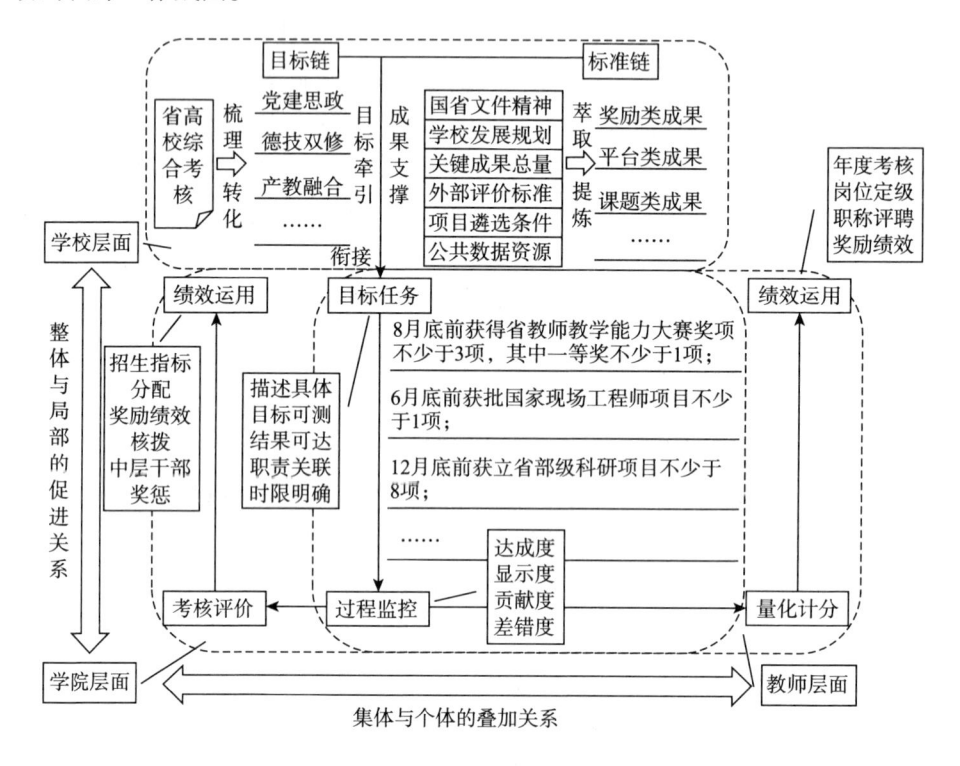

图 1　三级联动考核机制

（一）学校-学院联动

学校-学院联动的关键在于形成整体与局部的促进关系。省高校综合考核的理念是以考促政、以导促学、以评促建、以评促改，全面提升高校的办学能力和治理水平。二级学院综合考核要在科学衡量各二级学院专业领域办学水平的基础上，激励各个二级学院充分发挥各自特长，在优势领域多有作为，彼此弥补短板，在学校层面形成多点开花的局面，从而彰显学校的"特色亮点和办学

一、高校治理篇

水平"，提高整体办学质量[7]。

这个理念好比木桶理论：一只沿口不齐的木桶盛水的多少不在于木桶上最长的那块木板，而在于最短的那块木板。如图2所示，在各个二级学院办学情况中，A二级学院的优势在于其学生的学科竞赛水平，B二级学院的长板在于其社会培训能力，C二级学院的亮点则在于其教学团队师资实力。各个二级学院优势互补，从而有效提升学校办学质量"水位线"。

学校-学院联动的关键要素如下：

1. 传递考核意图。二级学院综合考核必须和省高校综合考核有效对接，明确考核导向，理清考核意图，分解考核指标，梳理转化，科学地形成二级学院发展目标链。在认真研读省高校综合考核相关办法及实施细则的基础上，对考核方案、指标内涵、考核标准、考核方式等进行解析，明确考核关注点，为二级学院准确把握省厅考核意图提供参考和支持。

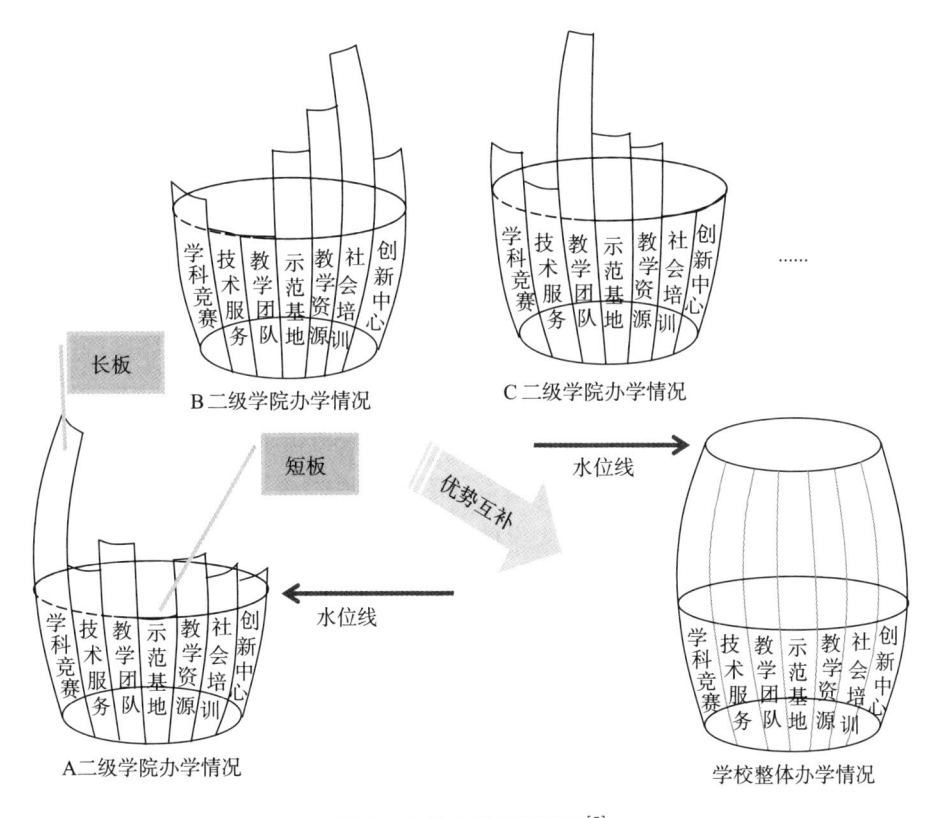

图2 办学水平木桶理论[7]

2. 盘点家底存量。从国家、省职业教育纲要、学校"十四五"发展规划、社会各界公认评价标准、竞争性质量工程项目前置遴选条件、公共数据资源中萃取提炼标志性成果指标，并盘点各项指标当前家底存量情况，合理地设置未来三到五年二级学院发展标准链。即从学校的具体校情出发，明确体现二级学院专业领域办学水平的各项指标，它们应该是显性的、权威的、在业内知名度高且高职院校均认可的、在未来一段时间内具有示范作用和引领意义的，同时是"跳一跳能够到的"。

3. 构建目标任务。将二级学院发展目标链和标准链科学衔接，构建二级学院目标任务体系，形成二级学院综合考核的导向图和指挥棒。其中各项目标任务应该描述具体、目标可测、结果可达、职责关联、时限明确。例如，目标为：获得高职院校教师教学能力比赛奖项，标准为：8月底、省级、不少于3项（其中一等奖不少于1项），衔接为目标任务：8月底前获得Z省高职院校教师教学能力比赛奖项不少于3项，其中一等奖不少于1项。

4. 运用绩效激励。综合考核结果与二级学院招生指标分配、奖励绩效核拨相挂钩，同时也作为二级学院中层干部个人考核、奖惩的重要依据，将省高校综合考核的责任、压力以及激励衍生到二级学院层面。

（二）学院-教师联动

学院-教师联动的关键在于体现集体与个体的叠加关系。二级学院在明确综合考核指挥导向的基础上，可以按照工作岗位对综合考核目标任务进行逐层分解（二级学院-专业-教师），将具体工作分解到教师个人，使得每位教师均成为综合考核的责任主体，激励广大教师更加关注二级学院的发展，更好地履行岗位职责。每一个目标任务的完成都离不开广大教师的参与，任何一项关键成果的取得均少不了广大教师的努力。以综合考核目标任务为中轴线，使得学院考核和教师考核产生交集，体现集体与个体的叠加关系。通过权重系数分配机制，传递成果价值，真正将学院发展意图与教师提升意愿融合为凝聚力，避免假性一致，形成学院发展和教师提升双赢的局面。

学院-教师联动的关键要素如下：

1. 分解工作任务。以二级学院发展目标引领年度目标任务管理，将目标任务按照执行步骤逐一分解，细化为具体工作，如图3所示，并确保责任落实到位。各条具体工作在表述上尽量做到目标量化、标准适中、职责到人，并有明

一、高校治理篇

确的截止日期。

2. 监控工作进程。实施工作月报制度，按月汇报工作进展，并反馈存在的问题和需协调事项，确定各条工作线协调推进。一方面，下级向上级（如教师向专业主任、专业主任向院长、院长向分管校领导）依据报表汇报工作可以直奔主题，简洁明了；另一方面，对于未按照预期进度实施落实的目标任务，及时查找原因，重点整改完善。

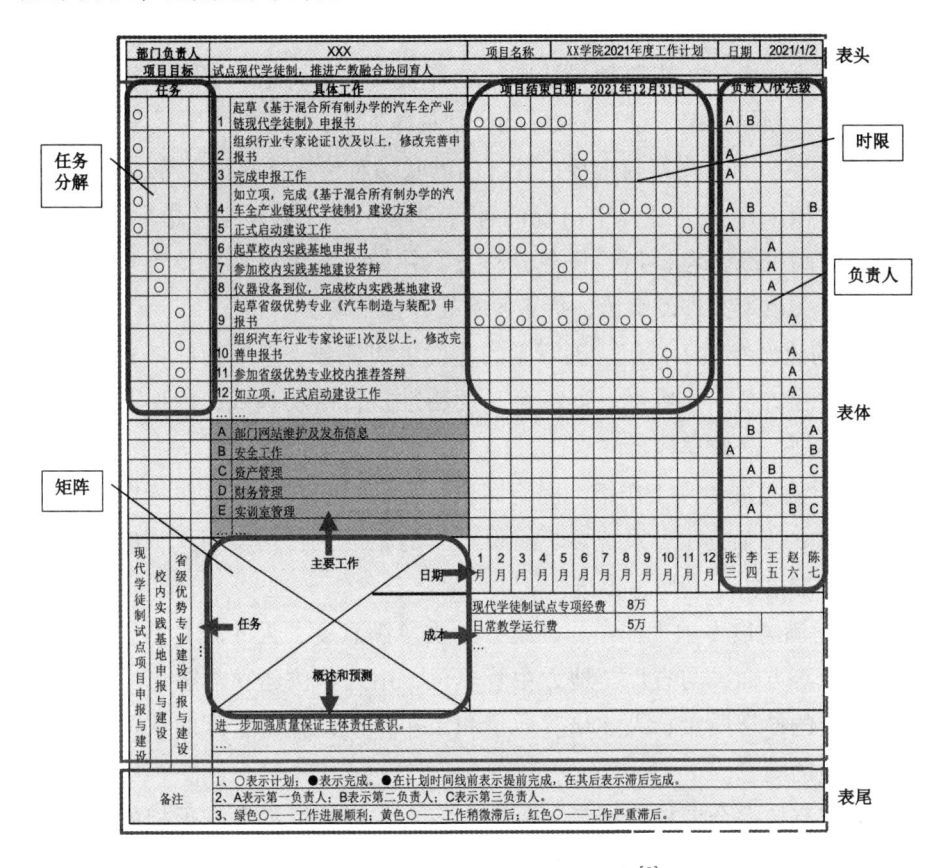

图3 二级学院年度工作计划报表[8]

3. 量化工作落实。任务落实情况跟教师个人业绩考核挂钩，作为教师职称评聘、绩效分配、评优评先的重要依据。每一项具体工作由一位或若干位教师协同完成，根据工作的达成度、显示度、贡献度、差错度等情况赋分，按照约定的权重系数按照责任人顺序分配给各个教师，量化工作落实情况，并计入教师工作绩效考核，与岗位定级、职称评聘、奖励绩效等挂钩。

· 15 ·

三、T职院的实践

（一）省高校综合考核

根据省高校综合考核相关办法及实施细则，为确保省高校综合考核重点任务高效有序推进，各项工作落到实处，T职院成立了学校省高校综合考核领导小组和工作专班，由学校主要领导挂帅，统筹全校力量，组织实施学校省高校综合考核工作。领导小组下设"一办三组"，具体如下：

1. 办公室。负责做好与上级主管部门的联络对接、材料报送等，及时调研、协调解决考核工作推进过程中出现的各类问题，实时掌握考核指标完成情况；负责制定省高校综合考核指标任务分解方案并做好部署落实；负责省高校综合考核工作有关政策文件的解读，指导各院处开张工作。

2. 党的建设专项工作组。围绕党的建设主线任务，对照指标任务和计分规则，建立"全方位、多维度、近距离"的精准执行落实模式，确保各项考核任务高起点谋划、高效率执行。

3. 高质量发展专项工作组。围绕高质量发展主线任务，对照指标任务和计分规则，建立"全方位、系统性、近距离"的精准执行落实模式，确保各项考核任务高标准落实、高质量推进。

4. 办学满意度专项工作组。围绕办学质量满意度、人才培养满意度、廉洁勤政满意度等方面，与省厅、地方主管单位、用人单位建立常态化沟通联络机制，以优良的办学质量、人才培养质量和工作作风，赢得省厅的认可、社会的好评、师生的满意。

按照省高校综合考核指标任务分解方案，各院处根据自身承担的职责，全力配合专班工作，把握好省高校综合考核的实施导向，做到考核有依据、办结有时限、过程有跟踪、结果有反馈，确保T职院考核成效。

（二）二级学院综合考核

在实施省高校综合考核的基础上，T职院开展了二级学院综合考核的实践性探索工作。在梳理转化Z省高校综合考核指标体系的基础上，以对接国省职教规划、优势资源互补、彼此弥补短板、彰显学校水平为理念，挂钩绩效核拨，激励二级

一、高校治理篇

学院主动参与，将综合考核工作衍生到二级学院层面。考核模型如下图所示。

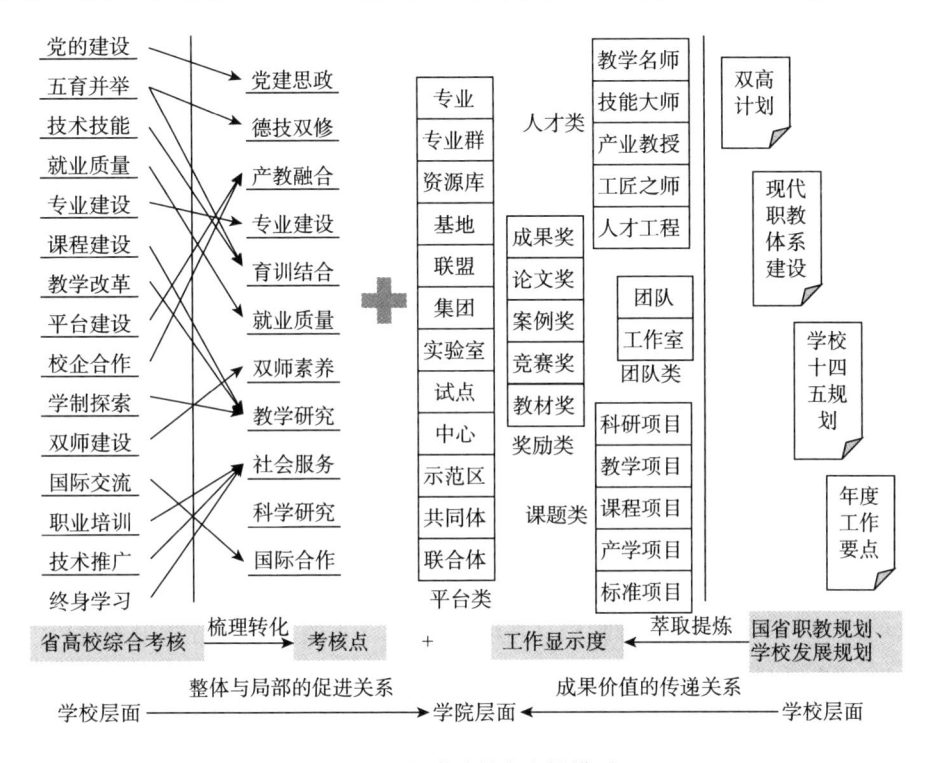

图 4　二级学院综合考核模型

二级学院综合考核要与省高校综合考核联动，以学校在全省公办高职院校中争先进位为出发点；又要将各二级学院优势资源集聚起来，以为二级学院扬优势、显特色创造机会条件为落脚点。因此，二级学院综合考核需以省高校综合考核为基础，同时聚焦显性的、权威的、具有示范作用和引领意义的关键性任务。此处的关键性任务主要参考教育部、Z 省教育厅近几年发布的职业教育系列文件和学校"十四五"发展规划，如国家、Z 省特色高水平高职学校和专业建设计划实施意见、关于深化现代职业教育体系建设改革的意见等。这些文件相辅相成、有机结合，从国省层面对职业教育作出了重大规划部署，对高职教育未来发展具有重要的引领意义。从中提炼显性指标（如专业试点、职教集团、行业指导委员会、工程技术研究基地、产教融合共同体、协同创新中心、智库、重点实验室、创新创业实践基地、丝路学院、鲁班工坊等竞争性质量工程项目)，结合省高校综合考核指标，形成具有 T 职院特色的二级学院综合考核指标

· 17 ·

体系，总分1000分，由考核点和工作显示度组成。

1. 考核点。考核点以省高校综合考核指标体系为基础，科学地转化为二级学院综合考核指标体系，具体方法如下：

（1）统筹考核点。此类考核点属于全校宏观统筹，适宜从全局考虑，准确把握学校发展形势和方向，例如考核点"治理体系"。这些考核点由相应职能部门牵头，其他部门和二级学院协同推进，不宜纳入二级学院综合考核指标体系。

（2）定性考核点。对二级学院进行定性评价，实操性不强。将定性考核点科学地转化或分解为若干量化指标，例如考核点"专业（群）建设成效"。从人培模式创新、三教改革等建设任务出发，梳理形成一套体现专业（群）建设实施效果的量化指标。以《本科层次职业教育专业设置管理办法（试行）》中专业设置条件与要求为依据，梳理提炼了生师比、学历比、带头人、社会培训以及就业率等量化指标。同时将本科职教专业试点、专业标准、高水平专业群等设置为加分项，激励二级学院产出标志性成果。

（3）定量考核点。定量考核点基本沿用省里的评价方法，但少数考核点略作调整。例如考核点"教师教学创新团队"，鉴于各个高职院校获得省级以上教学创新团队数量很少，为避免在二级学院层面横向对比时形成"一跟零"的排名局面，改为工作显示度形式进行评价。

2. 工作显示度。工作显示度为双高计划、现代职教体系建设等国省职教规划和学校"十四五"规划、年度工作要点等学校发展规划中提炼的显性指标，旨在激励二级学院争创特色优势，拓展优质资源，在学校层面形成多点开花的局面。按照属性相近归类，并根据国家级、省级、市级等层次，统一计分标准：

（1）项目类包括教改项目、科研项目、产学项目、标准项目等，立项和验收各计一半分值；

（2）获奖类包括案例奖、成果奖、论文奖、竞赛奖、教材奖等，获奖时一次性计分；

（3）人才类是指培养或引进教学名师、专业带头人、技能大师、产业教授、工匠之师等各类高层次人才，引进或入选时一次性计分；

（4）平台类包括教学资源库、本科专业试点、专业群、职教集团（联盟）、职业教育行业指导委员会、工程技术研究基地、产教融合共同体、产教融合实践中心、产教融合联合体、科创融合平台、协同创新中心、智库、重点实验室、创新创业实践基地、丝路学院、鲁班工坊、境外职业技能技术培训中心、中外人文交流人才培养基地、示范性继续教育基地、劳动和职业启蒙教育基地等，立项和验收各计一半分值；

(5) 团队类是指教学（科研）创新团队、名师（名技师、名校长）工作室等，立项和验收各计一半分值。

考核得分作为确定二级学院考核等级的重要依据。二级学院考核结果分为优秀（A级）、良好（B级）、合格（C级）、基本合格（D级）、不合格（E级）五个等级。工科、文科二级学院分列排序，优秀和良好等级占比原则上不超过80%，其中，优秀等级占比原则上不超过30%。考核结果作为二级学院招生指标分配、奖励绩效核拨、中层干部个人考核、奖惩的重要依据。

(三) 教师工作绩效积分制考核

为了激励广大教师关注学校的发展，更好地履行教书育人、管理育人、服务育人的岗位职责，改进本职工作，提高人才培养质量，T职院实施教师年度工作绩效积分制考核（以下简称积分制考核）。积分制考核坚持"以德为先、注重实绩"原则，体现工作量和实际贡献等因素，多劳多得、优绩优酬，发挥绩效工资分配的激励导向作用，调动广大教职工的积极性、主动性和创造性。考核模型如图5所示。

积分制考核以自然年度为周期，包括师德、教学、管理、科研四部分形成的积分，总分100分，考核结果分为A、B、C三个等级。各部分考核点均与学院层面的相关指标对应，且按照约定的加权系数量化计分，体现集体与个体的叠加关系。平台类成果（包括专业、专业群、资源库、基地、联盟、集团、团队、工作室、实验室、试点、中心、示范区、共同体等）、课题类成果（包括科研项目、教学项目、课程项目、产学项目、教材项目等）、奖励类成果（包括成果奖、论文奖、案例奖、教材奖、竞赛奖等）由多位教师组队完成的，按照排名顺序遵循约定的加权系数执行计分。

1. 师德。师德与学院层面的德技双修对应，总分8分，主要考核教师遵守《高等学校教师职业道德规范》《新时代高校教师职业行为十项准则》等师德规范的情况，包括为人师表、爱国守法、敬业爱生、教书育人、严谨治学等，特别是自觉抵制有损教师职业声誉和坚决抵制学术失范和学术不端行为的情况。

遵守师德规范是对教师最基本的要求，实行一票否决，旨在形成一条"不能碰、不想碰、不敢碰"的红线。师德考核包括正向激励和反向惩处两方面：

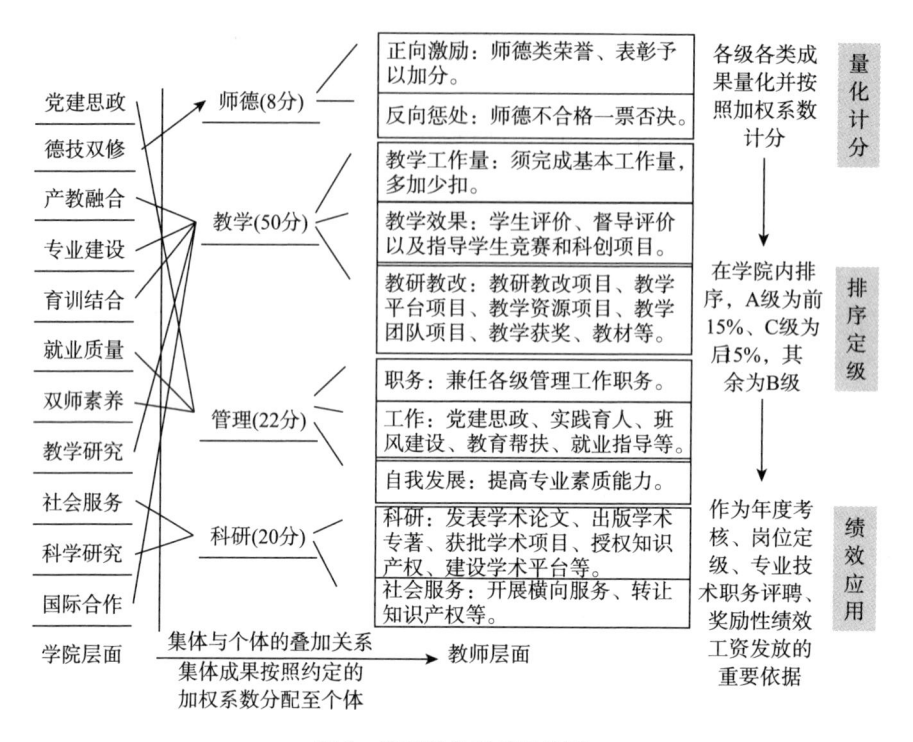

图 5 教师积分制考核模型

师德合格计 6 分，师德不合格计 0 分，且积分制考核结果不得定为 A 级和 B 级；同时，对教师所获师德类荣誉、被上级领导或者媒体表扬的师德行为，予以加分。

2. 教学。教学与学院层面的产教融合、专业建设、育训结合、教学研究、国际合作对应，总分 50 分，由教学基本工作量分值、教学业绩考核等级分值两部分构成，主要考核教师教学工作量、教学效果、教学研究与改革等情况。

教学工作量是指由教师实施完成的课程教学工作量（具体包括教学现场讲授、辅导、实验实训实习指导、毕业环节指导、社会实践指导等教学环节的工作量）和校、院督导实施完成的课程评价工作量。教学工作量以标准课时为计量单位，不同类型、类别、专业技术职务的教师均须完成一定的基本教学工作量。为激励教师更多地承担教学任务，在基本工作量基础上每增加 8% 课时加 1 分，上限为 4 分；未完成基本工作量每缺 1 课时扣减 0.1 分。此外，在日常教学检查中发现教师存在教学规范、教学差错、教学事故等问题，予以相应扣分。

教学效果主要指教师在承担课程、实践性教学等方面所获教学质量评价情况、育人成果情况等，由学生评价、督导评价、育人成果三部分内容组成。为保证学生评价和督导评价的公平、公正性，减少主观因素影响，学生评价取近三学年分值的加权平均，当学年、前一学年、再前一学年的权重占比分别为50%、30%、20%；督导组组长在听课结束后，负责召集组员对被评教师进行集体评议，督导评价取督导组评议分值。教师指导学生参加各级各类竞赛并获奖、开展各级大学生科技创新项目研究并获立项（结题），均可作为育人成果计分。

教学研究与改革主要指教师承担的教学研究与教学改革情况，包括教研教改项目、教学平台项目、教学资源项目、教学团队项目、教学获奖、教材等。这些成果以项目、奖项、教材等形式体现，激励教师积极开展人才培养、专业建设、课程建设、教材开发、校企合作、师资培养、基地建设、教学资源库建设、教育技能、教学对象、教学方法、教学理念、教学评价、课堂管理、教务管理等方面的研究。

3. 管理。管理与学院层面的党建思政、就业质量、双师素养对应，总分22分，主要考核教师兼任教学管理、学生管理、党建管理、行政管理、实验室管理、自我发展等管理工作情况。教师兼任各级管理工作职务、学术委员会委员、教学工作委员会委员、科研工作委员会委员、校工会委员、学院党总支委员、分工会主席、专业主任、班主任、党支部书记、教学秘书、综合办主任、实验员等职务，以及相应的育人及管理工作（如党建思政、实践育人、教育帮扶、学术讲座、班风建设、就业指导等），均予以计分。同时，为促进教师自我发展与提升，教师提高专业素质能力而进行的有关活动，包括人才工程、实践（挂职）锻炼、培训进修、访工访学、"双师"素质提升等，也予以计分。

设置管理考核计分项的目的是勉励教师"沉下心来教书育人"，而不是"上完课就走"，认真履行各级各类岗位职责，把更多的时间和精力投入到班级管理、专业建设和学校发展中，关注学生成长成才、专业质量提升和学校内涵发展，形成每位教师均是质量保证责任主体的良好工作氛围。

4. 科研。科研与学院层面的科学研究、社会服务对应，总分20分，包括基本科研工作量分值、超额科研工作量分值以及社会服务工作量分值，主要考核教师开展科学研究和技术服务等情况，包括发表学术论文、出版学术专著、获批学术项目、荣获学术奖励、授权知识产权、制订标准工法、建设学术平台、举办学术会议、开展横向服务、转让知识产权等。

不同类型、类别、专业技术职务的教师原则上均须完成一定的基本科研工作量，根据实际完成比例计分；在基本科研工作量基础上，根据超额科研工作量完成比例计算超额科研工作量分值；社会服务工作量分值则依据教师社会服务实际累计到账经费计算。

教师根据所聘专业技术职务，在所在二级学院内按照积分制考核总分、师德积分、教学积分、育人及管理积分、科研与社会服务积分、教学工作量的优先级顺序排序，A级为前15%，C级为后15%，其余为B级。积分制考核结果作为教师年度考核、岗位定级、专业技术职务评聘、奖励绩效工资发放的重要依据。

四、结　语

省高校综合考核是Z省教育厅深入落实新发展理念、推动高质量发展的一项重要工作安排。T职院通过多年的实践，探索了一套学校、学院、教师三级联动考核机制，将教师个体积分制考核与二级学院集体综合考核叠加，以二级学院的局部办学评价促进学校整体水平提升，发挥了评价科学及时、激励客观充分、绩效动态排名、质量自主保证等考核效果。相关工作入选了Z省深化新时代教育评价改革试点，获Z省教育评价改革典型案例1项、Z省高校教育信息化优秀案例2项、全国高职高专党委书记论坛优秀论文2篇、Z省职业教育与成人教育优秀教科研成果奖2项。

今后，T职院将继续健全该联动考核机制，形成高职院校综合考核联动实施长效工作机制，力争为省内外兄弟院校提供一份具有示范意义的实践案例。

参考文献：

[1] 任素梅、单毅君、吴奕：《"小切口"撬动"大发展"》，载《江苏教育报》2024年3月1日，第1版。

[2] 孙雁冰、胡燕：《差异化导向下江苏高校高质量发展综合考核的实施路径分析》，载《终身教育研究》2023年第2期。

[3] 闫燕琴：《江苏高校综合考核须厘清的几个问题》，载《科教文汇》2024年第2期。

[4] 眭平、吴立平、王峰：《江苏高质量构建高校综合考核制度体系的探索

与思考》，载《江苏高教》2021 年第 9 期。

［5］陈婕：《高质量发展视野下省域高校办学水平综合考核探析》，载《当代教育论坛》2022 年第 3 期。

［6］许琦：《聚焦校情显特色　优势互补促提升——台州职业技术学院教育评价改革出实效》，载《浙江工人日报》2023 年 3 月 3 日，第 4 版。

［7］许琦、杨林生：《高职院校二级学院督导评估理念和机制：T 职院的实践》，载《浙江考试》2022 年第 6 期。

［8］许琦、佘雪锋、范岑榕：《内部质量保证体系二级学院考核性诊改：T 职院的实践》，载《职业技术教育》2019 年第 29 期。

结构功能主义视角下"大学治理能力"的提升与路径优化

——以领导干部的权威构建为切口

吴昌林　张泽政[*]

摘　要：探索高校管理规律，完善大学治理结构，提升大学治理能力，是适应新时代高等教育管理变革的必然要求。结构功能主义语境中，大学治理是一个以实现高校社会功能为基础的结构系统，侧重于研究动态组合下的综合管理效能，要求衔接多元管理主体、有序推进各项组织目标、联合社会力量充分参与、塑造风清气正的高校环境。观乎其实质，提升大学治理能力与领导干部的权威构建密不可分，这也与 AGIL 模型要求的自发地调适、定向地达鹄、系统地整合、潜在地维模契合度较高。观照结构功能主义与领导干部的权威构建实践机理，针对性提出了多管理主体高效协同是首要条件，构建合理的分工模式是保障机制，项目为核心的资源整合系统是关键，好干部的五条标准是行动指南的优化策略。

关键词：高校治理能力；结构功能主义；领导权威

高校作为人才培育的重要阵地，其重要性不言而喻。积极探索大学治理能力的提升，不仅是增强高校影响力的有效途径，也是助力高校管理变革的重要实践课题。新时代社会环境日趋复杂，给高校管理者带来了更多的挑战。在此背景下构建高校领导干部的权威，为高校破解管理难题，推动高校资源合理化，

---

[*] 吴昌林（1964-），男，江苏南京人，华东交通大学人文社会科学学院副院长、博士研究生、教授、硕士生导师。主要从事公共政策、管理与科研工作。发表学术论文 80 余篇，其中，CSSCI 及以上 11 篇，中文核心 24 篇；张泽政（1995-），男，华东交通大学硕士研究生，获全国研究生公共管理案例大赛二等奖，录用定稿 CSSCI 论文 1 篇，发表中国人文社会科学核心期刊拓展学报论文 3 篇，参加并获邀在中国社会学、中国公共管理学等学术年会做学术汇报。

促进新的理念、新的管理模式走进高校提供了更多可能。领导干部的权威构建，对组织成员快速地融入组织、适应角色，使组织成员明确既定目标提供了显著帮助。如何实现"大学治理能力"的提升，如何获得组织成员的认可、发挥各类人才的特长、从整体上推进组织优化是高校领导干部必须面对和解决的问题。

一、领导权威与大学治理能力

（一）领导权威的表现形式

领导权威的构成，有其特定的逻辑。领导权威的实质是人类社会群体中一种客观存在的社会现象，它是由权力与威信这两个子系统构成的。[1] 为探索领导权威的构建方式，并将其应用于高校的治理实践，本研究对领导权威的表现形式作了进一步的梳理。

从权力的角度划分，领导权威可视为组织协调的权力和战略规划的权力。组织协调的权力使领导者可根据组织发展的需要，灵活调动组织的内部要素，形成内部各主体间的高效协同。战略规划的权力，主要指管理者对组织目标次序的安排权力、制定组织目标的绩效评价方法的权力。从威信的角度划分，领导权威可视为整合资源的公信力和文化塑造的信服力。整合资源的公信力，指的是领导者对内外部资源整合时的号召力。其中内部资源与管理者存在辖属关系，它不能客观呈现管理者的领导水平，因而整合资源的公信力更侧重于管理者对外部资源的影响程度。文化塑造的信服力，主要是指各成员对组织文化的认同感。这一语境下，领导者对组织成员的约束是隐性的、柔性的，体现的是文化要素对组织成员的管理。

综上所述，高校领导干部的权威，体现为两大权力和两大威信。即对高校各类资源的协调权力、对高校目标次序与评价的规划权力，和整合外部资源时拥有的公信力、文化塑造中组织成员的信服力。

（二）大学治理能力的内容构成

大学治理能力首先是能有效衔接内部各主体，形成相对完善的内部治理体系。在管理者的统一领导下，形成内部要素的畅通流动、高效配合，是组织发展的重要内驱动力。这是落实高校管理目标的重要基础，也是高校灵活应对内外部环境变迁以不断变革的必由之路。完善学校内部治理结构，是促进大学治理能力现代化的核心内容。[2]

大学治理能力其次是能合理规划并有序达成战略目标，形成相对公正的绩效评价体系。合理规划高校管理的目标次序，是高校资源利用最大化的重要前提，也为构建公平合理的绩效评价体系奠定了基础。高校绩效评价是落实国家教育法规政策的客观要求，同时也是提升大学治理能力和高等教育内涵式发展的重要手段。[3]

大学治理能力再次是能有效吸引社会力量，集合内外部力量共同建设和发展高校各项事业。实践中仅靠内部要素，并不足以支撑大学快速发展所需的经济、经验和人力。由于外部要素不受高校管辖，动员其参与高校事务的难度较大。要在非利益输送的前提下，激发外部要素主动参与到高校发展各项工作的积极性，对高校的管理水平具有较高的要求。

大学治理能力最后是能形成适宜高校发展的组织文化，促进风清气正的校风学风。组织文化，是凝聚共识形成合力的重要纽带。高校作为学术研究的重要阵地，其文化氛围直接影响到学生、教师的心态，也是社会风气的重要观测窗口。因而高校内部的文化要素，具有较强的社会价值。研究和实践大学文化治理，是当前中国大学提升其治理能力的重要环节。[4]

二、结构功能主义视域下领导权威与"大学治理能力"的契合性

结构功能主义视域下，领导权威与大学治理能力具有相似的逻辑理路，表现出较强的契合性。如图6所示：

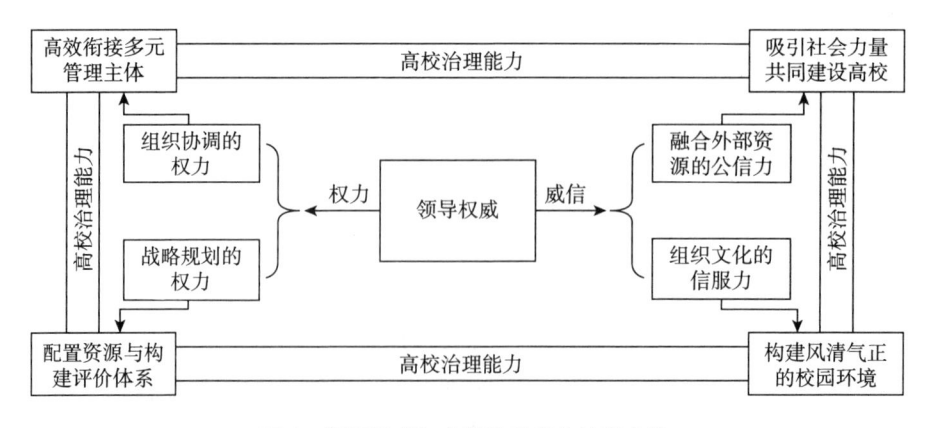

图6 领导权威与大学治理能力的契合性

一、高校治理篇

(一) 组织协调的权力：高效衔接多元管理主体

领导权威，是组织协调的首要驱动因素。[5]高校管理作为一项兼具学术导向与政治导向的系统性工程，包含着功能迥异的多元管理主体。结构功能主义视域下，要求高校领导干部有效衔接多元主体，发挥不同主体的特殊功能，形成协同治理效能。高校治理能力的提升，同样离不开组织成员的密切配合。而多主体的衔接，又离不开强有力的领导干部统筹组织。从这个角度看，领导干部的权威构建与"大学治理能力"紧密相连。领导干部通过组织协调的权力，衔接多元管理主体，为高校完善内部管理体系奠定了基础。

结构功能主义蕴含着自发地调适这一理论逻辑，从结构功能主义的分析范式来看，功能的发挥必定建立在既定的结构之上。[6]将"大学治理能力"与领导干部的权威构建置于结构功能主义理论框架下，可更好地厘清高校管理系统中不同主体间的功能关系。高校多元管理主体的有效磨合，将逐渐形成适宜组织需要的管理流程、内部文化，进而充实了高校管理的方法论。"大学治理能力"的提升环节，本质上不排斥领导干部的个人魅力，只是更加侧重集体的智慧与力量。领导的个人魅力，并不会左右高校组织文化的生成逻辑。它始终隶属于多元管理主体形成的组织框架之下，符合结构功能主义自发地调适这一理论要求。基于此，构建起高校领导干部的权威，主动适应组织的发展需求，衔接好不同的管理主体，是落实高校管理目标与"大学治理能力"提升的必然逻辑。

于高校领导干部而言，职务的交接与领导权威的构建并不同步。高校的资源调配及愿景、规划实施，需要多元管理主体历经磨合方能协同高效。此语境中的管理主体，既包括校内各学段的职能部门，也包括高校的主管机构及其相关的管理人员。多主体交互的衔接并不能自发形成，需要有一定的媒介做调适载体。因而，领导干部的权力行使存在与内部辖属部门、外部监管部门的博弈过程，势必产生职务交接后权力行使不畅的过渡阶段。而领导干部权力失灵的周期长短，既取决于原有的体系完善程度，也取决于领导干部的群众基础。领导干部如能在短期内使大多数成员信服并将其组织动员起来，就有可能获得足够的领导权威、信赖和资源支持，进而有序推动高校的变革和发展。

· 27 ·

(二) 战略的规划权力：配置资源与构建评价体系

结构功能主义中定向地达鹄（Goal-attain-ment），指结构系统能够调动该系统中的资源，引导系统中的行动者向着明确的目标区分主次地各个达成。[7] 它强调管理目标落实的有序性，对系统管理者的战略规划能力依赖度较高。同时，高校面向社会提供的服务具有非营利性和政策导向特征，其管理体系具有显著的结构性与工具性。根据帕森斯与默顿的结构功能主义理论，社会行动在整个系统中朝向正确的目标，保证社会系统发展的和谐秩序。[8] 这一理论势必要求领导干部立足于全局，借助领导权威合理安排资源要素，并从高校的实际情况出发有序推进各项目标逐步落实。从实践逻辑上看，推进高校管理目标有主次地依次达成，离不开高校领导干部将战略规划前置，同时辅之以合理的绩效评估体系。

战略规划是为了让组织成员明确目标，进而合理配置高校系统内的各项资源，将有限的力量用在刀刃上。绩效评估体系是为了以制度为评价基础，消除组织成员在绩效考核相关领域的顾虑。因为领导干部的决策，直接关系到组织成员的经济收益、人事调整和工作氛围等方面。很显然，高校治理能力的高低，除了受领导干部的决策水平影响，更依赖于组织系统内权力的合理配置。仅凭领导者的个人智慧，并不足以支撑高校这一庞大的管理系统。而缺乏明确、公平的评估体系，组织成员的积极性将极大受限。结构功能主义视角下，定向地达鹄强调组织要明确整个系统的目标次序，并通过权力的合理分配和资源调动来有序实现各项目标。该语境下解决的核心问题，是如何在权力合法行使的前提下推进各项决策的施行。当高校各管理成员及广大职工明确了各自的职责使命，能精准对标各自的职能分工并付诸行动，组织效能低下、部门工作不饱和等情况将能有效扭转。

构建合理的评价体系，既是促进高校良性发展的重要手段，同时也是长效保持领导权威的基础。领导干部的个人影响力在组织的不同发展阶段，具有显著差异。健康的组织生态，会随着规模日益壮大逐步淡化领导干部的个人存在感。组织在权力合理配置后历经磨合，自发生成的默契以及文化因素成为了新的重要影响因素。于高校整体的治理能力提升而言，立足于合理的分工与协作，其管理效能通常优于"一言堂"的管理模式。某种程度而言，组织内部对绩效公平和组织效率的殷切关注，催生了高校领导干部务实变革的动力，也客观促进了高校治理能力的提升。

（三）整合资源的公信力：吸引社会力量共同建设高校

领导干部在高校管理体系中占据着重要位置，但绝非唯一的关键要素。高校系统内没有永远的领导者，只有不断崛起的竞争对手。要在激烈的职场竞争中保持充足的竞争力，除了发挥领导干部的个人才干之外，更需要系统整合各类社会资源作为高校管理工作的补充。实践表明，仅靠领导干部的能力或是学校的自身力量，通常难以达成学术与市场接轨、项目与资本接轨的目标。充分发挥市场、社会力量广泛参与高校管理，有利于高等教育市场活力和社会创造力的释放。[9] 高校的事业单位属性，决定了它不以营利为直接目的。学校的社会影响力以及创造的社会价值，远胜于它所能贡献的经济效益，并客观上成为了高校管理工作评估质量的重要因素。

结构功能主义认为，社会是由诸多相互依存的单元组成的统一系统，其内部存在着结构上的分工，各个单元共同维系着社会作为一个有机统一的系统而存在。[10] 于高校领导干部而言，领导权威的构建能否实现除了与自身条件相关，也和外部要素紧密相连。高校作为功能特殊的教育组织，其管理涵盖的内容除了教学管理，还包括与校外各团体、组织间的联系。具体而言，构成高校竞争力的科研实力、就业率和校园环境等因素也会直接影响到领导干部的权威。要完备相关要素，需要系统地整合各类资源。通过多方力量提升高校治理的能力，是高校现阶段"突围"的关键手段。系统整合各类资源，为高校治理能力提升奠定了物质基础。从某种程度而言，社会各界的参与规模和参与程度，甚至直接决定了高校的综合影响力。

结构功能主义系统地整合，要求领导干部克服急躁情绪，客观准确地分析内外部环境。对内需建立起明确的人才培养模式，稳定人才队伍，夯实权威构建的群众基础。对外需保持对行业政策、竞争对手的敏感度，进而有效汇总各类资源，有力应对各类威胁。这是夯实高校发展后劲的重要力量源泉。新时期经济增长理论、新制度经济理论可以作为高校规模与效益研究的理论基础，为高校整合资源、调整结构，培育核心竞争力提供新的思路。[11] 这是高校综合影响力增强、高校治理能力提升的重要思路，从这个角度看，高校领导干部整合社会资源的公信力如何，对高校治理能力的形成有直接的影响。

(四) 文化塑造的信服力：构建风清气正的校园环境

高校的变革与成长，离不开强有力的核心人物。但从本质而言，组织的成长是由其文化决定的。在组织体系不那么健全的阶段，领导干部的个人权威是有效凝聚组织战斗力的重要法宝，对组织发展起着定海神针般的作用。领导是组织的掌舵人，在组织运行中扮演着重要的角色，影响着组织内的个人态度和行为。[12]然而这并不意味着领导干部可以超越组织文化而存在，相反，在组织高速发展时期，过分强调领导干部的个人价值，并不利于组织的良性健康成长。领导干部在文化建设中的角色，从属于组织框架之下，并为整个系统服务。高校治理能力的提升，离不开与组织发展相匹配的文化。它代表的是公共意志，良好的组织文化氛围，对组织发展起到正向的促进作用。

结构功能主义认为，潜在地维模是以文化为纽带，通过文化对组织成员的塑造与约束，达到统一思想与行动的目标。随着中国特色教育体制改革向纵深推进，高校文化建设势必逐步常态化。从理论逻辑看，意识形态是行动的先导。高校管理的各项工作，需要有系统的价值观做指南。这是开展高校管理工作的基础，也是高校领导干部权威构建的重要切入口。从实践角度看，高校的各项规章制度以及与此相关的文化因素，其最终目标是为管理服务。立足于高校管理这一目标体系，将高校领导干部的权威构建与高校治理能力中的文化要素结合起来，具有理论与实践层面的可行性。

随着组织文化管理研究的不断深入，文化的战略管理功能不断被挖掘出来，人们认识到文化是组织进行战略管理的无形资源，也是构成持久竞争优势的来源。[13]结构功能主义中潜在地维模，对组织文化及其对管理的影响程度提出了更高的期待。以高校文化建设为支点，通过文化化人，在高校文化建设实践中提升治理能力和结构功能主义所要求的潜在地维模不谋而合。两者都统一了组织目标与文化之间的关系，突出了文化要素潜移默化的教化功能，将文化放置在了系统管理层面的高度。从这一角度看，高校管理层在明确高校治理规划的基础上，辅之以相应的领导权威和组织文化，才能真正提高高校的核心竞争力和实现可持续发展。[14]

三、提升大学治理能力的现实困境

（一）构建高效的内部协同体系难度较大

结构功能主义要求实现自发地调适，进而发挥系统的整体效能。对高校这一复杂的管理对象而言，它包含教学、教务、外联、招生就业、宣传、后勤等不同的职能部门。不同的管理主体角色定位和思维偏差相对较大，彼此无法自发地实现衔接和协同。在高校内部，构建起高校的协同体系难度较大。无论是协调部门冲突、调动组织资源还是推动组织变革，都牵涉到部门间的利益问题，这不仅考量领导者的号召力，也使多部门的协同体系构建面临更大的挑战。结构功能主义中自发地调适，要求领导干部灵活调整自身角色，挖掘组织成员的潜能、充分调动不同的管理主体。通过思想动员、部门协作等形式，使各成员形成清晰的组织目标，凝聚力量减少组织内耗，进而不断适应新情况以应对层出不穷的矛盾和冲突。

治理实践中却往往事与愿违，高校部门间协作不畅的情况客观存在。如教学岗教师开展横向课题、纵向课题需要教务部门协助时，通常会出现响应效率低下的问题。虽然有高校在会议沟通、信息共享和团建等方面取得了较好的效果，大幅度抹平了部门间的认知偏差，有效防止了内部矛盾的升级和扩散。但大多数高校由于治理结构不完善、部门利益不统一、监督与协同绩效评价滞后等问题的存在，使得达成多管理主体高效协同的理想状态还需要较长时间磨合。结构功能主义自发地调适，要求既衔接好内部各个部门，同时也要获得主管部门、其他社会组织的认可。甚至达到下能与基层对话，上能推动资源向"急难愁盼"处倾斜的理想管理状态，进而在扎实调研的基础上，厘清高校各部门协同的困境根源。实践表明，在兼顾各方利益、精准施策的前提下，能有助于快速解决组织成长面临的各类问题。而现实中有时因为利益的驱动，各部门各自为政，缺乏沟通，增加了地方高校内部教学资源的内耗。[15]

（二）公平合理的绩效评估体系有待完善

不合理的绩效评估体系，对高校管理目标的有序推进带来了极大的阻力，影响了组织目标定向的达鹄。高校区别于市场化的企业，其绩效无法通过职工创造的业绩、经济效益来量化。在实践中如何评估高校教师、行政、后勤等工作人员的工作，成为了高校治理实践不可回避的问题。管理实践证明，领导干部的战略规划是否科学、绩效评估体系是否公平，一定程度决定了领导指令的执行力度。在与市场接轨的探索中，部分高校由于绩效评估不合理，导致职工抱着少做少错的心态对待本职工作以外的项目。项目推进中对可能出现的新情况往往缺乏预案，对执行环节的各类潜在风险预见性不足，最终经常因资源供给不到位而出现"系统性的烂尾"现象。此时，组织内因利益冲突而意见相左的成员，通常以"看热闹"的心态旁观。

在高校领导工作中，内耗是危害极大的，当群体处于不协调以及无序状态时，极有可能造成团队失控。[16] 高校职称评定环节，有以论文为纲的不良倾向，对横向课题、社会实践等领域的重视程度相对不足。这在一定程度上导致了教师间的恶性竞争，也无法结合不同教师的优势，发挥不同人才的价值。因绩效评估不合理、组织目标次序不清晰造成的内耗，加剧了高校跨部门协作环节的配合乏力，对高校治理能力提升带来了较大的内部阻力。事实上，单位管理效率的高低，与领导权威的强弱呈正相关关系。[17] 拥有权威的领导干部，才能够打动优秀人才的内心，进而有效驱动人才发挥其攻坚克难的特殊价值，汇聚起个体间的最大合力，有序推进高校各项管理目标依次实现。

（三）整合社会力量的能力较为薄弱

结构功能主义要求实现系统地整合，即通过包含管理对象在内的组织内、外力量，共同致力于系统目标的高效达成。现阶段政府、市场、社会与大学之间的关系逐步变得紧密，大学的角色由中世纪传统的"象牙塔"到20世纪60年代的"服务站"再到如今的"发动机"，角色和地位的变化使得高等教育机构面临多重挑战。[18] 现实中，在探索高校与市场接轨方面，新晋领导干部往往会推翻原有的合作模式抑或是替换现有的合作对象。虽然其最终目标与往届领导干部一致，都是借力于外界以充实高校的发展力量。但是合作对象、合作模式的更迭，通常会使办事人员产生工作上的困扰。

借助领导权威凝聚社会力量来提升高校的综合实力，是领导干部胜任工作的重要手段，对增强高校的治理能力具有一定的促进作用。但整合社会资源所需要的公信力，绝非依靠职务上的光环。它需要在明确高校发展目标的基础上，有针对性地面向市场补充一些缺失的要素。以上力量包含外部的政策环境、竞争对手的战略安排,也包括内部成员的行动逻辑、工作氛围和组织文化等方面。在获得社会公信力的基础上,领导干部整合社会力量以探索校企合作、产学研相结合等管理行为,对提振领导权威的意义重大。但由于高校的事业单位属性,大多数高校的主要经费来自于财政拨款,缺乏自我造血的能力。利益链条的缺失,客观上使高校领导干部在衔接校外管理主体方面存在天然的劣势。比如校企联合培养、校内外的科研合作、产学研一体化实践环节所需要的资金、资源要素难以持续性保障,导致相关的项目开展到一定阶段往往名存实亡。

(四) 风清气正的高校环境面临挑战

高校系统作为学术研究与社会风气的重要展现窗口,需要营造风清气正的文化环境。但风清气正的高校氛围不会凭空而来,它需要领导干部对领导力具有深刻的理解,在组织发展方向、人才队伍建设和用人制度等事关长远的领域结合实际情况不断探索。公共管理者的个体行为和意识会受到其所处组织的影响,组织文化和伦理价值体系的"染缸效应"会对身处其中的个体产生强烈的浸染作用。[19] 诸如"不患寡而患不均"的心态,同样普遍存在于高校等社会组织中,并对组织成员的工作积极性与组织归属感产生直接的影响。赏罚不当,奖赏不公对领导干部的权威产生了根本性的损害,导致管理措施难以高效下沉,给高校治理能力的提升带来了明显的阻碍。潜在的维模要求肃清风气,培育适宜组织发展需要的文化土壤,突出集体的意志和价值取向。

在高校治理能力培育环节,需要贯彻"能者上庸者下"的用人原则。这是维护组织成员干事氛围,增进组织成员获得感的有效途径。但由于高校系统内排资论辈的现象相对严重,青年教师在岗位晋升和待遇方面存在一定的悬殊,导致部分青年教师生活压力相对较大,难以长时间专注学术研究工作。部分高校由于人事制度体系不健全,难以高效识别和选用优秀忠诚的人才,更无法科学有序地淘汰难以适应组织需要的成员,从而在组织内形成了"人员冗余"和"山头文化"。良好的校风、学风,既是领导干部获得权威的重要来源,也是维护组织公平正义的重要举措。而当前高校学术风气可能不容乐观,各种科研不端行为似乎司空见惯,被揭露的丑闻只是冰山一角,潜藏的科研不端行为可能更多。[20]

四、结构功能主义视角下领导权威助力"大学治理能力"的优化路径

构建领导权威,较好地吻合了结构功能主义视角下大学治理能力提升的特殊需求,具有正向的促进和优化作用。如图7所示:

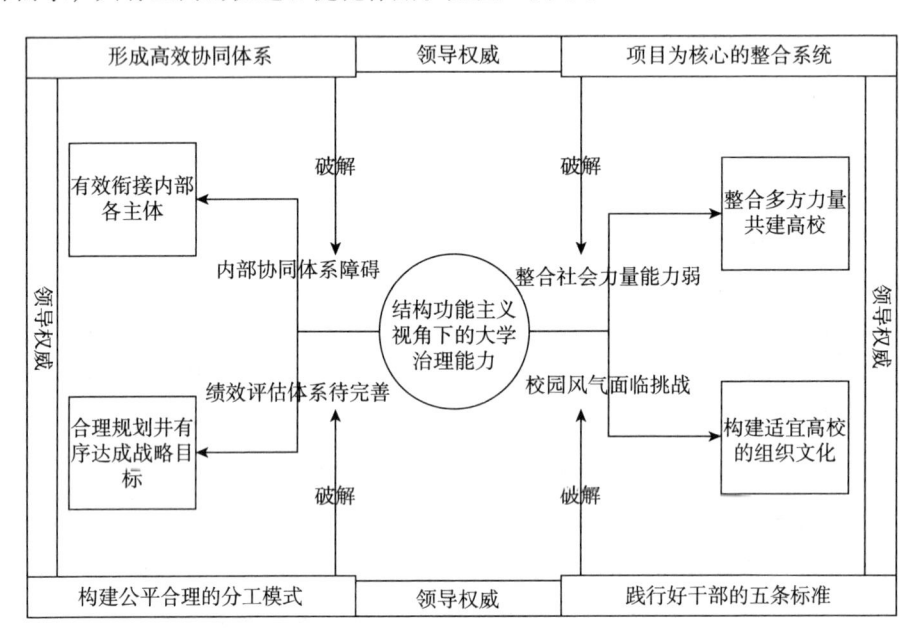

图7 领导权威助力"大学治理能力"的优化路径

(一)基本前提:多管理主体高效协同是首要条件

结构功能主义视角下自发地调适,对高校领导干部构建领导权威提供了有效的思路。实践中做好内功,深刻领会组织动员、部门协调和远景规划等管理艺术,领导干部将有望在各部门中充当润滑油的角色。通过积极探索有效的高校管理模式,进而有效打破部门间的利益界限,克服部门协同的各项具体问题。最终真正将各部门有机衔接起来,推动多元管理主体高效协同,促成高校各项管理目标扎实落地。

各级党政领导干部是高校管理层面的直接领导者,在高校发展过程中起着决策、引领、协调的作用。[21] 从这个角度看,高校领导干部除了发挥自身能力,

更重要的是立足于高校全局,通过多主体协同来有序推进高校管理目标的落地。在领导干部中由于新晋升领导在组织内缺乏足够的"政绩",其"江湖地位"短期内往往不够稳当,寄希望于展现个人能力以期获得组织成员认同的愿望,通常会被落空。领导干部贸然吹嘘个人的过往履历或是急于求成,渴望以远超个人能力的项目来证实自己的实力最终都"心急吃不上热豆腐",反而有损于自身的形象。高校治理能力的提升,离不开组织内持不同立场的成员捧场,获得大多数组织成员的认同,方能有效推动组织的战略目标落地实施。一味地排除异己,无法从根源上解决领导干部的权威构建难题。相反,它在客观上对领导干部的权威造成了不可弥补的削弱。

具体而言,高校领导要巧用惩罚立威,善用奖励措施激发组织成员的积极性。同时要关注赏罚的频率和场合,做到赏不让人理所当然,罚不使人自尊受伤。应基于高校的实际情况,积极主动地缓和各方矛盾。为强化高校内部的合作积极性,领导干部要牵头完善组织内部的合作机制,有针对性地激发高校教师、行政人员干事创业的斗志。要通过树立领导权威,让组织成员充满干劲,对自身工作有足够的认同,协同将高校治理的能力提升起来。除此之外,高校领导干部要勇于探索新型管理模式。例如高校"分布式领导",打破了传统领导理论中领导者与追随者的严格角色划分,创建了一种不受限于组织化和结构化的领导方式。[22]

(二)关键举措:构建合理的分工模式是保障机制

结构功能主义中的定向地达鹄,突出了目标达成的有序性。于高校领导干部而言,足够的"政绩"是稳固自身领导地位的基础,是树立领导权威的必由之路。高校管理涵盖的事项繁杂,其本质是一项系统工程。当目标次序不当、权力配置不合理时,都容易导致管理目标的落空。系统目标定向地达鹄,不仅能初步构建领导者的个人权威,也能有效凝聚高校治理的合力。高校这一特殊组织中人才性格迥异,特别是优秀人才往往伴随着独特的脾性。只有拥有权威的领导干部,才可能真正将各类人才收入麾下,并通过合理分工高效动员起来。否则,当优秀人才对领导干部的能力产生怀疑时,优秀人才将心存抵触情绪,难以和其他成员高效配合。可以说,构建合理的分工模式,是达成高校管理目标、稳步构建领导权威的重要保障。

要在高校管理中构建完善的分工体系,数字化管理工具是重要的辅助。实践中要提高领导干部与高校管理人员运用数字化理念、方法与技术的能力，提升教育管理与学校运作效能的数字化管理能力。[23] 具体而言，要建立起适宜高校发展的人才库，通过人才盘点，全面了解组织内各人才的独特优势，并结合高校的管理目标，有序地将各项管理工作予以细分、合理分工。使新晋领导干部的个人压力有序传导至能承接的部门和个人，进而避免出现压力错置、任务分配不合理和岗位设置不科学等问题。在业务部署环节，应通盘考虑、细致筹划和优化组织体系，将最适宜的人才配置在相关岗位，以专业人才的独特智慧高效化解组织内的堵点问题。

为更高效地发挥数字化管理工具的价值，高校领导干部需要与人事部门一道，健全科学的绩效评估体系。同时减少高校管理中的琐碎流程，将组织成员的精力集中到致力于组织目标的高效达成中。要同步开展好科研管理、大学生就业管理和大学环境综合整治等工作，通过可视化的数据来实时掌握具体情况、把握工作质量的优劣。引入数字化管理工具提升高校治理能力，并非弱化人的作用，它只是将人力从事务性工作中解放出来，使管理者的精力集中到战略思考、组织协调、模式变革等方面。以数字化为工具，建立以项目为中心的分工模式，明确好责任人、准确了解项目进度和项目堵点以及未来所需协调的内容。对职业素养过硬的优秀人才要勇于充分放权，让有能力的成员独当一面。在全面提升个体综合能力的同时，借助各领域人才的分工和协作，提升高校发展的内生动力，促进高校管理目标的依次落地。

（三）重要支撑：项目为核心的资源整合系统是关键

结构功能主义中系统地整合，要求高校领导干部在管理实践中系统整合社会力量，通过切实可见的管理成果树立领导权威。但社会力量通常无法自发地与高校产生衔接，它需要高校领导干部有计划、有组织地探索和开拓，并以特定的战略目标为指引，融汇整合资源。校外资源的生成实际上要靠高校自身去寻求，但高校利用校外资源更多受制于高校管理人员的决策和领导。[24] 要实现社会资源的高效整合，需要树立市场化理念，开放思维并务实实践。可通过高校管理层的撮合，和具有一定品牌影响力的企业务实合作。借助资源倾斜和领导高层推动，减少科研成果转化的阻力，以社会力量共同加快推动高校科研成果的市场化。

领导干部要在治理实践中怀揣忧患意识，打破高校事业单位属性给广大职工带来的绝对安全感,提倡适度的竞争与危机感。因为社会力量参与高校的各项事业,通常带有一定的逐利目的。高校只有切实提供自身价值,才能获得各界力量的持续支持。因而,高校应该成为创新和创造的前沿阵地,以丰富的智力成果来获得社会各界的青睐与认可。为有效满足外界的期待,领导干部在抓科研的同时,也要在高校内部提倡项目制。可借助校企联盟、产学研融合转化和对口就业等形式,使社会各方均能有序参与,同时公平分配合作成果,最终激发其参与高校各项事业的积极性。通过项目为纽带联结外界力量,在项目推进中锻炼和培养人才,以具有一定含金量的项目成果来扩充社会影响力。

具体而言,高校领导干部要深刻认识到高校管理工作的复杂性,关注到不同利益群体的差异化诉求。现代大学具有使命多元、利益冲突和群体分化的特点,因此必须对各种机会迅速做出反应。[25] 高校领导干部任职期间,要树立个人威信,增强高校的公信力,进而吸引外部力量共同促进高校影响力提升。治理实践中可充分吸收社会资源、高校科研资源等,通过形成智能治理共同体、智能教育协同创新网络,实现学校在智能时代的转型与结构重塑,并以此促进学校与各类子系统之间形成良性循环。[26] 高校学生及其他组织成员,也是高校资源的重要组成部分。高校在人才培养环节,应明确其公共性特征,即全方位考量社会不同领域对人才的需求,通过人才输送与人才反哺,获得来自往届毕业生及其社会关系的支持。同时要以"引进来"的包容、谦虚心态向优秀院校和地区学习,以"走出去"的自信和底气与多主体开展务实合作。在高校治理能力提升行动中,完善以提升高校影响力为基础的合作共享机制,搭建以高校为媒介、社会各方充分参与的社会资源网络,不断探索高校高质量发展的新路径。

(四) 以文化人:好干部的五条标准是行动的指南

结构功能主义潜在地维模突出强调意识和文化对行为的指导价值,体现个体价值观念、文化氛围对实践的影响。习近平总书记在党的二十大报告中指出了好干部的五条标准,即信念坚定、为民服务、勤政务实、敢于担当和清正廉洁。好干部的五条标准从思维和行动双重维度定义了新时代如何做好干部,在高校新晋领导干部履职中具有指南针意义。该论断为高校领导干部做好本职工作,推动高校治理能力提升提供了重要思路。管理者要通过以身作则,塑造良好的高校文化氛围,以文化人迸发组织的发展活力。它需要领导干部重视个人言行形象，同时在管理实践中身体力行。脱离良好的职业道德素养做支撑，高校领导干部即使短期内工作卓有成效，也难以真正获得组织成员的认同。

在高校系统内，领导干部一定程度上充当了精神领袖的角色，肩负着引领组织发展方向的使命。领导干部要勇于打破惯性思维，以开放包容的心态面对新思维、新模式，在吸收和扬弃的基础上推进组织创新。在思想意识上敢于创新，在实践中统筹规划、务实推动，充分预知各项风险并做足预案，将新模式、新工具和优秀人才引入到高校中。因而，高校领导干部在治理实践中除了事务性工作外，要格外关注组织的战略布局，通过文化熏陶、中长期的战略规划，统一组织成员的思想共识，将人力、物力、财力聚焦于战略方向上。否则，横亘在部门间的利益界限、个体间的矛盾冲突将降低组织整体的效能发挥，甚至使组织成员将组织低效的原因归结为"领导无能"。

具体而言，高校领导干部要在思想上提高个人的政治觉悟，从根源上杜绝贪腐、懒政的不良动机。高校管理人员特别是领导干部拒腐防变能力的强弱和抵御腐朽思想侵蚀能力的大小，会直接对学校的健康发展产生决定性影响。[27] 立足于好干部的五条标准与结构功能主义潜在的维模要求，高校领导干部应加强个人及组织成员的思想政治教育，将政治素养作为人才选拔和任用的重要标准。在高校治理实践中勇于纠正不良风气，营造风清气正的高校书香环境。科学合理的科研评价体系，是匡正学术风气、推动高校科研健康有序发展的重要保障。[28] 与此同时，高校新晋领导干部要积极担责，树立起高校领导干部秉公实干的形象。始终站在高校发展的立场，给务实敢干者做后盾，打消执行工作者的心理顾虑，主动承担可能存在的不良后果。

参考文献：

[1] 张笑峰等：《中国企业一把手"领袖化"过程：领导权威形成机制的探讨》，载《南开管理评论》2015年第3期。

[2] 赵蓉、张端鸿：《构建大学共同治理体系的探索性研究——以A大学章程建设为例》，载《复旦教育论坛》2017年第1期。

[3] 于畅等：《高校绩效评价的理论逻辑、现实依据及实践探索》，载《现代教育管理》2022年第5期。

[4] 张德祥、牛军明：《论文化治理性与大学文化治理》，载《现代教育管

理》2021 年第 1 期。

[5] 高锐：《现代金融治理视域下防范化解金融风险与优化民营企业融资环境平衡研究》，吉林大学 2020 年博士学位论文。

[6] 吴晓林：《结构依然有效：迈向政治社会研究的"结构-过程"分析范式》，载《政治学研究》2017 年第 2 期。

[7] 徐望：《结构功能主义视阈下公共文化服务多元合力供给结构研究》，载《理论月刊》2022 年第 5 期。

[8] 王世涛：《行政负责人出庭的规范分析与制度反思》，载《东南法学》2021 年第 1 期。

[9] 刘冬冬、闫晓丹：《高等教育"放管服"改革：内涵逻辑、困境分析及消解路径》，载《重庆高教研究》2017 年第 6 期。

[10] 韩春晖：《优化营商环境与数字政府建设》，载《上海交通大学学报（哲学社会科学版）》2021 年第 6 期。

[11] 张玲、杨孟坤：《高等教育发展规模与社会经济效益的理性思考》，载《现代教育管理》2009 年第 2 期。

[12] 蒋瑞、林新奇：《威权领导对员工非伦理行为的影响：社会交换和社会学习视角》，载《科研管理》2020 年第 10 期。

[13] 徐敦楷：《高等学校发展规划的战略思考》，载《中国高教研究》2003 年第 4 期。

[14] 韦忠恒、姚金光、黄鼐：《基于振兴本科教育行动计划的地方医学院校基层教学组织改革与建设——一项关联激励策略的实践》，载《高教学刊》2020 年第 26 期。

[15] 李素莹：《领导者有效防控团队失控之策》，载《领导科学》2018 年第 6 期。

[16] 王洪春、刘小亮：《单位管理中领导者心理资本的作用及培育路径探析》，载《领导科学》2022 年第 3 期。

[17] 李立国、王梦然：《制度与人：大学治理的建构与演进》，载《中国高教研究》2021 年第 9 期。

[18] 张再生、白彬：《新常态下的公共管理：困境与出路》，载《中国行政管理》2015 年第 3 期。

[19] 赵君等：《科研情绪耗竭如何诱发科研不端行为：基于自我损耗理论

的解释》，载《科学学与科学技术管理》2021年第2期。

[20] 李佳：《校园文化建设与思政教育协同育人的实践路径研究》，载《文化产业》2022年第5期。

[21] 陈亮、刘文杰：《西方高校"分布式领导"：内涵、实施与成效》，载《清华大学教育研究》2018年第6期。

[22] 徐晓飞、张策：《我国高等教育数字化改革的要素与途径》，载《中国高教研究》2022年第7期。

[23] 魏泽、张学敏：《高校创业教育内源力：实然表征、生成逻辑与机制构建》，载《东北大学学报（社会科学版）》2022年第3期。

[24] 任增元、张丽莎：《现代大学的适应、变革与超越——基于欧美大学史的检视》，载《教育研究》2017年第4期。

[25] 胡艺龄、赵梓宏、文芳：《智能时代下教育生态系统协同演化模式研究》，载《华东师范大学学报（教育科学版）》2022年第9期。

[26] 王宝儒、季亚丽：《高等院校廉政文化建设调查报告》，载《教育理论与实践》2009年第6期。

[27] 杜娟娟、张柏秋：《我国高校知识产权信息服务现状、困境及对策》，载《图书情报工作》2019年第23期。

基于和谐视角的高校校园及周边环境安全治理模式研究*

郭佳楠　张　慧**

摘　要：高校是整个社会体系的重要组成部分，推进和谐校园建设是构建社会主义和谐社会的必然要求。从近些年来我国高校的综合治理工作情况来看，高校校园管理制度的不完善问题没有得到重视，加之大学生心理障碍的多发，高校周边环境日益复杂化，综合治理工作的强化与完善迫在眉睫。据此探讨和谐视角下高校校园及周边治安综合治理的对策，构建高校安全管理组织体系及应急预警处理制度是核心保障，重视高校安全文化建设及技术防范体系的现代化是必走的途径，从而为我国和谐高校安全治理提供可供参考的经验借鉴。

关键词：高校校园及周边；综合治理；问题；因素；对策

一、引　言

构建和谐的大学是高校自我发展的一项战略性的措施。这种新的校园建构模式，既是对学校教育发展的新要求，也是对学校自身发展的一种新的尝试。

---

* 本文系河南省高等学校青年骨干教师培养计划项目"互联网舆论场演化机理视角下的主流意识形态话语权建设研究"（项目编号：2019GGJS290）；河南省高等教育教学改革研究与实践项目："高质量充分就业背景下高校毕业生'佛系'就业现象的生成逻辑与破解路径研究"（项目编号：2021SJGLX1037）；2021年度河南省高校人文社会科学研究资助性计划项目："乡村振兴战略背景下大学生入职新型职业农民的意愿及影响因素实证研究"（项目编号：2021-ZZJH-398）阶段性研究成果。

** 郭佳楠（1991-），男，河北邢台人，郑州工商学院马克思主义学院讲师，亚洲理工学院发展与可持续性系博士候选人，研究方向：科学技术与公共政策；张慧（1995-），女，河南濮阳人，郑州工商学院马克思主义学院讲师，研究方向：思想政治教育。

要推动和谐校园的建设，就要对社会主义和谐校园的科学内涵和基本特征有一个正确的认识。[1] 但是，随着近年来经济社会的发展，各种因素对校园安全管理产生一定的负面影响，校外人员可以随意进出校园，进一步增加了校园安全风险隐患，对此，怎样有效创建和谐校园环境，确保广大学生身心健康发展，是高校现阶段应该重新思考与面对的课题。

二、构建和谐校园的前提与基本概念

（一）马克思主义关于社会和谐的思想

马克思主义从起源到归宿，其本质在于寻求社会的协调。马克思将社会和谐解释为，"它是人和自然界之间，人和人之间的矛盾的真正解决。"即把人的社会性与自然性相结合，从而达到人与自然之间的真正协调。[2]

在马克思和恩格斯合著的《共产党宣言》一书中，他们对反资本主义、保守派、资本主义的社会主义进行了批评，但同时他们也赞扬了一切幻想式的社会主义和共产主义，因为这些理论中有许多"正面的观点"，例如消灭城市和乡村的对立，消灭家族，取缔私人企业，消除雇佣工人；倡导社会的和谐，使政府成为一个单纯的生产性行政机关等。特别是在对空想的共产主义思想的反思中，马克思赞扬了威廉·魏特林的著作《和谐与自由的保证》一书，是"前所未有的辉煌的第一部作品"。从这里可以很容易地看到，马克思不仅没有否定社会的和睦，反而对它予以了充分的重视。[3]

（二）和谐与高校和谐校园的内涵

《现代汉语词典》中关于"和谐"的诠释，认为"和"指的是事物的协调、均衡、有序的发展。"和"是中国古代文明的基本思想与基本理念，也是历代哲人所追寻的"理想"。[4] 中国古代先贤们认为"和谐"是人所从事的一切事情都不存在势不两立的非对立关系，是一种稳定、协调、发展的成熟的体现，是人的主观能动性的恰当发挥，是一种完美的发展状态。

把"和谐"这个概念扩展到"和谐校园"的含义中，它是指一种以学生、教师和行政人员为主要对象，以各种教学、科研和管理为目标，以某种特定的准则互相连接的特殊的和谐社会关系。高校应密切围绕着学校的实际工作，围绕培养人才、科研和服务社会三个职能，创造有利人才的培养和发展的良好的社会氛围，使全体教师各在其位、各司其职、各尽其能。

三、构建和谐校园安全稳定的重要意义

（一）构建和谐校园是构建和谐社会的重要组成部分

大学是知识、文化、技术的集中地，是国家科学教育文化"人才库""思想库"和"大脑",[5] 是建设社会主义和谐社会的一支重要力量，在建设社会主义和谐社会方面发挥着重要的重要意义。高校校园的建设与高校的和谐发展有着辩证统一、互为补充的关系。和谐校园是和谐社会的重要组成部分，一个幸福、公正、和谐的社会，将为和谐校园的建设提供良好的外部环境。

（二）构建和谐校园可为构建和谐社会提供理论支撑

实现社会的和谐，构建一个更好的社会，一直是人们所向往的一种社会理想，也是中国共产党等马克思主义党派所为之奋斗的一种社会理念。只有这样，我们的社会理念才能够真正的形成，我们的社会理念就能够真正的实现。大学作为一个社会的意识形态的聚集和理论的基地，在那里精英荟萃，政治上的要求十分敏感，不同的思想和文化互相碰撞；在某种意义上，利益与社会息息相关，是建设社会主义和谐社会的晴雨表。

（三）构建和谐校园是进一步落实科学发展观的需要

"科学发展观"是对社会主义市场经济环境下我国社会发展的基本规律的一种深化和认识，是指导和推动各项事业健康发展的一种新的指导理念。以人为中心、协调发展是科学发展观的根本。我们要坚持以科学的发展观为指引，应该努力建设一个有利于广大群众的、各得其所的社会主义和谐社会。胡锦涛同志曾经说过："思想政治工作说到底是做人的工作，必须坚持以人为本。既要坚持教育人、引领人、鼓舞人、鞭策人，又要做到尊重人、理解人、关心人、帮助人。"人的发展是所有工作的终极目标和归宿。[6] 在坚持以"以人为本"的理念为指引下，努力构建"以人为本"的和谐社会，增强与完善高校德育工作的互动关系。以科学的发展观来处理各类矛盾，使得人与自然环境和谐、人与制

度和谐、人与人和谐；和谐的学术气氛有助于促进高校思想文化和谐，促进高校思想文化和谐，促进高校师生的和谐发展。

四、维护高校校园安全稳定意义的多维度性

（一）维护高校校园安全稳定政治维度上的意义

稳定问题是党和国家历来都非常重视的问题。维护校园的安定团结对于整个国家和民族来说具有重要的政治意义，主要表现为以下方面：

第一，维护校园的安定团结，可以为广大师生提供优良的教学环境，同时也在间接上为国家的经济建设和社会建设提供了强大的人力资源的动力和智力支持。学校作为知识的产生、传播、文化积淀和发展传承的基地，其发展对国家的现代化建设举足轻重，对此，美国学者托马斯·琼斯（Thomas.Jone）指出，"大学校园内的知识是无形的，所有人都应该充分重视和肯定科学知识以及文化在当今社会中的重要作用。"[4] 另外，与其说新时代的国际竞争是经济实力竞争，不如说是科学技术知识的竞争，而作为科学技术知识产生的摇篮——学校发挥了基础性的作用，校园的稳定对于我国的科教兴国战略的有效实施发挥着奠基石的作用。因此，维护校园的秩序规范与稳定是任何一个国家和政府都应当重视的，对于教育改革和发展的各项目标的实现都起到了至关重要的作用。

第二，维护校园的安定团结对于维护社会的安定团结与长治久安起到了间接的支持作用。在社会主义现代化建设过程中，全社会需要克服重重困难和艰险，考虑到各种来自国内和国外的因素，而校园的稳定团结就是其中一项重要的因素。一个学校的稳定团结看似是一件很小的事情，但是它的影响和作用都是不容忽视的。如果没有校园的安定团结，那么必然导致社会的动荡不安。

（二）维护高校校园安全稳定经济维度上的意义

经济建设是我国现代化建设的中心任务，这说明党和国家已经认识到了经济建设对于一个国家、一个民族的重要性。作为经济建设的一部分，校园秩序的稳定对于我国的经济建设也起到了重要作用。主要可以表现在以下方面：

首先，高校校园的安全稳定可以节省学校对教育教学管理的秩序和设施方面的投入，可以将有限的资源投入到最需要的地方，实现资源的优化配置。维

护校园的稳定需要人力、物力和财力的投入，因此一个校园的稳定与否也直接关系到学校的财政收入以及支出。学校的秩序井和安全稳定必然减少学校的在这方面的财政支出，而节省的财政支出可以用于改善宿舍条件、美化校园环境、购买科研设备、提高工资待遇等方面，做到把好钢用在刀刃上，解决主要矛盾和矛盾的主要方面，经济的保证反过来又可以强化校园的安定和团结。

其次，高校校园的安全稳定是保证学校经济和建设良性健康发展的重要支撑。当出现危害校园安全与稳定的事件时，学校必然会抽掉一部分资金用于消除该危害事件所带来的不良影响，而这部分资金也许本来可以用于他途，这必然会导致教学资源的失衡，影响学校教学质量提高和科研成果的发明创造，校园的安全和稳定在更深层次的意义上保证了学校经济系统的良性运转。

最后，校园的安定和谐可以促进校园本身的经济发展正常化，促进校园经济的繁荣，同时也可以带动周边地区的经济发展，通过以点带面、以局部推动整体的方式来发挥其应有的作用。

（三）维护高校校园安全稳定文化维度上的意义

每一个学校都有自己的历史，虽然并不是每一个学校的校史都那么历史悠久，但是其中都包含了该校从建立之初到发展壮大的过程，包含了数代师生的不懈努力，形成了每个学校所特有的校园文化氛围，列宁曾经说过，忘记过去就意味着背叛。校园文化的传承和发展需要稳定和谐的校园秩序，需要良好的教学环境，一个校园的稳定和安全是一个学校文化得以传承和发展的必然保证。[5]

首先，一个稳定和谐的校园秩序有益于建立高尚的社会追求和信仰。一个和谐的校园秩序可以为良好地文化传递提供一个适宜的摇篮，在这个摇篮中每个人不仅可以放心的享受优秀文化的熏陶，而且也可以自由的进行文化交流。没有一个良好地校园环境和校园秩序，任何文化的传递都可能中断，甚至遗失。

其次，校园的稳定和安全符合我国儒家的仁学的思想，是儒家思想文化的传承。孔子的弟子颜渊曾经问孔子，什么是仁，孔子回答道："克己复礼为仁。一日克己复礼，天下归仁焉！为仁由己，而由人乎哉？"颜渊进一步追问具体条目，孔子说："非礼勿视，非礼勿听，非礼勿言，非礼勿动。"[6] 这里要阐释的就是，人们应当努力约束自己的行为，并且使自己的行为达到一定的规范，这样才能够让天下的人公认到他的仁。而要做到仁，就应当在视、听、言、动各个方面都符合礼的规范要求，从而实现全面的道德行为。仁学思想要求每个人都能遵循规范和法度，每一个人都应当自觉得做到"仁"的要求，整个社会才能达到一种和谐的状态。在校园中，每一位师生都应当努力规范自己的言行，不做出格的事情，尽到自己应尽的义务。孟子也曾经说过，不以规矩，不能成方圆，一个秩序井然和安定和谐的校园氛围是一个学校发展壮大的基础，只有在稳定和安全的环境中才能开展高质量的教学活动。

最后，校园的稳定与安全是一个学校校史和校园文化精髓继续传递的重要桥梁和纽带。当今世界的主题是和平与发展，任何一个国家和民族都不可以逆历史潮流而动，也只有在和平的环境中才可得到发展与壮大。作为文化的传承与发展，需要一个和平稳定的国内社会环境和国际环境，否则文化的传递就会出现断痕。纵观世界的文化发展史，很多优秀的人类文明遗产都是在战火中失去了踪迹，例如，中国历史上秦朝的阿房宫，就是在秦末的农民起义战争中被付之一炬，大量的文化遗产受到了破坏；1648 年，在德意志这片领土上进行的"三十年战争"，这场战争是人类历史上最为惨烈的宗教战争……"当战争结束的时候，整个德意志已经无望的倒在地下。"[7] 从这段描述中可以看到战争对一个国家和文明的破坏，造成了大量的文化和文明遗迹的失散。历史中血的教训是值得人们深思的，小到一个学校的管理混乱和不稳定也同样会对学校的独有文化造成危害，这不得不说一个学校的安全和稳定对于一个学校的义化经典的传承具有多么重要的意义。没有一个稳定的校园环境和秩序，再优秀的校园文化也不能得到延续。

（四）维护高校校园安全稳定社会维度上的意义

高校是社会的重要有机组成部分，高校校园的稳定与社会的稳定息息相关，甚至可以说，高校校园的稳定与否是整个社会稳定与否的"指示器"和"晴雨表"。[8] 一个良好的校园环境和秩序不仅有利于校园广大师生的身心健康，同时也有利于良好的校园周边治安环境的共同创建。

首先，践行科学发展观的一项重要举措就是维护校园的安全稳定，这也是构建社会主义和谐社会的重要条件之一。维护和实现社会的公平和公正，营造良好的社会氛围，这其中重要的一步就是应当维护好校园的安全和稳定。校园的管理在某种意义上也是一个小社会的管理，校园的安全和稳定不仅关系到学校每一位师生的切身利益，而且也涉及到和谐社会是否能够顺利实现。一个班集体的和谐并不是真正的和谐，应当做到全校范围内的和谐，科学发展观要求我们要实现全面协调可持续的发展，校园的安全稳定依赖于各个部门机构的协调配合。[9] 一个学校不稳定所造成的影响不仅是学校内部的，由于学校是知识分子精英汇聚的地方，学校内部的矛盾必然会通过多种渠道在社会上造成不良的影响，这就势必影响了社会的安定和团结，对建设社会主义和谐社会造成阻碍。

其次，维护高校校园的安全稳定有利于广大师生的教学质量的提高，减少学校师生因为利益与社会产生的矛盾，减轻社会负担。校园秩序的安全稳定可以在最大限度上维护广大师生的正当权益，避免来自社会上的不良伤害，从而起到保护广大师生的作用。校园的安全稳定可以将学校同学之间的矛盾、师生之间的矛盾、各个部门的矛盾在学校内部予以解决，否则很多问题就会推给社会，特别是一些问题如果得不到妥善解决，有可能会发展成为违法犯罪行为，这不仅给家庭造成了重大的悲剧，也给社会秩序的正常带来了重大的阻碍。

再次，维护高校校园的安全稳定不仅保证了广大师生教学环境的稳定，同时也有利于广大师生为社会创造更多更好的物质科研成果和精神文化财富。科研活动的展开需要一个良好的校园环境为基础，一个良好的生活环境和休息环境对于科研工作者来说是至关重要的。人们的思考行为和创新活动只有在安静的环境中才能有效地开展，一个嘈杂的环境会对人的听力、视力和神经系统等造成损害，这不利于科研工作人员身心健康的发展，尤其是当完成了一天的教学任务和科研任务以后，如果没有良好的休息环境和思考环境，那么必然对以后的教学质量和科研进程造成负面的影响。[10]

最后，维护高校校园的安全稳定是建设我国社会主义精神文明的重要举措。校园稳定了，那么各种教学活动可以有序展开，各种校园社团组织和文化宣传活动才有了根本的保障。现实生活中的很多例子告诉我们，一个学校的不稳定，校园秩序的混乱势必造成其他方面的损失，这些方面的损失也会从其他方面进行弥补，这就会得不偿失。学校的每一位成员都是社会的一分子，他们言行的规范也必然会给社会带来一种遵纪守法的氛围，比如，校园广大师生遵守校园规章制度，那么在社会上也必然会对他人的行为造成正面影响，他人也会因受到激励而遵守法纪，学校的每一位成员团结友爱，那么在社会上也会带动周围的人互帮互助，从而促进整个社会大家庭的团结祥和。总之，校园的稳定安全对于社会主义精神文明建设具有积极的促进意义。

五、高校校园安全稳定工作的现状分析

（一）高校校园安全稳定工作的现状

1. 高校校园安全事件的数量上升。校园安全是社会公共安全的不可缺少的组成部分，校园安全事故的预防和救济是学生、教师、家庭以及社会稳定的重要保证。近年来，高校校园的安全事故频发，这不能不引起社会的深思。校园的安全事故主要包括校园学生中毒事故、危害学生身体健康的食品卫生事故、公共交通安全事故等等，而且每年的数字都呈上升趋势，这已经引起有关部门和社会的高度重视。教育部和公安部等有关部门对多个直辖市、省、自治区的调查结果显示，青少年的犯罪率呈直线上升的态势，其中大学生的犯罪率最高，占到17%左右。我国高等学校学生的犯罪人数占到总犯罪人数的1.3%，尽管总人数的比例不高，但却呈逐年上升趋势。[11]

2. 高校校园安全事件的危害性的程度严重化。从近年的高校校园安全事件的数据中可以看出，安全事件的危害性的程度也呈现出严重化的趋势。我国社会正在处于转型期，在经济高速发展的同时积累的一些社会矛盾会以各种不同的形式表现出来。另外，校园的安全事件正在呈现出罪犯的作案动机扭曲化，作案的手段的残忍化，作案工具的日常化，实施侵害对象的低龄化和弱势化的特征，血案的发生引起了社会的广泛关注，人们不禁对校园这一本应该是学生学习知识和结交朋友的天堂产生了心里的抵触，广大的家长是否还能放心地把孩子交给学校这越来越受到社会的质疑。[12]

3. 高校校园安全事件的危害面和危害范围扩大化。由于我国正处于经济高速发展的时期，社会中的很多矛盾还没有得到妥善的解决，社会结构日益复杂，农民的合法权益仍未得到安全保障等等因素，使一部分人在内心的不满得不到发泄，最终对社会进行报复，而他们的魔爪就伸向了高校校园内的学生，甚至社会上其他的一些弱势群体。

类似的高校校园伤害事故正在日益增多，性质也日益严重，造成的社会后果也在日益恶化，校园的安全事故范围已经扩展到了校外及其周边的地区，校外的不法分子频频对学校的师生进行伤害，对学校学生进行殴打和勒索的事件日益增多，据资料，中国各大城市的高校在校学生均不同程度地受到过校外不

法人员的殴打、敲诈和勒索，大多数学生都选择默认的态度，没有勇气使用法律武器来捍卫自己的合法权利，这就为许多不法分子提供了可乘之机。

(二) 高校校园安全稳定工作中存在的问题

1. 高校校园管理制度的不完善性。

第一，高校门卫制度不严，管理不善。一个学校的门卫制度是学校的治安安全的关键，如果门卫制度不严，一方面很容易使坏人混入学校，给广大师生的生命安全造成危害，另一方面也使得学生在上课期间私自逃出学校，甚至逃学也无人管理。特别是有些学校的门卫制度不仅没有应当严格按照规章制度办事，而且对于一些门卫人员内部还存在"走后门"和"搭便车"的现象，门卫对于一些认识的熟人可以不检查其通行的证件，安全放心地让他们进去学校，特别是对于一些学校领导的家属，本应当按照规章制度办的事没有办，本应当检查的证件却没有检查，这就为校园安全事故的发生埋下了很大隐患。

第二，高校食堂管理混乱，卫生条件差，也容易引起大规模的食物中毒事件。学校的食堂管理和卫生状况可谓是一个学校工作的重中之重，这不仅关系着广大师生的生命安全状况，也是一个学校避免出现安全事故的首要任务。食堂的管理不仅在食品的采购、食物的制作加工、餐具的清洗、餐具的回收工作上要做到十分的小心谨慎，而且对于食堂的人员管理也不能掉以轻心。[13] 有些学校的食堂因为资金问题，在食物的采购上偷工减料，挑选一些可能存在质量问题的蔬菜和食品，存在着很大的侥幸心理，这就大大增加了出现事故的可能性；在食物的制作过程中，为了追求所谓的高效率和高速度，没有彻底地把蔬菜等一些材料清洗干净，只是进行了"草草了事"的消毒处理，而且一些食堂的厨师在炒菜的过程中不注重个人卫生，把个人的一些不良生活习惯带到食堂中来，危险性程度大大增加。

第三，校园的交通管理制度不健全，宿舍的管理制度执行不严格。学校的车辆管理制度同样需要严格把关，有些学校因为校园的占地面积和交通管制人员以及管制标记的不健全，造成校园内的外来车辆太多，并且也没有统一的管理，很容易造成乱停乱放的现象，在一些出入路口没有明显的安全标志，车辆的通行缺乏专人的管理，造成来往车辆通行没有可以依据的标志，只能根据司机自己的判断行驶，这就增加了校园交通事故的概率，特别是在夜晚和天气道路状况不好的条件下，非常容易发生交通安全事故。此外，宿舍是广大学生生活的地方,是校园安全管理的重点。有些学校对宿舍的违章电器查处力度不严,对于一些学生违章电器的使用睁一只眼闭一只眼,惩处力度不够,在经过一段时期的查处收缴以后,学生对违章电器的使用依然照旧。个别管理人员没有认真执行上级要求的宿舍管理制度,在具体的执行过程中敷衍了事。[14]宿舍的防火安全设备的老化也是造成安全事故的重要原因,因为一些学校宿舍建立的年头久远,宿舍内部的很多相关设备都已经非常陈旧和老化,特别是一些重要的防火设备已经失去了应有的功能,学校因为各种原因没有做到及时的更新,致使一旦发生火灾或其他公共安全突发事件,必然会导致人身财物的严重损失。

2. 大学生心理问题所引发的安全问题。大学生的心理问题一直是社会和学校关注的焦点,如果不解决好学生心理的问题,很可能会让学生办傻事,做出一些不该有的行为。现在社会处于一个高速和高压的社会,给社会中的人的心理造成一种莫名的压力和焦虑感,这就在无形中滋生了很多的心理问题,除此之外,现在中国大多数家庭都只有一个孩子,从小娇生惯养,有一点不如意的地方就要发脾气,在孩子长大以后到了社会中难免会遇到挫折,这些积聚在心里的问题如果得不到很好的解决,势必会引发矛盾和冲突。

随着我国改革开放以来,外国的文化以各种形式进入我国,大学生难免会受到社会中各种的物质和精神方面的诱惑,正是因为对这些方面的诱惑没有做好充分的心理准备,才容易产生心理问题。一方面,大学生在学习上的心理危机表现为不良的适应,特别是在学业上表现为上课注意力不集中,比如很多大学生会产生的厌学情绪;学习不能集中精力,大脑的反应速度下降,经常出现失眠健忘等症状,特别是在一些大型考试之前会出现精神极其紧张,在考试的过程中各种心理问题暴露无遗,大学生在出现上述表现的时候需要及时的心理疏导,否则很容易造成心理发泄的对象的错误化,造成一些不必要的事故。

另一方面,在就业求职过程中,大学生难免会屡屡碰壁,这就产生一些必然的心理困扰,主要表现为:首先,当自己所面对的现实超出自己的理想期望时,会产生悲观的情绪。其次,在选择自己的就业时,只是过多地考虑自身的利益,不能看到国家整体发展对某些岗位和职业的发展和需要,导致自身在寻求职业的过程中缺乏相关的知识和技能,最终导致自己的求职失利。再次,大学生在求职过程中明显地表现出一种保守求稳的工作意向,追求所谓的"铁饭碗",[15] 创业的心态不够积极。这些在求职过程中的心理问题如果得不到很好地处理，就会在学生的心理中埋下一颗"定时炸弹"。最后，这种在求职过程中的失败感和不满意在学生心里长期聚集，在未来的某一天很容易爆发出来，将这种不满发泄到社会中去，造成校园和社会的不稳定。

3. 高校校园周边的社会治安问题。爱尔维修曾经指出，人与人之间的差异是因为每个人的精神状态不同，每个人所处的环境不同所导致的。高校校园及周边社会环境的稳定与否会对校园的内部环境产生了巨大影响，美国肯特州立大学在其2020年度安全报告中指出，"确保学生、教师员工、访客拥有一个好的校园周边环境应该是任何大学的首要任务，这项任务的完成会对大学内知识的生产与传播起到积极的促进作用，反之则会造成大学知识的严重遮蔽。"[16] 目前，我国高校校园周边的治安情况主要存在以下问题：

首先，高校校园学生与校园周边的社会不良分子之间发生的矛盾和纠纷，主要表现形式是杀人、强奸、伤害、拐骗、打架斗殴、寻衅滋事等影响校园周边治安秩序，侵害师生人身安全的问题。社会上的不良分子利用广大青少年学生涉世不深的弱点，教唆一部分学生从事扰乱社会公共安全与秩序的违法犯罪活动，不仅在社会造成了恶劣的影响，而且也对学校正常的教学秩序和教学氛围造成了严重的影响。

其次，高校校园周边地区的娱乐场所、网吧、发廊、影视放映厅、音像制品及书刊摊点等违法违规经营的问题。一些学生因为长期沉迷于网吧的游戏，影响了正常的学习，特别是在网络虚拟世界中涉及一些大学生不应该接触到的暴力情节、黄色文化，等等，可以说互联网上的"垃圾"给高校学生的身体和心理都带来极大的伤害。

最后，高校校园周边的出租房屋底数不清，承租人情况不明的问题，学校周边的租房情况非常严重，在大学校园中在校外租房的情况已经形成了一种风气，例如，在某省59所高校中，在校外租房的大学生人数高达13 293人，出租房4081间（套）。[17] 可以说，大学生校外租房情况的日益严重化，不仅对于学校来说无法保证学生的人身安全，而且就学生个人而言，校外的房子周边的治安状况也令人担忧，很容易发生安全事故。

（三）影响高校校园安全稳定工作的主要因素

1. 大学生自身的自我保护意识及心理素质较差。在众多的高校校园安全事故中，大学生作为这一事故受害的主体，究其原因，是由于自身的保护意识较差，在防范和警惕安全事故方面的能力还有待提高。特别是在防范自然灾害方面的意识较弱。根据调查数据显示，有60%的大学生不知道在发生地震时应当采取何种有效措施和正确的方法。[18] 对于这样一个司空见惯的自我保护常识，知道的同学不及半数。

同时，大学生在户外运动方面的自我保护意识较差。学生无论在家里还是在学校都无法避免地参加一些户外运动，然而在运动如何更好地保护自己，使自己免受伤害是广大学生面临的重要问题。广大高校学生无论从其心理还是生理方面的认知能力来看，他们都不知道如何展开自救。因此，加强这方面的教育与训练就显得尤为重要。

2. 高校应急组织体系不健全和宣传力度不足。我国各个高校的应急管理机制和应急预案在近年来取得了巨大的进步，但仍存在着严重不足，主要表现在：多数学校应急体系的主要负责主体单一，未能建立起各种应急资源之间的统一调配，也未形成协调一致的综合紧急救援机构与体系。在大多数高校，应急管理仍然被视为学校一方面的事情，除了相关的政府部门的适当参与外，其他的政府部门、社会组织、家庭等方面的机构在校园的应急管理中发挥的作用极其有限，甚至在学校内部，各种应对公共突发事件的资源也不能很好地结合起来，很多学校仍然将应急管理局限为某个或者某些部门的职能，使得应急管理不能发挥综合效应。

另外，高校校园危机应急指挥和应急管理机构单一，综合协调和指挥的能力有待提高。对大多数高校而言，其现行的应急指挥和管理机构往往在突发的危机事件发生以后才匆忙地建立起来，一般是由学校的相关部门的领导承担主要的责任，相关部门的负责人参与。学校除了相关的保卫部门以外，并没有设立专门的应对突发事件的应急机构和体系，从而无法保证组织在面对突发事件时能够制定有效的应对措施。

3. 后勤社会化增加了高校校园综合治理的复杂性和难度。高校后勤的社会化加速了学校社会化的程度，给学校的治安管理带来了一系列的问题和安全隐患，新的形势和变化对学校传统的治安保卫部门管理体制造成了巨大的冲击，如果不能很好应对这一挑战，在校园的治安管理工作中很容易出现漏洞和差错。

随着经济社会的不断发展与变化，校园的人员结构将由过去的单一成分转向多种成分，增加了对校内和校外人员管理的难度。首先，学校由以往的统招生扩大到有函授生、成人教育以及高自考等多种类型的学生；其次，随着学校开放，就业空间都得到了扩展，吸收了大量的社会从业人员到学校来打工，社会不同的人员来学校暂住，导致了学校治安状况的隐患。最后，外来人员的素质参差不齐，甚至有许多人还有违法犯罪的前科，久而久之，很容易使得学生受到社会不良风气的影响，导致学生不能专注于学业。

同时高校校园内的员工思想工作未到位，给校园的管理工作带来了一定的难度。高校的广大的教师和工作人员对后勤改革的社会化仍然抱有不理解的想法，他们以前的思维模式可以适应当前校园管理的模式，为什么还要转变思想，促成改革？有人认为，高校后勤社会改革是将以往的服务型单位推向社会，与以往的服务性质发生了重大变化。还有人认为高校的后勤改革既然是政府为主导的改革，高校只是提出具体的改革方案，那么以后就应该有事找政府，找学校。总之，正是由于以上一些人对大学后勤社会化影响的认识不到位，使得大学校园安保工作缺乏未雨绸缪的防范意识。

六、高校校园及周边治安综合治理的对策建议

（一）明确高校安全稳定工作的责任主体及其相应职责

校园治安管理制度就其本质而言，它的管理体制也如同一个社会一般，处理的主要是整个社会的利益与各个社会群体之间利益的分配关系，以及采用何种的运行方式保证利益的均衡化。因此，应当建立和健全领导问责制和执行工作监督机制，以及时地应对危机事件发生。校园的安全管理工作应当以学校领导的问责制为基础，学校领导主抓校园的安全工作，及时防止危机事件的事态扩大，将危机事件的损失程度最小化。学校的领导和各个相关部门应当加强综合治理，保证校园内部社会综合治理机构的建立和健全，实现各尽其职，各负其责，建立健全领导负责制。保证各部门和广大师生之间信息沟通渠道的畅通无阻，对于突发的安全危机事件可以在第一时间内赶到现场，获取第一手的资料，采取及时有效的措施加以应对。

（二）高校安全管理组织体系及应急预警处理制度的完善化

在新形势下加强高校校园及学生安全管理，维护学校的安全与稳定是学校

治安管理的重要职能,而学校管理是对学生和老师生命财产安全的保证,是对学生生命权的保护,是对广大师生能够拥有正常教学秩序的维护,理应成为学校工作最基础性的任务。

第一,应当建立和健全高校校园的警察机构。鉴于目前严峻的校园安全形势,遇到突发事件再拨打110报警电话可能为时已晚,因此应当在校园内建立专门的警察机构,承担校园的安全保卫和案件侦破工作,作为我国警察机关的派出力量,确保校园秩序的稳定。其人员是《中华人民共和国人民警察法》中规定的人员,具有公务员身份,是正式的人民警察。

第二,应当根据高校校园机构分级管理的实际需要,针对广大师生安全的预警机制可以分为两层预警机制,第一层级为学校掌控全局的预警机制,第二层级为各个院系为主体结构的预警机制,从而形成全方位、多角度的预警管理体系。同时,学校还应建立大学生自助预警平台,大学生可以针对一些生活和学习中的问题进行自我检查,减少不必要的程序和烦琐的环节,依照自助平台提供的意见和标准进行对比,在第一时间做出反应,彻底清除安全隐患。

(三) 重视高校安全文化建设及技术防范体系的现代化

高校校园的安全文化体系作为现代社会众多文化体系中的一部分,同样具有文化所应有的功能和作用,校园的安全文化体系建设不仅需要学校领导的重视,而且还需要广大师生的共同努力,应当努力营造"校园安全,人人有责"的安全文化和理念,从而为校园的文化建设及确保学生的健康心理状态发挥应有的作用。

一方面,高校的安全文化体系建设重要的是领导重视,明确领导在安全管理中的位置,并且通过现代化的宣传手段,让学校的安全文化体系建设在领导的心目中扎下根,使其了解安全文化体系建设对整个学校的安全稳定所起到的作用,认识到安全文化体系对校园现代化的发展建设所起到的作用,从而全方位和全视角地推进校园安全文化体系建设。另一方面,加快校园安全体系的文化建设,就必须建立一套完整的安全教育及大学生心理健康课程体系,包括课程如何设置、体系如何科学地编排、师资力量的培训,等等,实现对广大师生进行有计划、有目的的教育和培训,此外,还应当创新安全教育活动的形式和样式,抛弃以往的单一的和陈旧的模式,加强互动性的安全教育活动。

随着我国改革开放的深度和广度不断延伸,高校也在逐渐地适应社会的发展,学校由原来的半封闭状态完全转入了开放的状态,这对校园的安全防范工作提出了更高的要求。因此,各个学校亟须一套符合现代化校园安全要求的安全防控体系,从而保证校园在开放中稳定发展,在开放中实现飞跃。总体来说,高校校园的技术防范体系应有五部分构成:一是校园防盗报警体系,对学校的重要部门和保密部门进行防盗的监控,对非法入侵事件进行及时处理,以利于保卫部门在第一时间内做出反应;二是校园视频监控系统,对整个校园的主要出入口、教师、宿舍、和食堂等重要的区域进行全天候和全方位的实时监控,通过监控画面随时掌握校园可能发生的安全事件,从而有效地防范各类安全事件的发生,并且对已经发生的事件提供充足资料和调查保证;三是计算机化巡更系统的建立,在校园的易发事故地点建立巡更点,并且根据实事求是的原则,建立可靠的巡更计划,根据灵活性的原则,灵活地把握巡更的中出现的各种突发危机事件,从而随时掌握执勤人员的状况,必要时可以给予支援;四是校园紧急求助系统的建立,在校园的偏僻角落、人烟稀少的地方建立监控、报警等全方位的自动求助站,从而有利于校园的人员在遇到突发紧急事件时可以在第一时间内报警得到救助;五是校园安全防范管理系统的建立,对校园的硬件资源进行整合,将校园的软件资源和硬件资源有机地结合起来,从而避免了以往硬件资源的盲目性,实现防控体系的效能最大化。

七、结　语

综上所述,新时代高校校园及周边环境安全建设,需要全社会的共同参与,应当是由学生、家长、教师等多元主体共同实现的,在地方政府的领导和协调下,各个职能部门应当密切配合,出台相应的大学校园安全保障措施和文件,不断完善工作制度,强化安全责任,形成校内校外单位管理合力,做到以安全防范和服务保障为核心的平安校园安全管理体系,实现校园及周边安全环境的共建、共治、共享,才能构建起师生平安、教学和社会秩序井然的良好安全环境。

参考文献:

[1] Duplechain. Rosalind, Morris. Robert, "School Violence: Reported School

Shootings and Making Schools Safer", *Education*, Vol. 3, 2014, pp. 105-109.

［2］佟义旭：《我国高校安全稳定风险评估机制建设构想》，载《北京印刷学院学报》2018 年第 7 期。

［3］徐顽强、王文彬：《主体自觉视角下的学生参与高校治理问题研究》，载《现代教育管理》2020 年第 1 期。

［4］田必耀：《人大战"疫"，法治为要》，载《人大研究》2020 年第 3 期。

［5］赵大程：《以习近平总书记系列重要讲话精神为指引改革创新形式增强法治宣传教育工作实效》，载《中国司法》2017 年第 10 期。

［6］许跃：《依法治校视角下高职院校治理能力探析》，载《教育与职业》2019 年第 6 期。

［7］U. S. Department of Education, *The Handbook for Campus Safety and Security Reporting*, https：//www2. ed. gov/ admins/lead/safety/handbook. pdf.

［8］Turner, "Marcia Layton. Small Steps to Safety", *University Business*, Vol. 11, 2008, pp. 25-35.

［9］秦培涛、赵闪：《法治视域下高校群体性事件治理的价值取向、主要问题与路径选择》，载《石家庄铁道大学学报（社会科学版）》2016 年第 3 期。

［10］（汉）司马迁：《史记》，中华书局 2006 年版。

［11］俞可平主编：《治理与善治》，社会科学文献出版社 2000 年版。

［12］徐少亚、潘林庚：《市场经济条件下大学生必须强化四种意识》，载《江苏高教》1995 年第 1 期。

［13］Shannon K. Jacobsen, "Examining Crime on Campus: The Influence of Institutional Factors on Reports of Crime at Colleges and Universities", *Journal of Criminal Justice Education*, Vol. 28, 2017, pp. 561-564.

［14］United States V. Miami Univ. , https：//advance. lexis. com. 2008 - 02 - 29/2018 - 10 - 26.

［15］梁捷：《莫纪宏（中国社科院法学研究所研究员）：保障校园安全应纳入大学章程》，载《光明日报》2011 年 4 月 18 日，第 2 版。

［16］鲁杰主编：《教育社会学》，人民教育出版社 1990 年版。

［17］后向东：《美国联邦信息公开制度研究》，中国法制出版社 2014 年版。

［18］马治国、田小楚：《论人工智能体刑法适用之可能性》，载《华中科技大学学报（社会科学版）》2018 年第 2 期。

地方高校群落与高校体制间互动：
以河南商丘为例

徐宁远　路子琦[*]

摘　要：当前河南省地方性高校已经普遍设立，因而高校群落的区位特征也日益显著。地方高校群落自成体系构成了高教生态系统，民办高校与公办高校之间存在着相互依存、共同发展的自组织关系。地方高校群落与地方经济社会具有相互依存性，不同层次、不同类型的人才需求必然导致地方高校群落的生态多样性。然而目前体制下，民办与公办高校之间还缺少交流与互动。本文对商丘高校群落进行了实地调研，分析了我省民办高校的发展形势、体制特征和政策诉求，主张以错位竞争打破公办高校与民办高校之间的隔离状态，以期促进民办与公办高校之间实现教学资源与师资交流与共享，相互借鉴创新发展路径，加速资源、信息、人才流动，构成开放型的地方高校群落环境，形成高质量发展路径。

关键词：高校群落；民办高校；公办高校；办学体制

一、商丘高校群落的基本情况

商丘位于河南省东部，既是人口大市，也是我省地方高校群落的典型代表。商丘目前有商丘师范学院、商丘学院、商丘工学院、商丘职业技术学院、永城职业学院、商丘医学高等专科学校、商丘技师学院等7所院校，构成了独特的地方高校群落。商丘高校群落地处欠发达的省际交界区域，靠近传统农业区域，

---

[*] 徐宁远，郑州城市职业学院教育经济研究所，研究员，研究方向：教育经济学；路子琦，郑州财经学院金融学院，助教，研究方向：高等教育管理。

因此，交通便利但远离中心城市，人力资源丰富但人力资本短缺，高校数量较多但缺乏重点名校，高校自身发展动机较强但创新不足。这可以说是我省地方高校群落的典型特征。

这种情况也为民办高校带来了快速扩张的空间，商丘学院、商丘工学院都是我省著名的民办高校，具有规模扩张的典型性。春来教育集团举办了商丘学院、安阳学院、商丘学院应用科技学院（开封校区）、长江大学工程技术学院（参与办学）等多所高校，在校生规模达到 8 万人，2018 年 9 月在香港联交所上市。商丘工学院也有 2 个校区，在校生超过 1.5 万人。近年来，这两所为代表的我省民办高校招生规模不断增加，招生分数线不断上涨，以跨区办学的规模扩张也成为其发展模式。

当前，公办高校与民办高校之间还存在着体制藩篱。地方高校群落不应忽视民办高校的发展，尤其是我省民办高校已经自成体系，并且形成了企业化办学的发展路径。然而，当前民办高校与公办高校之间明显缺乏互动交流，遑论教学资源共享；除了公办高校教师到民办高校兼职以外，两类高校之间的办学合作并不深入。通过调研，我们发现民办高校在地方高校群落中发挥着重要的功能和作用，这不仅对我省区域社会经济的发展，而且对于我省高教领域深化改革都具有重要的意义。

二、民办高校"先尝先试"的改革价值

我省民办高校已经颇具规模，目前有 39 所，其中本科高校 19 所，专科 20 所，分布在所有地市。尽管在办学实力和办学层次上逊于公办高校，但是民办高校具有"发展速度快、招生规模大、办学成本低、管理效率高、改革动机强"的显著特征，这一点在商丘高校群落中有着集中体现。总体上来看，我省民办高校正处于快速发展的历史"窗口期"甚至是"风口期"。

第一，我省高等教育资源尤其是优质资源供给不足、配置不均的问题突出，造成了体制与区位上的"位差"与"势能"，一旦遇到合适的"政策机遇"，这种"势能"就会转换为民办高校快速发展的"动能"。换言之，民办高校的健康发展能够缓解我省高教资源的整体短缺与配置不均的严峻程度。例如，豫东地区人口稠密而社会经济发展水平还远低于郑州及周边城市，按照人口规模计算平均享有的高等教育资源远远低于发达地区，尤其是豫鲁苏皖接合区属于"欠

发达"的农耕区，高教资源稀缺，本科录取率仅为30%左右，因此商丘高校群落预期仍有巨大的招生空间。

第二，应将"民办高校"嵌入"民营经济"的社会环境中来整体性考量。近年来，我国宏观政策不断放宽与降低社会资本投资的限制与门槛，全国民营银行已经设立有17家，民营医院的数量已经超过公立医院，举国上下致力为民营企业构建良好的"营商环境"，各行各业"公办"与"民办"的界限一再被突破。民办高校的创办过程也是举办者利用个人资本和社会资本的创业过程，这一点和民营企业并无二致，因此，随着我省社会资本投资规模的不断加大，对民营企业的政策红利不断释放，民办高校仍有较长时期的利好预期。

民办高校具有特殊的分析语境，起源于三十年前"资本短缺"形势下"社会力量"办学的政策创新，因而长期处在"国家力量"办学的补充和辅助地位。然而，我国地方财政实力已今非昔比，社会资本较为充盈，地方政府也越来越将地方高校视为其"城市软实力"。民办高校作为"体制外""预算外""编制外"单位，也应从"补充"和"辅助"的位置走向创新前沿，在高等教育领域的深化改革中扮演"先尝先试"的角色，动员社会资本的力量，将长期以来高等教育资源基于知识垄断与区位差异所产生的各种"教育租金"消散到社会福利之中，促进优质高教资源的均衡配置。

三、公办与民办高校的对比参照

我省民办高校快速发展过程，充分体现了办学体制差异所造成的落差势能与历史惯性，这又导致了民办高校规模扩张的发展路径依赖。长期以来，我们把"产权""体制"作为分析民办高校问题的逻辑起点与政策焦点，却忽视了民办高校长期办学过程中自发生成的个性特征，包括治理模式、汲取社会办学资源的方式，以及举办者个人的控制力与影响力，等等。这也许对于当前高教领域的深化改革更具有借鉴与反思的参照作用。

第一，从治理模式看，民办高校的举办者被公认为"成功人士"，并对学校拥有绝对的控制力与影响力，这种"权威"在校内实际上构成了德国社会学家韦伯所定义的人们易于接受和服从的"魅力型"的治理模式。而公办高校的领导与管理者因行政任命而产生，因此构成典型的"法理型"治理模式。可见，高等院校提升管理效率的有效途径之一是提升领导者和管理者的"魅力"及其产生的"合法性"，这种"魅力"可以来自学术成就、工作业绩以及特殊的个体经历等等。更为重要的是，民办高校的"魅力型治理"也是防治"形式主义"的有效举措，对于公办高校治理"行政化""官僚化"的痼疾不无启示与借鉴意义。

第二，从办学条件上看，民办高校作为"非预算拨款单位"面临着"预算硬约束"。预算约束的"软硬"带来不同的倒逼压力，在"硬约束"的条件下，民办高校办学经费高度依赖于"招生规模"，因而也更为贴近人才与就业市场；同时不得不汲取社会办学资源，利用网络教学、校企合作、兼职教师等方式弥补经费不足，这反而有助于促成合作办学的新模式。而公办高校由于财经制度与人员编制的限制、主管部门的管理约束、院系之间的行政分割、师资"精英化"意识等等原因，导致其体制改革与创新的阻力障碍和摩擦成本要比民办高校高出很多。

《河南省"十四五"教育事业发展规划》中明确提出要"指导不同类型高校找准坐标和发展方向，引导和激励高校各安其位、各展所长、特色发展……"而民办与公办高校的体制差异，具体呈现为治理结构、预算约束、激励机制、管理科层、行政效率等诸多不同之处，这也是构成地方高校群落生态的重要因素。当前我省大多数地市都设置有民办高校，一批独立学院也转制为民办高校，民办高校在我省地方高校群落中必将释放更为积极的活力因素与创新潜能。

四、错位竞争与高校群落生态

众所周知，不同类型的物种竞争是维系生态环境的必要因素。如同改革开放初期的国企改革那样，民办高校与公办高校之间的错位竞争，也是高教领域深化改革的动力机制。随着我省人口增速下降与高考人数的递减，我省高校之间的竞争态势将在长期内日益加剧，这也构成了高教领域深化改革有利的倒逼压力。公办高校与民办高校之间的体制竞争与错位竞争，有助于改进我省地方高校群落的多体制、多层次、多元化发展的高校生态。

高校竞争首先是生源竞争。长期以来，民办本科高校在高招录取批次中锁定在"三本"从而陷入生源困境。2014年公布的《国务院关于深化考试招生制度改革的实施意见》提出"要创造条件逐步取消高校招生录取批次"以来，全国大多数省份已经合并了"二本三本"的招生批次。我省在2017年取消"三本"后，民办本科高校的录取分数持续提高，逐步缩小了与公办高校分数的差距。从今年高考的情况看，一批民办高校已经具备和公办高校竞争生源的实力。同时，民办高校因办学资源有限从而更倾向于集中优势凝聚特色，因此这种"错位竞争"有望打破高校培养人才"同质化"的局面，为高教领域深化改革注入活力。

一方面，高校竞争也是办学资源竞争。民办高校作为"体制外""预算外"单位，其对"公平竞争"的诉求也越来越强烈。经过多年的积累和发展，我省民办高校不断分化与分层，一批"教育集团"已经具备了可观的资金实力。例如，春来集团凭借其资金实力曾经筹划创办"中原航空公司"，一些民办高校正在筹划"集团上市"，有的通过"多元经营"开拓社会培训业务，更多地通过"招生规模"，早已摆脱了初创时期的资金困境。

另一方面，民办高校之间也加速"兼并""合并"。当前民办高校的办学门槛大大提高，一些实力不济、资金匮乏的民办高校也通过收购兼并的方式实现了重组，例如郑州城市职业学院。而少数民办高校则发展成为"巨型学校"，例如春来教育集团已经着手对域外高校实施资本重组，郑州财经学院正在扩建郑州航空港新校区，黄河科技学院在济源设置了分校等等。

2018年，《河南省人民政府关于鼓励社会力量兴办教育进一步促进民办教育健康发展的实施意见》，对分类管理、差异政策、准入机制、筹资渠道与多元主体合作办学都做出了规范。当前，办学资金问题已经不是制约民办高校发展的最主要局限；恰恰相反，当前迫切需要出台相关举措引领社会性"教育资本"的精准流向，利用"放管服"改革的契机，就像完善"营商环境"那样完善"办学环境"，通过"放权赋权"鼓励民办高校与公办高校之间的"公平竞争"，引导同类型的高校错位发展。

五、民办高校举办者的"两难抉择"

当前，对民办高校影响最大的外部因素显然是《中华人民共和国民办教育促进法实施条例》的实施。该法于2021年修订以来，产生了较大的社会争议，相关的地方配套措施也未能及时跟进。我省民办高校举办者面对"公益性""营利性"的法律选择时普遍存有犹豫和观望心态。

但是，如果当下需要立刻表态的话，他们毫无例外地将选择"公益性"，甚至于已经"集团上市"的商丘学院也是如此。这也是民办高校在不确定环境下"求稳避险"的正常反应。民办高校举办者对其创办的学校有着强大的掌控性与影响力，他们面对现实两难抉择的痛点，也理应是政策创新的着力点。

这种"一边倒"的选择结果绝非《中华人民共和国民办教育促进法》"分类改革"政策的设计初衷。如同民营企业一样，民办高校在早期办学过程也有许多产权边界模糊的地方。为解决产权问题的"倒逼式选择"可能会适得其反。因此，本着"增量改革"优先于"存量改革"的原则，有必要改变这种"被动选择"的"倒逼"模式。

当前，应根据《中华人民共和国民办教育促进法实施条例》中有关条款，由地方政府根据具体情况制订"营利性"民办高校的具体政策，尤其是税收核算与土地评估办法，给民办高校举办者以明确的利益预期。然后设置一年以上的较长的选择期限，让民办高校逐步适应并主动选择"公益性"或"营利性"的办学路径。

民办高校举办者对其创办的高校往往具有很强的掌控性和影响力，他们在关键性节点上的重大选择，将关乎民办高校发展的方向，比如建立分校、合并兼并、集团上市等等。因此，充分保障民办高校举办者的办学权益，给予其明确的政策预期，不仅有助于激活民办高校体制中的创新因素，也有助于形成我省高校之间错位竞争的高校群落多样化的生态格局。

六、民办高校发展的政策"天花板"

我省民办高校尽管规模发展较快，但是办学层次却受到政策限制，没有实现硕士学位点的突破。高校竞争最终体现为以学历为标志的办学层次的竞争，而非办学规模的竞争。我省规模较大的民办高校都在努力"申硕"，不少民办高校还专门设置了"申硕办"。

"硕士点"不仅有助于高校办学层次的提升，对其所在城市的"软实力"也有重大意义。以商丘高校群落为例，如果以公办高校商丘师范学院为核心，在建好硕士点以后，可以对其他高校尤其是民办高校起到辐射和支撑作用。例如民办高校商丘学院目前急缺会计师资，该校引进会计教学人才的门槛一度降低至本科学历。因此，商丘师范学院申硕成功以后，能够形成地方人才培育的"自循环"系统，域内招生域内就业，缓解人才引进的制约程度，这不仅对该校本身，对高校群落乃至豫东区域经济发展都具有重大意义。

2014年，我省允许民办高校以"建设国家急需专业"来申报硕士点，但不久这扇政策之门就关闭了。截至目前，全国仅有五所民办高校具有硕士研究生的招生资格。尽管我省不少民办高校都设置了"申硕办",并通过与公办高校"联合培养硕士"的方式来提升办学层次,但是我省民办高校毕竟属于"教学型"高校,其科研实力要远逊于公办高校,目前申硕的主导力量还应该属于公办高校。

"硕士学位"已经成为民办高校发展的"天花板",也限制了竞争活力。众所周知,高校本科专业设置由"审批制"转向"备案制",激发了专业建设的内生动能。而硕士专业设置申报也可以采取这样的举措,在现有条件下可以采取"总量控制""动态平衡"的方式,对申硕的公办与民办高校按照同一标准进行排序列出候选名单,同时强化已有硕士专业点的定期验收,建立淘汰与递补制度。这样能够保障人才培养质量并促进高校之间的公平竞争,同时也符合教育部"建立健全学科专业动态调整机制"的改革要求。

当然,民办高校在办学实力与师资水平上还远逊于公办高校,我省地方高校群落的"龙头高校"大多还是公办高校。公办高校在科研实力与社会服务能力方面具有显著优势,因此,申硕政策应向地方"龙头高校"倾斜。这也有助于形成地方高校群落自我促进的"人才循环"体系,对属地的民办高校也具有潜在的支撑作用。

七、地方高校群落的"龙头带动"

在地方高校群落中,总有一个办学实力最强的龙头高校。以商丘为例,商丘师范学院无疑是商丘高校群落的"领军"和"龙头"。2017年6月商丘师范学院牵头举办了"合作发展联盟大会",旨在构建"共谋发展、合作共赢"的平台。有助于促进不同体制、不同层次、不同类别的高校融合发展。

与郑州不同,地方高校群落的最大制约在于高层次博士人才引进的困难,因此,盘活现有博士学位人才存量就十分重要。事实上,民办高校长期依赖公办高校的师资力量作为补充,不仅退休教师甚至在职教师也经常到民办高校兼职。例如,信阳学院的很多兼职教师和退休教师是从武汉公办高校引进的,从武汉到信阳的高铁非常便利,省际之间的人才流动也没有任何制度性限制,这为信阳民办高校提供了共享师资资源的便利条件。对此,应从盘活教学资源的角度予以鼓励、引导和规范。我省教育主管部门也可以出台在职教师兼职教学的规范性文件,鼓励高校教师在完成本职工作的前提下充分实现自身价值与社会价值。地方高校的科研教学资源包括实习实训的仪器设备、图书馆也可以秉持"不求所有，但求所用"的理念，实行有偿服务，在高校间互相开放或对社会开放。

商丘地处四省交界，附近还有菏泽学院、亳州学院、聊城大学以及徐州的高校群落。高校群落作为知识传播、技术外溢的重要载体已经成为城市"软实力"的标志。在当前党中央国务院"区域协同发展"的倡导下，地方政府也应关注属地民办高校的核心利益与诉求，利用校地合作的契机打破行政与体制的界限，促进高校之间的协同发展，完善地方高校群落生态。

八、结论：促进高校的体制间互动与"抱团发展"

城市高校集聚度与首位度高度正相关。我省高等院校数量的40%以上集中在郑州，其在校大学生规模在全国位居第二。然而作为人口大省和高考大省，只有一个"教育中心"显然是不够的。目前我省安阳—新乡、南阳—信阳、洛阳以及商丘豫东地区都有初具规模的高校群落，其内生互动与具体实践也不容忽视。

高校群落意味着不同类型的高校构成自组织的有机整体。长期以来，我们关注校地融合与校企融合，但是对公办高校与民办高校之间的体制沟通与互动却不够重视。民办高校的办学经验与治理模式能够为当前高教领域的深化改革提供反思意识，其先进举措值得推广。公办高校不仅为民办高校提供了必要的师资来源，而且在高校群落中发挥了"压舱石"的作用，这对于民办高校矫正市场功利化行为和保障社会主义办学方向具有重大意义。公办高校与民办高校的良性互动对于当前我省高教领域的深化改革具有积极的推动作用，持续深入推进高教领域"放管服"改革并适当引入高校之间的良性竞争与错位竞争，是我省高等教育高质量发展的必由路径。

针对地方高校群落中的"龙头高校"，也应充分释放其引领功能和外部效应。这些"龙头高校"亟待申办硕士点以提高办学层次和水平，这不仅能够促进教育资源的区域均衡配置，而且能够发挥"龙头高校"的辐射和外溢作用，加速地方高校群落办学资源的共享与"内循环"，促进形成民办与公办高校的差异化发展路径。

国际化办学指标体系建设及其反思[*]

朱　铮　曹昱晨[**]

摘　要：《国际化办学指标体系》是中国政法大学基于学科评估和"双一流"建设需要而综合设计的一套国际化办学指标体系，旨在反映法学学科的国际化水平。然而，考察这一指标体系的选取原则和参数内涵可知，指标参数体系存在"国际化"定位不清、价值追求冲突、指标参数国际化标准陈旧僵化和指标之间联动衔接阻滞等问题，为解决这一问题，有必要进一步辨别指标价值的中立性，提升指标设置的科学性，加强指标参数的联动性，应在价值导向上，确立中国特色的法学教育国际化道路，在具体举措上，设置更科学中立的指标参数并分步骤地推进学科建设的国际化，在制度保障上，加强对学科国际化建设的评估和监督，以便更好地推进法学学科的国际化程度，培养德法兼修的涉外法治人才。

关键词：指标体系；指标参数；价值中立；涉外法治人才

一、问题的提出

中共中央办公厅、国务院办公厅近期印发的《关于加强新时代法学教育和法学理论研究的意见》为法学教育提出了新要求。根据这一文件，汲取世界法治文明的有益成果，推动法学教育和法学理论研究高质量发展已经被确立为一项建设法学学科的工作原则。根据文件的规划，我国到2035年时将建成一批中

---

[*] 本文受中国政法大学校级课题《〈宪法学〉课程教学内容和体例改革方案》的资助。
[**] 朱铮，法学博士，中国政法大学法学院宪法学研究所讲师；曹昱晨，法学硕士，中国政法大学发展规划与学科建设处助理研究员。

国特色、世界一流法学院校，造就一批具有国际影响力的法学专家学者。这是我国法学发展的主要目标。为了贯彻这一工作原则，实现这一目标，我国各类高校在法学学科的建设过程中对学科排名极为看重，对不同机构发布的排名结果十分重视。但是，各类排名所使用的参数千差万别，无论是指标体系、评估方法、权重高低、数据来源、学校学科分类等都纷杂不一，因此产生了国际排名结果明显偏离所在国业界和大众认知的现象，也出现了部分排名无法准确反映学科发展现状和学科特色的问题，而依据这一不客观的指标体系所作出的政策自然也无法做到精准有效，以至于延误而非促进我校法学教育和研究的发展。

美国著名人类学家格尔茨曾断言法学是一门"地方性的知识（Local Knowledge）"，[1]这表明法律是在特定时空和语境中对本土化资源进行整合的学科，它具有时代性和地方性等特色。法学学科这一鲜明的时代性和地方性特点决定了其国际化指标评估体系需要进行"本地化"转化，而依据这些国际化指标所进行的教育决策也必然面临不断的诘问。基于此，本文拟将《中国政法大学国际化办学指标体系》作为研究对象，首先介绍这一指标体系中各项参数的设定和具体内容，特别关注指标体系针对不同人群所提出的具体要求；其次，本文将对这些内容和要求进行反思，既研究这些内容和要求的科学性，又对其实效性做整体性检视；最后，文章将对国际化办学指标体系的设置提出建议。本文认为在人文社会科学领域，尤其是法学教育和研究之中，应该在探索高等教育发展规律的同时，兼顾国际化和本土化两重价值追求，并在设计指标体系时，着力突出行业特点和学校特色，以便为我校的法学学科发展提供客观指引，使教育政策的制定更加科学而且有的放矢。

二、指标体系的设置现状及其内涵

（一）选取指标参数的原则和标准

《国际化办学指标体系》是我校基于学科评估、"双一流"建设需要，统筹考虑师资、科研、课程、宣传等方面的国际化指标而综合设计的一套体系。这套指

---

[1] [美] 克利福德·格尔茨：《地方知识——阐释人类学论文集》，杨德睿译，商务印书馆2016年版，第261页。

标体系旨在准确地反映学校和学院的国际化发展水平，为提高学校国际影响力和竞争力提供有益参考，它主要依据三个原则：一是反映学校国际化办学整体情况。指标体系充分借鉴各排名机构、各高校实践成果，体现国际化办学的整体环境，展现高水平、高标准的办学要求；二是体现各法学院校特色。根据学科领域确定指标权重，突出行业影响和社会贡献，在学科建设的多元维度上发力；三是分阶段、分步骤推进国际化办学目标。保障学校和各院循序渐进推进国际化建设，体现指标的动态均衡特征，注重实际应用和评估效果。为了既反映学校的国际化办学整体情况，又体现法学学科的办学特色，同时还为未来的办学方向设定目标，这一套指标体系关注和教学研究紧密相关的诸多国际化指标。

在设计指标体系时，应遵循以下四个要求来选择不同的指标参数：一是指标应具有可采集性（Accessibility）。如果指标不具有可采集，则无法保证当前和以往所采集的数据是可靠、方便、科学的，因此可采集性是指标设定的大前提；二是指标具有代表性（Representability）。指标应是众多参数中可较全面反映国际化办学各个方面的总体发展水平以及法学为特色学校特色的重要标识，如果指标没有明显的可识别度和代表性，则将导致无法客观准确反映当前法学教育和研究的真实情况；三是具有可比性。指标的可比性又称为指标的"可通约性"（Commensurability），它指在不同地区、不同学校、不同学科领域和不同时间阶段可根据指标进行科学的比较，反映的是同一研究对象的对比情况；四是指标具有可扩展性。可扩展性也称"可延展性"（Extensibility），它要求选取的指标参数兼具"描述性"和"数据性"，即用数字的方式客观呈现法学发展的走向和趋势。同时，可扩展性也要求指标参数必须同时具有硬性和弹性，即可根据实际发展情况调整和修改指标的上下阈值，以及时反映法学学科发展的情况。

（二）指标参数设定及其内涵分析

根据上述"可采集性""代表性""可比性"和"可延展性"的要求，我校正在实行的《中国政法大学国际化办学指标体系》采纳了7个维度，36个二级指标和49个三级指标作为衡量和判断我校国际化办学程度的参照。具体而言，在七个维度的设定上，我校办学指标体系重点关注：①教师队伍的国际化；②学生培养的国际化；③科研合作的国际化；④教学和科研保障的国际化；⑤教育宣传的国际化；⑥教学和科研国际影响；⑦课程国际化。关于以上七个维度和二、三级指标的具体内容，可详见下列附表。

所属范畴	序号	指标名称	指标内涵
师资队伍国际化	1	行政队伍	行政队伍在国际化服务管理中的相关指标，考量境外研修情况、海外留学背景、外语能力等因素；同时考量各二级单位外事秘书配备及队伍资质、能力提升情况。
	2	专任教师	具有国际化背景的专任教师数量，既包含具有留学归国背景、出国提升等国际化背景的本国教师，也包含从外国和中国港澳台地区引进的专任教师、客座教授、名誉教授、兼职教授等，同时考量二级单位组织开展外语教学情况等因素。
学生培养国际化	3	来华留学生人数	来华生数量，包含从外国和中国港澳台地区的交换生、联合培养或双学位学生等，考量来华生在学生总数中的比例因素。来华生不包含在中国大陆地区获得高等教育入学资格的非中国籍公民学生。考量项目持续时间、来源国家数、学历中语言类学生数、学生学历等因素。
	4	派出学生人数	本校学籍学生派往外国和中国港澳台地区各高校攻读海外学位、短期交流、联合培养、参加海外实习的人数，考量派出学生在学生总数中的比例。
	5	来华短期交流外籍学生数	考量项目持续时间、来源国数、学历生中语言类学生数、非语言类中的学生博士、硕士、本科学历因素。
科研的国际化	6	国际科研合作项目	国际性科研合作项目数量情况，考量境内/境外项目、项目数量、参与教师数、经费额度等因素。
	7	正式建立合作关系（签署协议）	考量建立合作关系对象所在国家和地区分布，合作机构数量协议签署数量，是否涉共建"一带一路"国家，合作协议实施情况，合作协议中教学类、科研类及服务类协议的数量等因素。
保障的国际化	8	人员配备	考量国际化事务校领导数、专职及兼职外事秘书人员数等因素。
	9	经费投入	国际化资金投入直接影响国际化效果，同时侧面反映建设重视程度。考量国际化资金投入预算额度及在总预算中所占比例等。
	10	国际学者	本学科国际学者的数量。国际教师是指中长期在校从事教学科研活动的外国和中国港澳台地区学者，需每年在学校工作90天以上。
	11	提供房产数	为开展国际化业务提供的、产权归属本校的房产数量。
	12	自租自住房产数	为开展国际化业务提供的、产权归属不在本校但自租自住的房产数量。

一、高校治理篇

续表

所属范畴	序号	指标名称	指标内涵
宣传的国际化	13	学校外文网站	学校外文网站、建站、维护、管理情况，考量英语种类、年度发文数量等因素。
	14	二级单位英文网站覆盖率	二级单位英文网站建设以及定期维护管理情况。
	15	作为创始机构独立或共同创办的国际性机构组织	考量国际性机构组织合作层级，参与国数量，参与组织数量，组织持续时间，经费支持，其中角色，产出成果，组织在国内、国际范围内的认可度和影响力等因素。
	16	参加的国际性机构组织	考量国际性机构组织合作层级，参与国数量，参与组织数量，组织持续时间，经费支持，其中角色，产出成果，组织在国内、国际范围内的认可度和影响力等因素。
国际影响	17	国外期刊论文数	考量期刊论文数量，论文引用情况，所发刊物在国内、国际范围内的认可度和影响力。
	18	全英文著作数	教师以全英文（或其他语种）发表的著作数量，含包括专著、译著、编著、教材等，考量个人专著或合著因素。
	19	举办国际会议	举办国际会议数量反映短时间段内的高校国际化水平，考量国际会议参与国数量、参与学者总数、教授数量、本单位教师数量、持续时间、经费支持、主办或承办、产出成果、会议是否定期性举办等因素。
	20	稳定的国际联系机制	是高校构建国际化框架构建的长期稳定保障，反映高校持续、长期性的国际化联系能力和沟通水平。考量国际联系机制构建、维护、在机制框架下开展具体合作情况。
	21	参与国际法律事务或活动	参与国际法庭、国际仲裁、法律咨询等活动人、次数，体现我校法学的特色和优势，反映我校在国际法律事务上的参与程度。
	22	国际学者担任主讲的讲座数	考量学者在国内、国际范围的知名度，讲座受众范围及人数，举办讲座频次等因素。
	23	外文宣传报道的数量	考量在单位国际知名度、开展项目或活动在外文媒体中的报道数量、该外媒媒体本身知名度情况等因素。
	24	举办国际大中型文化活动数	高校举办文化宣介活动情况，考量受众人数及来源国、持续时间、经费支持、主要国内外媒体宣介情况等因素。

续表

所属范畴	序号	指标名称	指标内涵
国际影响	25	国际学术组织负责人或国际刊物编委	本单位教师担任国际学术组织负责人或国际刊物编委情况，考量组织或刊物国际知名度情况。教师在同一组织或刊物担任多职的不重复计算。
	26	来访人员	考量来访人员来源国家或地区数量、团队组织数量、是否来自共建"一带一路"国家等因素。
	27	出访人员	考量出访人员团队组织数量、出访人次等因素。
课程国际化	28	原版教材的使用及双语教学	原版教材因素使用频次、版本新旧等；双语教学因素考量课程占全部课程数比例、课程学分占总学分比例、课程为选修或必修、课程数量、课程周学时占总学时比例等因素。
	29	国际性问题课程开发	考量参与开发人员数量、所起作用、面向受众、课程占全部课程数比例、课程学分占总学分比例、课程为选修或必修、课程数量、课程周学时占总学时比例等因素。
	30	参与的国际竞赛	考量国际竞赛面向国家数量、参与高校数、参与人数、持续时间、主要国内外媒体宣介情况等因素。
	31	国际暑期项目	考量项目数量、面向国家数量、参与人数、学生学历层级、持续时间、授课教师双语教学或翻译配备情况等。
	32	通过国际认证专业数	考量认证机构在国内、国际范围内的知名度、认可度、通过认证专业数量，认证期限等因素。
	33	与国外学习经历互认专业数	指通过教育主管部门、国际组织或者大学联盟获得学习经历互认的专业数量，如美国学分衔接和转移政策、欧洲学分转换与累积系统、澳大利亚资格框架、韩国"学分银行"体系、加拿大的学分转移制度、我国与共建"一带一路"国家的学分互认协议等。CSC认证的亦属于与国外学习经历互认专业范畴。各二级单位与国外大学签订的学分互认也可纳入本范畴。
	34	线上课程	考量是否建有线上国际课程系统和体系、课程参与学生数量、面向国家数量、课程时长等。
	35	国际小学期	考量课程数、教师数、教师来源等因素。
	36	中外合作办学	与国（境）外机构合作办学情况，包括在境外设立的办学机构数、共建孔子学院数、在境内设立的中外合作办学机构数、在境内举办的中外合作办学项目数。

三、指标体系的价值及其反思

《中国政法大学国际化办学指标体系》覆盖教学和科研中的七大方面，力图反映我校国际化的整体水平，并提升教学和研究的国际化程度。然而，在学校和二级单位共同推进国际化办学的过程中，该指标体系却暴露出①指标价值追求之间冲突；②国际化标准陈旧僵化；③指标衔接联动阻滞三大问题。本文拟联系前引指标体系中的具体内容，分析这三大问题的表现和成因。

（一）指标价值追求之间冲突

指标体系的设计是为了提升学科建设的国际化程度，然而在具体考察指标内容会发现，指标体系同时也追求国家建设、身份认同建构和意识形态宣传等多元价值目标，这些价值目标在大多数情况下能够统合，但当价值目标出现矛盾时就会影响指标体系的实现。具体来看，这种价值多元和矛盾可以从以下两个方面进行分析。第一，指标体系的设计存在"国际化"定位不清的问题。指标体系所追求的国际化是指在教学和科研中既吸收国际有益经验，也产生相应的国际影响。正如一些学者指出的，"双一流"战略下的高等教育国际化应该呈现出"全方位""多层次"和"宽领域"的发展态势。[1]然而，指标体系所设定的国际化却存在不自觉追求"英美化"的倾向。比如，在外文网站的建设上，指标参数设定的学校网站建设尚规定追求"国际化"，但二级学院网站建设的要求却直接变为"英文网站"。再比如，在国际期刊和著作发表的要求上，指标体系认定具有"国际影响"的著作是用英文发表的学术著作，以上种种要求表明该指标体系在"国际化"的定位上出现了将"国际化"和"英美化"混为一谈的倾向，这一倾向可能会遮蔽其他国家的重要性，既不利于我国向如法国和德国等西欧发达国家取经并在这些国家产生学术影响力，也不利于我国从如拉美、中东和非洲一些国家积极借鉴相关法律制度，当然更不利于我国"一带一路"重大战略的实施。

第二，指标体系的设定存在价值追求之间的冲突。一方面，追求法学教育和研究的国际化是为了在更广阔的视野中汲取比较法资源，从而为我国法学建设服务；但另一方面，我国的法学国际化建设又肩负着塑造国际认同，甚至浇筑国际

---

[1] 任友群：《"双一流"战略下高等教育国际化的未来发展》，载《中国高等教育》2016年第5期。

共同体和形成身份纽带等政治使命。在我校所适用的指标体系中，从众多的合作国家中突出共建"一带一路"国家并作专门强调，这自然和国家"一带一路"战略部署和专项经费资助分不开，但这一指标背后所反映的我国法学国际化建设也承载着构建身份认同甚至"怀柔远人"的政治使命。[1]这一点反映在多项指标要求上，比如在"签署合作协议"一项中，对于共建"一带一路"国家应给予格外的关注。在衡量办学的国际影响力方面，特别关注来华访问人员是否来自于共建"一带一路"的国家。诚然，学术和教育应服务于国家战略布局，但同时也应该认识到，国际化指标体系背后的价值追求有可能发生冲突。比如若过分突出强调和共建"一带一路"国家的办学合作，一是会稀释有限的教育资源和注意力，这有可能阻碍我国积极吸收先进西方发达国家的办学理念和办学经验，增加已经投入的国际化办学沉没成本；二是过分强调政治身份建构会挤压法学教育有限的形成空间，使得国际化合作的成效判定围绕政治效果而调整，这不利于法学教育和研究的展开。更具有挑战的是，我国作为中华法系的代表，在法律语言的生成、法律移植和法律制度的演进等方面都存在后发性，在与共建"一带一路"国家进行合作办学的过程中面临来自"西方中心主义"法学叙事的挑战。[2]如何使学生提高外语能力，完善知识结构，并在教学和科研中坚持"四个自信"，真正做到"说好中国故事"并"传播好中国声音"是亟须研究的课题。[3]

（二）国际化标准陈旧僵化

虽然目前的指标体系已经涵盖了包括教学和科研在内的学科建设七大方面，但指标的设定上存在诸如盲目追求国际化和国际化标准科学性不足的问题。第一，在学术研究领域，应遏制盲目国际化的冲动。不加区别地要求实现教学、科研、行政、宣传、课程、学生培养和影响力全面国际化既不符合学科发展规律，也不现实。就教学和科研而言，法学学科中的一些领域并无国际化的必要。比如，我国宪法学学科中关于地方区域协同治理和地方性法规备案审查的研究主要为了回应中国的本土问题，具有较强的地方性和实践性，不具备一般理论意义，因此国际化的必要性有待证成。再比如，我国法制史研究中关于地方志的

---

[1] 陈明辉：《转型期国家认同困境与宪法学的回应》，载《法学研究》2018年第3期。
[2] 徐显明：《高等教育新时代与卓越法治人才培养》，载《中国大学教学》2019年第10期。
[3] 聂帅钧：《"一带一路"倡议与我国涉外法律人才培养新使命》，载《重庆高教研究》2019年第2期。

关注对了解我国特定地域法律文化的形成和演进具有价值，但除对海外汉学界的少数专家具有学术价值外，实无国际化的必要。同时，应该看到的是，法学研究中的一些问题虽然能够国际化，但囿于语言和文化背景的不同，一是很难用外语翻译，二是即便可以翻译，其国际化的成本也很高，而且收效不佳。比如我国因山东"辱母杀人"案[1]和江苏昆山"反杀"案[2]而引发的关于正当防卫的讨论以及围绕国务院机构改革而展开的国家机构研究就很难在国外受众心中产生共鸣，毕竟这些研究只有和具体语境中的制度相连才有价值，要将这些学术探索国际化还必须辅之以大量的说明和解释工作，其成本和收益不成正比。

第二，在非学术研究领域，应着力提升国际化指标的科学性。比如在保障措施的国际化程度判断上，以提供房产数作为衡量国际化投入的指标具有误导性，这一指标以我校房产和自租自住房产是否用于开展国际化业务作为衡量标准，但是否用于开展国际化业务很难定义，在执行中，为了完成此项指标，有关单位可以将本不属于国际化业务的科教活动定义为国际化业务。再者，在判断是否为留学人员的标准有待进一步研究，比如将具有国际化背景的专任教师定义为包含具有留学归国背景和出国提升等国际化背景的本国教师，同时还包含从外国地区引进的专任教师、客座教授、名誉教授、兼职教授等，在上述人员中衡量国际化程度高低的标准既不是国籍也不是在境外停留时间的长短，而只看重是否有海外经历，对是否拥有境外学位、是否有过教职和是否为研究员在所不问，这种考核指标能否实现人才引进的目的是存疑的。因此，国际化指标的设置须进一步加强其科学性，使其能够准确反映国际化程度，更能指导国际化学科建设的实践。

（三）指标衔接联动机制阻滞

在指标体系中，另一个棘手的问题在于各项指标无法有效联动，从而形成有机整体，反倒出现了指标之间互相打架的情况，这不利于各项指标融通联动，协同发挥作用。大体而言，指标的联动可分为横向的指标联动和纵向的指标联动。

---

[1]　陈兴良：《正当防卫如何才能避免沦为僵尸条款——以于欢故意伤害案一审判决为例的刑法教义学分析》，载《法学家》2017年第5期；陈璇：《正当防卫、维稳优先与结果导向——以"于欢故意伤害案"为契机展开的法理思考》，载《法律科学（西北政法大学学报）》2018年第3期。

[2]　王海东：《昆山"反杀案"办理回顾》，载《中国检察官》2018年第18期；陈兴良：《正当防卫的司法偏差及其纠正》，载《政治与法律》2019年第8期；马啸、方明：《一体化防卫行为的要件认定研究——以昆山反杀案等典型案件为对象的分析》，载《学海》2020年第5期。

第一，就指标的横向联动而言，指标体系所覆盖的七大领域中，在"走出去"和"引进来"两个方向上指标设定的标准不统一。比如在"引进外脑"方面，其对国际学者的定义为"中长期在校从事教学科研活动的外国和中国港澳台地区学者"，并硬性规定国际学者每年在学校工作 90 天以上，但在"向外输出"方面，指标体系所定义的"外派"包括本校学籍学生派往外国和中国港澳台地区各高校攻读海外学位、短期交流、联合培养、参加海外实习等活动，这阻碍了中外人才的正常流动，甚至出现了"引进严"而"输出松"的奇怪现象。这一机制的指标设计缺陷使得本国学生和学者走出去容易，回流困难，不利于动员海外优秀人才回国服务，也不利于引进海外优秀的科研和教学团队来华服务。同时，应该看到，指标体系硬性要求海外学者每年在华工作 90 天以上既无必要也不现实，对于有教职的海外著名学者不可能放弃其本国的教学和科研工作在中国工作 90 天以上，而且在网络授课技术十分普及的今天，要求外国专家必须来华线下授课也实无必要。再者，指标体系虽然已经规定了学生交换的学分换算，但对于本校教师到海外进修提升以及引进境外学者来本校授课尚缺乏细致的配套工分转换和考核机制，这导致学科发展中推动国际化的动力不足。

第二，就指标的纵向联动而言，指标体系的落地有赖于学校和二级单位（主要以各教学科研单位为主）共同推进，但学校和二级单位由于各自不同的价值追求使得学科的国际化建设演变为少数学科的游戏。学校层面评估的主要价值追求是从学校的整体和全局出发，全面衡量和评判学校国际化办学状况，为校领导决策及开展相关工作提供真实数据支撑。学校完全有可能为了实现整体利益的最大化而牺牲个别二级学院的利益，比如我校的国际法学院和中欧法学院显然比法学院和刑事司法学院更有条件也更有能力完成国际化的指标任务，学校适当地将财政和科研资源向其倾斜是完全有可能的。同样地，二级单位的主要价值追求是通过学校设定的指标考核，这促使学院效仿学校的做法牺牲一些国际化无望的研究所以求得学院的整体利益的最优。以法学院为例，其党内法规研究所显然比宪法学研究所更无望实现国际化，学院完全有可能将资源进一步倾注在宪法学这样更容易实现国际化的学科上。综合来看，学校和学院在国际化追求上的利益分疏导致资源流向国际化程度更高的学院和研究所，国际化指标考核变成了少数优势学科角逐的游戏。

四、提升国际化办学效能的建议

我校的国际化指标体系建设在价值追求的中立性、指标设置的科学性和指标参数的联动性上仍存在较大的提升空间。为了进一步推动学科建设的国际化,有必要在多元价值中明确国际化的价值追求,调整指标参数,同时改革指标的衔接和联动机制,加强学科国际化建设的中立性、科学性和联动性,加强指标体系的实效性。基于此,本文拟从宏观角度提出三方面的建议:首先是应在价值导向上明确法学教育的中国主场意识,重视法学学科发展的规律并注意区分学术和政治的不同价值追求。其次是着力调整指标参数的设置并投入精力打造衔接联动的指标体系,分步骤、分阶段实现学科国际化建设的短期和中长期目标。最后是建立指标体系的评估和监督机制,有效推进指标的落地。

(一)价值导向:走具有中国特色的法学教育国际化道路

法学学科的国际化建设需要处理好两方面的关系:一是中国法学和世界法学的关系,二是政治和学术的关系。

第一,随着全球化浪潮的衰退和"一带一路"重大战略的部署和展开,法学教育和研究同时面对国际化和本土化两重浪潮的冲击。[1]在此背景下,中国法学必须正确面对两种思潮的影响,一方面继续扩大交往,积极从世界法学理论和实践的发展中汲取有益营养"为我所用";另一方面在对外交往的过程中,我们越来越感受到来自西方世界的压力,它们利用其军事实力和意识形态工具在世界范围内对中国围追堵截,在国际舞台上通过国际机构和各种非政府组织向中国施压,在与中国交往时用话语工具对中国进行意识形态渗透。这要求我们在推进法学教育和研究国际化建设的同时,加强风险防范意识,在涉及国家的主权、安全和发展利益时,既保持警惕也要适时拿起法律武器积极捍卫国家利益。基于对国际形势的这一总体把握,我国的法学教育和研究应该确立"以

---

[1] 值得说明的是,外部世界的政治和法律思想涨潮和退潮对中国法学发展的影响是长期的。自清朝末年开始,中国便或被动或主动地融入世界浪潮之中。在全球史的背景下理解从19世纪到21世纪的中国道路的发展,是中国学人始终关心的问题。在国门初开之时,以康有为等人为代表的中国知识阶层曾试图用"小康义"对抗"大同义",但此种努力最终归于失败。关于中国融入维也纳国际体系的折冲反复,可参见章永乐:《万国竞争:康有为与维也纳体系的衰变》,商务印书馆2017年版,第174-212页。

我为主"的主体意识,既不一面倒地对西方学说和理论"全盘接受",更不应关起门来闭目塞听,对国际上的先进法治技术和思想上不闻不问、夜郎自大。由是观之,发展我国的法学学科指标体系必须兼顾本土资源和国际潮流,平衡好国内法治和国际法治。在法学教育的国际化问题上,既不是全盘西化,也不是简单地与国际接轨,而是要立足国情,培养中国特色的法治人才,注重德法兼修。要实现这一目的,主要通过国际交流与合作,着力培养学生的国际视野、世界眼光、国际交往能力和国际竞争力,推进优秀学术成果和优秀人才走向世界,不断提升大学的人才培养和科学研究在国际上的影响力和话语权,不断输送具有专业能力的人才,为国际社会和人类作出贡献。

第二,在建设法学国际指标体系时应该正确处理政治和学术不同的价值目标。如前所述,在法学的国际化指标设置上似乎将学科的国际化建设和国家认同和身份建构的目标混为一谈。在鼓励来华访问、签订对外合作协议和与外方互认学习经历上都对共建"一带一路"国家给予特殊安排和关照。必须认识到政治和学术的追求并非不可兼容,比如百余年前,蔡元培先生就曾主张学者应该过一种超离现实政治或非政治的生活,但同时又应将"学"与"术"结合起来,"将文化教育与民族未来的政治命运置于密切的关联当中"。换言之,蔡元培这样的传统中国读书人所秉持的世界观既认为读书人应"托命于政治",但又应身体力行,以学术之发展推动本国的"文明演进"。[1]蔡先生对学术与政治的观点仍于当下有十分教益:其一,国家正积极实施"一带一路"重大战略,促进陆上丝绸之路和海上丝绸之路沿线区域经贸各领域的发展合作,法学学者应尽可能地利用所学服务国家的总体战略,将学科的国际化建设和国家战略规划统一起来;其二,学者应恪守学者的本分,努力做好教学和科研等本职工作。这就要求在建设国际化学科体系和设计发展路线图时,遵循法学学科发展的规律来设置各种参数,而不是盲目追求学科建设中政治效果的最大化。

(二)具体举措:国际化办学应科学设置指标且分步推进

针对前文分析的指标设置不科学、不合理的情况,本文建议在目前的指标体系大框架不变的前提下,调整已有的部分指标参数。比如对不同的二级学科国际化的难易程度先进行科学评估,从而确立更合理的学科建设目标。举例而

---

[1] 梁展:《蔡元培:在政治和学术之间》,载《中华读书报》2010年9月29日,第13版。

言。对法律古籍研究等这样本地化程度较高且不容易进行国际输出和国际合作的学科设置较低的国际化目标,但对于像国际法、比较法和民商事法律这样的学科,应设置较高的参数值。对不同学科进行合理区别对待是实质平等原则的要求。除了提高指标的科学性和合法性之外,也应考虑各类国际化指标的合理性。比如在前文讨论的引进国际教师充实教师团队一项上,应该首先改革授课时长,设置较为弹性的授课机制,这是因为一来大多数有学术影响力的外国学者不可能长期在中国教学(至少90日),二来为了满足这一项指标,故意将本可以在较短时间内结束的课程拖延至数月甚至更长时间是对人力和财力的极大浪费;其次,应该在国际机票的购买和报销,课酬的换汇、转账和报税等方面进行更周全的安排,否则目前交由助教学生和联系老师负责购买和报销国际机票、换汇、转账和报税的安排,不但增加教师的负担,也不安全;再次,在国际课程的建设上,应积极借用人工智能和大数据技术。因应疫情的影响,使用腾讯会议和Zoom技术授课的教学模式已经相当成熟。在后疫情时代,应反思并改进线上授课模式,使其成为线下授课的有益补充。比如,对一些因为健康原因、经济原因或其他原因不方便国际旅行的外国教师,应鼓励其使用网络进行授课,再比如,可以利用网络技术参加国外的学术会议,应该纳入国际化指标体系的考核范围。当然,在使用新技术教学的时候应对知识产权、国家安全、个人隐私和网络暴力等问题也应保持足够的警惕,提防新技术的反噬。

  同时,应该看到我国的法学国际化发展具有后发劣势,我国法学学说的发展经历了"西学东渐"的演进过程,无论是概念话语还是理论学说都受到西方的影响。面对这样一种发展趋势,我国的法学学科建设应该脚踏实地,采取务实的态度设计国际化发展道路。基于这一理性判断,我国应该分步骤、分阶段和分类型推进国际化目标。在政策上,优先考虑那些容易且迫切需要国际化的学科,使之成为法学国际化的样板和引领;在财政上,不但依靠国家教育经费的资助,也应积极利用国外的大学奖学金和项目经费加强学生培养和项目运作;在程序上,应减少行政审批的流程和环节,推行一站式行政服务,使来华工作、出国留学、参加国际会议等学术交流更为便利。总而言之,在推进学科建设国际化的当下,应该制定短期和中长期目标,分步骤有序地实现目标。

  (三)制度保障:加强对学科国际化建设的评估和监督

  我国法学学科建设除了要确立正确的价值导向和采取有力措施外,还应该建立一套切实可行并发挥效力的机制。这套制度应该包括指标运作的评估系统，也包括指标实施的监督系统。前者是对现有指标进行纠正的系统，后者是对指标落实的保证系统。就评估制度而言，倘若指标的设置不够科学，尤其当指标无法准确反映现实时，在实施过程中，指标必定会和现实发生抵牾和矛盾，此时应依据评估体系所反映出的情况及时调整和修正指标参数，并在实践中再次检验指标参数的科学性；就监督制度而言，它是指在指标体系执行的过程中，对具体执行者及其所作出的行为、行为依据的程序进行监督的系统。这一系统应从人事和财政两方面进行设计，及时发现二级单位在执行国际化学科建设过程中所暴露出的指标落实不到位、变形走样等问题。应该注意到，对国际化指标体系的监督应该只做程序审查而不进行实质审查，这是因为一方面，审查机关没有能力对国际化指标完成情况进行实质性评估；另一方面，审查所聚焦的财务流水和人事配备等外部因素已经可以起到足够的诫勉督促效果。评估和监督系统应协同发力，前者将问题解决在萌芽状态——在着手实施指标体系前，应广泛征求各方意见，尽可能设置科学合理的指标参数，而监督系统将督促二级单位和各研究所如实落实指标参数，使指标体系发挥实效。

五、结　语

面对当下波云诡谲的国际形势，我校作为中国法学教育和研究的重镇，在推进国际化的过程中面临不少挑战和机遇。人才培养不连贯、知识结构和课程设置不合理、实践实训不充分、高校人才培养交流不深入等问题都是我校在推进涉外法治人才培养上的明显短板。结合多年来的探索和实践，我校在全面推进国际化指标体系建设时应强调德法兼修，涉外法治人才培养要以德为先；加强横向合作，不断创新涉外法治人才培养模式；优化课程体系，补齐涉外法治人才的知识短板；整理实践实训资源，强化涉外法治人才的实战能力；加强国际化训练，坚持引进外国专家和送出优秀学生并举，最终实现法学学科国际化建设的目标。[1]2017年，习近平总书记考察中国政法大学时曾指出，全面推进依法治国是一项长期而重大的历史任务，要坚持中国特色社会主义法治道路，

---

〔1〕 马怀德：《加快涉外法治人才培养，服务国家涉外法治建设》，载http://www.npc.gov.cn/npc/c30834/202107/668ff619a7254a7882c73e34b5d21b6c.shtml，最后访问日期：2023年3月20日。

坚持以马克思主义法学思想和中国特色社会主义法治理论为指导，立德树人，德法兼修，培养大批高素质法治人才。[1]完善的国际化学科建设指标的体系将让我校在我国的涉外法治人才培养再上一个新的台阶，为维护国家主权、安全、发展利益作出更大的贡献。

---

[1] 《习近平在中国政法大学考察时强调 立德树人德法兼修抓好法治人才培养 励志勤学刻苦磨炼促进青年成长进步》，载 https://tv.chinacourt.org/20948.html，最后访问日期：2024 年 7 月 9 日。

法学院实验班就业合力机制研究

樊昌茂[*]

摘 要：从院系层面看，学生的顺利就业是教师主导、学生主体、平台锤炼、信息畅通的结果，需要构建和完善就业工作的全员参与、全过程参与、全方位参与的合力机制。需要强化学生就业主体机制，激发学生就业主动性；需要完善院系教师的就业主导机制，实现就业指导的有效供给；需要创新能力提升机制，搭建平台提升学生综合素质；需要打造多渠道就业机制，拓宽就业出路。

关键词：教师主导；学生主体；平台锤炼；渠道畅通

就业是最大的民生，高校毕业生的就业问题关系着民生福祉、经济发展和国家未来，一方面关系着国家的发展关系到国家教育目的的落实；关系着学校专业的发展前景，关系到学校和学院的名声和地位，是学校教育工作的立足点和出发点。另一方面也关系着学生本人，就业是毕业生实现个人理想和社会理想的有机统一，是实现人生价值的平台和条件，关系到学生将来生活品质和职业领域，关乎着学生对专业教育的信心。

高校学生的高质量就业是社会、学校、家庭、学生四者合力的结果。社会是接纳学生、学生实现就业的最终端，也是衡量高校人才教育培养效果的裁判；学校、家庭、学生是提升毕业生素质、满足社会需求的建设者和教练员。从学校和院系层面看，推动学生的顺利就业需要顺应时代潮流，满足社会需求，锻造学生素质，构建和完善就业工作的全员参与、全过程参与、全方位参与的合力机制。本文主要从院系层面探讨实验班学生就业落实的合力机制。

---

[*] 樊昌茂，男，（1973-），中国政法大学法学院副教授。

一、高校治理篇

在学院里，构筑"三全"就业的合力机制就是要推动全体教职员工把工作的重音和目标落在育人成效和高质量就业上，推动将提升学生综合素质、实现就业融入人才培养各环节，推动实现知识教育与价值塑造、能力培养有机结合，构建可操作性的一体化就业体系。全员参与就业是指院级所有领导、学工队伍、全体教师员工、学生组织、学生个体为就业群策群力，共同实现全员毕业和就业。全过程参与是指院系教师员工帮助学生从大一入校伊始，就树立就业意识和目标意识，把就业目标和实现理想紧密结合起来，把综合素质提升和满足社会需求结合起来，把辅导员督促和学生自立自主行动结合起来，把学期主题教育的阶段性和连续性结合起来。全方位参与是指通过各种平台提升学生综合素质，锻造学生就业能力。主要有课程平台提升学生专业素质、锻造世界观价值观人生观；科研平台提升学生的知识总结能力和创新能力；实习平台锻造学生运用专业知识、明确就业去向、沟通人际的能力；人文平台从心理、资助方面进行人文关怀和心理疏导，解决毕业后5%同学的"最后一公里"的问题；就业能力培训平台有针对性地解决就业技巧和能力培训，拓宽和提供就业渠道和信息；毕业论文管理平台加强对毕业论文的指导和管理，减少延毕比重，提升全员毕业和就业率。

一、强化学生就业主体机制，激发学生就业主动性

大学生是就业的主体，既是接受就业教育的主体，也是自我教育、实现就业的主体，其主动性的发挥是顺利实现就业的内因。大学生主体性的发挥，决定着校院（系）人才培养和就业落实的效果、决定着就业的数量和质量。在日常的就业教育中，就业内容能在多大程度上被转化到大学生的日常学习和生活中，取决于大学生的就业意识的主动性。大学生就业主动性的发挥需要学生个体有强烈的就业危机意识、能力培养意识，还需要学生组织发挥主动作用。

就业危机意识、目标意识能强化学生就业的迫切性，是调动学生主观能动性，提升自身能力的前提，决定着就业能力的提升效果。目前，就业面临着严峻的形势，就业工作也必须早入手，早做准备，从大一伊始院系就应该帮助学生了解每年的就业形势，树立就业危机意识和目标意识、能力意识、能力提升措施意识。

树立目标意识和能力培养意识必须正确处理好就业目标和理想目标之间的

关系。理想目标主导着就业目标的选择，就业目标推动着理想目标的实现；理想目标比较稳定，就业目标变化性比较强，会随着就业形势的变化而变化。对于实验班同学来说，几乎所有同学都有着依法治国、从事法律事业的理想，但实现理想目标的途径是多样的，大学六年很容易出现到底从事什么工作的困惑和选择。在实践层面上看，解决这个问题，必须帮助学生有明确的自我认知，包括自己的理想岗位、能力素质优势、生活目标、地域要求等；明确国家的就业政策和就业形势和社会对就业岗位的能力要求和考取的时间节点；明确就业的核心竞争力要求和获取的途径和措施；明确心动不如行动，既要仰望星空，更要脚踏实地。

激发学生能力提升主动性还需要强化学生组织的积极性。学生党团组织、学生会、学委会、班委会、各种社团组织是学生生活的空间，是自己的精神家园所在，是展示学生风采的平台，也是大学生主动提升综合素质的平台。学生组织的健康发展一方面需要院系的指导，更需要学生组织的活动自主，能够根据普通学生的需求和自身的爱好组织各种实效性的活动。生活在这些组织中，学生能够通过实践、观察、学习、批判、挫折体验发现自己的不足，锻炼自己的各种能力和素质，增强融入社会的能力。

二、完善院系教师的就业主导机制，实现就业指导的有效供给

就业工作是思想影响思想、行为督促行为的过程，一方面需要教师加强对学生的思想指导和引导，帮助学生了解就业形势、树立科学的就业理想和岗位目标、明确就业能力素质的要求、解决就业困惑和心理问题；另一方面还需要教师采取实实在在的行动，督促和帮助学生锻炼能力素质、顺利完成学业。在院系就业主导机制中所指的人员主要分为四个层面的人员：院系领导、辅导员和教务人员、任课教师包括班主任、校友和实习实践基地主要负责人员。主导性是指各位教职员工积极自觉地进行学业和就业指导和引导，主动调配就业方案、内容、形式、进程等，其主体能动性的强弱和发挥与否，决定着就业的效率与效果。

完善就业主导机制必须强化院系领导工作内容的同向性。院系领导首先应树立就业第一位的思想意识。就业和育人是同向的，不是完全对立的，都是为了把学生培养成社会主义事业的建设者和接班人，就业是育人的直接目标，是

检验育人成效的标准。院系领导在工作内容上虽然分工不同，但都需要接受就业指挥棒的引领，思考所负责工作对学生就业能力和就业岗位开拓的作用，以求在学生就业上形成合力。其次院系领导应该加大感情投入，宣传实验班的教育情况来开拓就业岗位。从共创实习实践基地，熟络校友会和校友关系，利用公检法、法务、律所系统的关系推荐学生。再次，院系加强财力投入，组织一系列就业能力提升培训讲座和活动、支持学生组织创建综合素质提升活动平台、组织加强国际交流开阔学生视野，等等。

完善就业主导机制必须强化任课教师和研究生导师的使命感。任课教师对学生的影响是渗透式的引导，一方面从专业知识方面进行教导，提升了学生的专业素质，另一方面从课堂思政方面影响了学生的世界观、人生观、价值观、道德观、法律观。实践证明，真理性知识只有与学生的真实需求和实践体验相结合，才能真正爆发出指导性的威力。教师在课堂上授课，理论联系实际，联系国家和社会的需求和学生的需求，本身就是在培养学生的能力，提升学生需求和国家需求的契合度，有利于学生理想目标的树立。

研究生导师决定着学生能否顺利完成论文写作和全员毕业，影响着学生的就业。学生毕业延毕不延毕，在于导师严不严、负责不负责。统计延毕同学延毕的原因发现，主要原因在于学生的懒散和主动性的缺失，师生之间的联系太少，学生缺乏和导师的主动联系，但深层次的原因在于导师缺乏论文指导的主动性和责任感，寄希望于学生论文写作的主动性和主动联系导师。对于有的学生来说，克服他们学习和写作惰性只能采用持续外力介入的方式，而不能等待着他们自己的觉悟。觉悟可能在挫折中觉醒，也可能在挫折和放纵中沉沦。实验班进入研究生阶段，必须调动导师的主导作用，从论文写作上勤督促，勤检查，严要求。从就业角度看，开题时间必须提前、严格导师中期论文检查、严格预答辩制度、严格院内论文查检制度等等，保证学生超前完成论文。

完善就业主导机制必须提升辅导员就业工作的精致性。辅导员是落实就业的实际执行者和学生成长的陪伴者，负责具体的育人措施和就业指导。对于辅导员来说，精致性的就业工作强调工作内容的针对性，要求辅导员工作围绕学生的就业发展需求有的放矢，精心设计，精心组织，注重就业思想指导、活动的渗透性和实用性，使学生在思想指导中、活动中明确自身的就业发展需求、自身特点、发展步骤、调动学生自我发展的积极性和主动性。

辅导员的素质和能力是解决学生成长、发展、就业问题的钥匙和关键，而素质能力的提高则有赖于工作意识和工作态度的加强。辅导员必须加强工作意识的提高，包括学习意识，责任意识，问题意识，目标意识，服务意识等。辅导员必须组织优质服务，精致化地指导个人发展、就业需求的实现。优质服务因国家社会需求、学生的需求而在各个学期既有连续性，又有所不同，需要辅导员做好主题教育工作。

三、打造多渠道就业机制，拓宽就业出路

就业渠道指就业岗位信息的搜集渠道。多一条渠道就多一条信息，多一条信息就多一个出路。就业渠道是就业工作的"最后一公里"，打通渠道，获得有效就业岗位信息就能增加就业面，使就业工作顺畅完成。在党中央、国务院充分重视，教育部各部门制定政策积极有效推动就业的形势下，在社会招聘平台积极发送就业信息，在校院就业部门和校友的积极努力下，就业信息得到了有效传送。促进法学院实验班就业工作的顺利完成，必须积极打造多渠道就业机制，调动各方面的积极性，拓宽就业出路。

充分利用网络平台，搜集就业信息。目前可以利用的有国家大学生就业服务平台24365公众号，公务员事业单位信息招聘网、国企央企招录信息网发布就业信息，各省组织部发布的选调生公务员信息，往届毕业生建立的就业信息群，各地校友会建立的就业信息群，学校就业中心发布的就业信息。

充分挖掘一对一就业招聘。这类信息一般不会在网络上发布，就业单位一对一单招主要在于考虑师生私人关系、校院信誉、招聘成本、岗位适应度等因素。这类信息提供方主要是在各类企业和律所里工作的往届毕业生或高级合伙人或实习律所基地，甚至是院系教师。信息的到达方往往是往届毕业生的导师或教师本人。招聘结果成功率极高，是今后应该大力开拓的方向。

四、创新能力提升机制，搭建平台推动学生综合素质的提升

学生就业能力的提升是校院两级和学生共同起作用的结果，既需要学生的主体努力，也需要锤炼学生素质的平台。从社会需求的角度看，决定实验班学生能否就业的能力素质主要有思想政治素质、科研创新能力、语言表达能力、身心素质、人际能力、特长能力等，其中核心竞争力是司法考试资格、科研创

新、竞赛优胜、干部经历、实践实习、文体特长、就业技巧等。院系必须创新平台，从制度上、物质上和人力上给予支持，孵化学生的核心竞争力能力。

常设司法考试工作组，和大三年级团总支相衔接，选派司考高分者，向各年级推广可供推敲、可供推广的备考经验，以提高司考通过率；常设模拟实训和就业技巧工作组，和毕业班年级团总支相衔接，邀请企业专家或往届毕业生组织模拟面试和就业技巧点评和培训，组织指导年级同学间分组进行模拟面试，修改简历；常设公务员事业单位考试工作组，和毕业班年级团总支相衔接，邀请公务员考试教培部门或往届毕业生组织公务员备考经验分享会，获取教培的优惠培训。常设科研创新项目组，挂靠教科办，负责组织院级论文大赛，动员报名国家、北京市科研创新项目、校级论文大赛。常设实习实践组，和实习年级联系，组织和指导专业实习的进行。加强院学生会、学委会活动的指导，尤其注重组织满足学生发展就业需求的活动，注重活动的时效性和实效性。拓宽出国交流项目，丰富学生就业视野。

事物的发展是内外因共同起作用的结果，其中内因是事物发展的根据，外因是条件，外因会影响内因，推动内因发生变化。就业合力机制的构建就是为了充分发挥内外因的作用，实现教师主导、学生主体、平台锤炼、信息畅通、全员就业的结果。就业合力机制的构建是一个过程，全员的积极主动性是关键，实施落实是保证，需要不断地完善。

大学生就业法律权益维护与风险防范*

王家启　高泽宇**

摘　要：高校毕业生是国家宝贵的人才资源。大学生就业直接关系千家万户的利益和社会的稳定发展。近年来受疫情影响，在全球经济增速放缓和毕业生人数持续递增的双重压力下，就业竞争更为激烈，就业市场日益呈现出供需不平衡的态势。作为求职者的大学生处于弱势地位，其就业权益容易遭到侵害。大学生就业大致可分为三个时间段，在求职的各个阶段，会面临不同的维权风险，这为大学生就业权益维护和风险防范增添了许多复杂性。针对上述情况，本文尝试立足就业全过程的不同阶段，分析大学生就业中所存在的侵权风险及其原因，并针对性地提出解决办法。

关键词：大学生就业；法律权益维护；风险防范

一、大学生就业的侵权风险

（一）大学生就业过程的三个阶段

大学生从学校开始求职直到完成就业的全过程可分为三个阶段，准备阶段、求职阶段、入职阶段。正式求职前了解就业信息、筛选单位等为准备阶段。投递简历、参加笔试面试、签订合同等正式进行求职的阶段即为求职阶段。用人

---

* 本文为北京高校大学生就业创业研究课题"高校毕业生就业去向与大学生价值观教育的相关性研究"（课题编号 JYCY202350）的阶段性研究成果。

** 王家启，中国政法大学法学院辅导员，副教授；高泽宇，中国政法大学法学院2023级硕士研究生。

单位拟录用或确定录用、学生办理入职手续、走上工作岗位、接受试用直到全部承诺待遇落实为止的阶段即为入职阶段。

诉求决定行为。在这三个阶段，大学生的诉求不同，其核心行为各异，所面临的风险也存在差异。要做好大学生就业维权工作，应当对三个阶段的最大风险进行深入分析，否则难以有的放矢地进行防范和维权。

（二）准备阶段的侵权风险

在准备阶段，大学生确定求职目标、寻找就业机会，找到适宜应聘的用人单位和岗位是该阶段的核心诉求。基于这种诉求，大学生会通过各种就业网站广泛搜集与自己就业目标匹配的就业信息，其所获取的就业信息是下一步投递简历正式求职的基础。对大学生而言，该阶段最重要的是信息，因此，最大风险也是信息风险。

信息虚假风险主要表现为虚假招聘宣传上。比较常见的有以下三种类型：其一为夸大型，用人单位为了吸引人才，夸大所提供的待遇和虚构发展前景[1]，然而实际待遇和前景又弗如远甚；其二为广告型，用人单位发布信息并非基于招聘员工，而是为了增加自己的知名度而参与校园招聘等活动，其并无招聘计划或招聘名额极少，为了宣传需要而诱导许多学生投递简历，耽误学生的时间和精力；其三为内定型，用人单位因人设岗设标准，岗位招聘早已内定，吸引众多学生"陪跑"，导致很多学生错过其他就业机会。另外，最为恶劣的是名为招聘实为犯罪诱使手段的情况，导致许多涉世未深的大学生走上违法犯罪的不归路。

（三）求职过程的侵权风险

求职过程中，大学生会面临较多就业侵权风险，如性别歧视、乱收费、以招聘为名诈骗钱财、用劳务合同代替劳动合同、签订合同后随意违约等现象，这些都会损害大学生的就业权益。本文主要从就业歧视、经济风险、订约风险、违约风险四方面对大学生就业侵权进行分析。

1. 就业歧视。通常来讲，就业歧视是指没有法律上的合法目的和原因而基于性别、学历、年龄、户籍、身高、残障等原因，采取区别对待、排斥或特惠

---

[1] 参见陈文兴：《高职院校毕业生就业中的法律风险及防范措施探析》，载《兰州职业技术学院学报》2023年第1期。

等任何违反平等权的措施侵害劳动者劳动权利的行为。大学生就业歧视以性别歧视最为常见，学历和年龄在就业中设限的歧视现象也实际存在。有的用人单位会在筛选简历后只通知男性进行面试而不通知女性；有的用人单位把第一学历是否为985、211高校毕业生作为筛选应聘人员的第一道门槛；有的单位还设置了27岁、35岁等根据学历分段限制的条件；有的地区为了地方利益在公务员和事业单位招聘中要求必须是本地户口的毕业生，有的用人单位会在招聘中设置不必要的身高、体重条件限制求职者。虽然在相关法律法规和教育部"三严禁"的约束下，公开的、显性的就业歧视已经较为少见，但是隐形的就业歧视现象确实存在，其结果为取消或损害大学生就业机会的平等性。

2. 经济风险。大学生在求职阶段还有可能面临经济风险，防范意识不强便可能导致经济利益遭受不应有的损害。一方面，有些招聘单位存在乱收费现象，巧立面试费、押金、保险金等各种名目收取费用，甚至提前收取入职培训费、体检费等，而后却拒绝招录，也不退还未发生费用，致使大学生白白蒙受损失。

另一方面，在求职过程中，大学生居于弱势地位且急于表现自己，有些用人单位利用大学生的这种心理在尚未招聘或不打算招聘的情况下将一些文书、翻译、策划等工作交给大学生去做，名为考核，实际上是想在不付出任何成本的情况下骗取大学生的脑力劳动成果[1]。由于脑力劳动成果在市场中的经济属性，这种行为在本质上是对大学生经济利益的骗取。

3. 订约风险。当大学生与用人单位签订合同时，会面临的风险包括三个方面，一是合同性质有风险，二是合同内容有风险，三是合同形式有风险。

在合同性质方面，当前就业市场中混杂着各种合同，名称类似而性质迥异。若不能辨明这些合同的不同性质，误签协议，则会损害大学生就业权益。最容易产生风险的有两种情形。其一为全日制劳动合同与非全日制合同的混淆风险，这一点很容易使工作经验不足和法律意识较差的大学生落入陷阱。非全日制用工的劳动者在待遇福利、工龄计算、劳动保障等方面均与全日制劳动合同的劳动者有较大差距，主要以小时计酬为主，这比较符合部分企业采用轮岗轮休方式降低用工成本的要求[2]，然而对谋求长远发展和稳定收入的大学生来说是有害的，

---

[1] 参见陈学风：《风险社会下大学生就业陷阱的治理路径探析》，载《贵州商业高等专科学校学报》2014年第1期。

[2] 参见付鑫裕：《防范大学生常见求职风险》，载《人力资源》2022年第14期。

落入非全日制用工的陷阱相当于并未找到工作;其二为大学毕业生的就业协议书与劳动合同的混淆风险,就业协议书是指,普通高等学校毕业生和用人单位在正式确立劳动人事关系前,经双向选择,在规定期限内就确立就业关系、明确双方权利和义务而达成的书面协议,其订立于正式劳动人事关系确立前,其效力始于签订之日,终于学生到单位报到之时,就业协议的作用仅限于对学生就业过程的保障,就业协议不能替代劳动合同,不是确定劳动关系的凭证。[1]。

在合同内容方面,一般情况下,单位先与大学生签订就业协议书,就报到时间、服务期限、试用期、基本收入、福利待遇、违约金等做出书面规定,在毕业生到单位报到后,作为双方订立劳动合同的依据。但现实中,有的用人单位会利用毕业生求职心切的心理和就业弱势地位,以事先拟定的格式条款模糊工资待遇、试用期限等,刻意排除己方责任,仅强调大学毕业生的义务而绝口不提其权利,强行要求大学生单方面服从安排、节假日加班、限制生育、禁止跳槽等。有的用人单位为避免大学生违约,会规定几十万的高额违约金,一定程度上提高了大学生的就业风险。

在合同形式方面,存在以口头协议代替正式书面合同的情况。有的用人单位与毕业生在谈话中就合同内容达成一致,口头做出录用等承诺,而未签订书面合同。在这种情况下,由于没有文字依据,一旦发生纠纷,即使进行劳动仲裁或诉诸法庭也很难说清,最终会导致大学生的就业权益受到侵害。

4. 违约风险。正式入职前,用人单位一方和大学生一方都存在违约的可能性。若用人单位违约,大学生不仅丧失了一个职位,还付出了许多精力、时间和寻找其他工作的机会,毕业季的求职时间往往比较短暂,这段时间过去则许多单位已经完成招聘,大学生便陷入求职无门的境地,因此这段时间和求职机会是十分宝贵且失不复得的。

即使是大学生一方违约,也会存在对大学生有非法损害的情形。有的用人单位利用大学生违约之机,向大学生不当索取高额违约金,甚至远超约定金额的数倍,借机牟取利益。有的大学生社会经验不足,加之己方违约,容易落入用人单位的陷阱之中,遭受巨大损失或陷入纠纷。

---

[1] 参见郭秀萍:《大学生就业协议书与劳动合同相关法律问题》,载《铜陵学院学报》2010年第6期。

(四）入职后的侵权风险

大学生就业权益的维护和风险防范并非到单位报到后就停止了，大学生入职后的早期，就业工作仍然在继续进行。这一阶段仍然存在维护大学生就业权益的必要性，该阶段存在单位不及时与大学生签订劳动合同的风险、试用期推后或者延长的风险、待遇落实风险等。

有的单位在大学生入职后不及时与学生签订劳动合同，毕业生虽然已经到单位工作，但是并未办理任何入职手续，一方面单位变相推迟了试用期，另一方面大学生也无法享受单位应有的工资福利，这种状态下也存在如劳动保障等其他诸多方面的潜在风险。试用期是一个十分重要的期限，其目的是让用人单位和劳动者在一定期限内彼此互相进行考察，以确定是否留用的制度。试用期过后，符合工作要求的员工便"转正"成为正式员工。相较于正式员工，试用期员工的工资福利和劳动保障通常较低。用人单位为了节约用工成本和人力投入，很可能会选择滥用试用期制度，违背该制度的本来目的，随意延长试用期，让员工长期处于试用状态下，降低用人投入，或者试用期过后一概以不合格论，不予以转正，重新招聘新的试用期员工，以此循环往复，降低用工成本。用人单位随意设置试用期、试用期后不予转正都是以试用期制度为外观，行欺骗之实，损害大学生的就业权益。

此外，大学生入职后还存在着用人单位不落实承诺的有关待遇的现象，这也是大学生就业所应注意的权益侵害风险。

二、侵权风险的存在原因

在大学生就业问题上，为何侵权现象频繁、风险频生？这不是某一单方面原因导致的结果，而是由就业市场、法律制度、高校、大学生个人等多方面因素综合作用而产生的结果。就业市场的供需不平衡导致了用人单位总体上处于优势地位，法律制度中不健全的地方为风险的发生留下了漏洞，高校对大学生就业的保护和教育工作尚不充分加剧了这一现象，当今大学生实践经历少、接触社会较浅、维权意识薄弱也是重要因素。多种因素共同作用，造成了当前侵害就业权益的风险多发的情况。

一、高校治理篇

（一）就业市场供需结构性失衡

在疫情之后，不少用人单位裁员降薪，招聘人数减少的同时毕业生人数增多，这种情况导致了大学生毕业季求职就业的困难局面。这是供给与需求的数量上的失衡。数量上的失衡只是导致就业难的其中一个因素，更深层次的问题在于结构性失衡。

中国不缺少大学生一展所学的舞台，也不缺少就业岗位，乡村和基层有许多岗位需要有才学的大学生，带去新的技术、观念，加快基层和乡村的建设速度。然而，当前教育体制所培养出来的人才在某种程度上不能适应这些紧缺岗位，不少大学生宁可在城市中失业，也不愿意到基层和乡村中去就业创业，同时大学生在基层和乡村大展拳脚又存在体制性桎梏，还面临着家庭、未来发展、经济等多方面压力和顾虑。这就导致了发达地区和城市中人满为患、基层和乡村中却求贤若渴而不得[1]的结构性失衡，这构成了大学生就业求职的重要原因和实际困境。这样的局面下，人才集中过剩的地方就很容易出现用人单位利用优势地位损害大学生就业权益的现象。

（二）相关立法、执法工作尚有不足

在我国，围绕劳动者权益，建立了一套以《中华人民共和国劳动法》为核心的法律法规体系，虽然针对劳动者的就业权益作出了明确规定，但没有专门针对大学生就业特点制定的保护大学生就业权益的具体规定，一般性的劳动法律法规并不能严丝合缝地用于大学生就业权益的保护[2]，导致法律漏洞的产生，让一些用人单位钻了空子。

另外，虽然目前尚存在一些就业权益维护方面的法律漏洞，但是时至今日就业保障的法律规范体系已初具规模，大部分风险防范都具备法律依据，那为什么还是没有很好的效果？原因在于执法不力。许多法律规定，特别是许多罚则，没有得到很好的执行。一些名为招聘、实为传销的企业屡次作案却没有受到严厉打击，就业市场的准入门槛过低，筛选工作不到位，这也是就业侵权风险的重要来源。

---

[1] 参见黄子睿、龙圣锦、赵睿：《乡村振兴语境下高校毕业生到乡村就业创业的法律保障问题研究》，载《中国大学生就业》2022年第12期。

[2] 参见李志艳：《浅析大学生就业权益的维护》，载《产业与科技论坛》2019年第4期。

（三）高校作用发挥不充分

中国的高校不仅担负着对大学生专业知识和综合素质的培养教育工作，还承担了大学生的就业教育指导、就业信息服务和就业手续办理等大量就业工作。一般而言，就业教育是指在就业信息、市场情况、法律规范、权益维护等方面教授给学生必要的知识，提升学生的意识；就业过程指导则比教育更深一层，要求高校在大学生就业求职中切实参与到这一过程中，针对大学生面临的具体问题进行实际指导，以帮助学生规避风险；此外，为毕业生提供就业信息、举办招聘会是学校一项重要的就业工作，而筛选用人单位资质和就业信息的真伪便成为学校发布招聘信息前的重要一环。

然而，这三方面的工作，不同高校发挥的作用参差不齐和尚不充分。在就业教育方面，学校内部对如何求职的就业技巧教育得多，对如何维权、如何防范侵权风险教育得少，缺少系统全面的就业维权和风险防范的法律知识教学，大学生普遍缺少相关知识。在就业过程指导方面，高校就业部门难以切实参与到每一位大学生的就业过程中并提供指导。由于高校毕业生数量多、求职诉求庞杂，想要具体指导到每一个人，当前还难以做到。在就业招聘信息筛选方面，部分高校做得不好，一些劣质单位混杂在校园招聘的大军之中，高校没有一个标准化的筛选机制，难免有漏网之鱼，这对大学生的求职选择有较大害处。

（四）大学生风险意识、维权意识较差

在当前的教育体制下，从幼儿园直到大学，对大学生来说主要时间在校园内，学习书本知识多而接触社会少，再加上高校对大学生在专业知识上教育得多，在就业知识上传授得少，甚至许多学校不具备进行就业教育的能力，在这种情况下，大学生在就业方面的风险意识和维权意识较差也是必然结果。

外在制度不可能时刻保护到每一位大学生的就业权益，若大学生能够具备较强的判断能力和风险、维权意识，许多侵权风险完全可以在不付出沉没成本的情况下加以防范。现实却是，部分大学生因为对劳动合同、劳务合同没有区别开来而误签了劳务合同，有的因为轻信用人单位的宣传而受骗加入传销、诈骗团伙。这些损害原本是通过增强意识而可以得到避免的。

三、维护就业权益与防范风险的策略

大学生就业权益的侵害风险有经济、社会、法律、高校、大学生自身等多方面的原因，若要化解大学生就业侵权风险，也应当针对风险的不同原因对症下药。当下，从法律、高校、大学生自身三方面采取措施是最为有效的途径。

（一）专项立法与严于执法

就业有不同的群体，大学生群体是人数众多且具有鲜明共同点的一部分，正因为大学生就业独具特点，所以单纯依据《中华人民共和国劳动法》等一般性法律法规难以完全契合大学生就业维权和风险防范的需要。因此，需要结合大学生就业的特点，有针对性地出台一部行政法规，专门关注大学生就业的促进、维权等工作。

这样一部法规应当明确规定与就业相关的各类合同协议的性质，申明招聘准入制度及其标准，这是两项最重要的内容。合同是劳动法律关系的基础和起点，明确各类合同的性质可以帮助大学生规避错误签订不当合同的情形，这在起点上降低了大学生遭受法律风险侵害的概率。有市场就应当有准入机制，就业市场也应设置招聘准入标准，不符合基本标准的单位在当年丧失招聘资格，利用该机制对用人单位进行把关，将虚假的、不合格的、无资质的单位和实际上的犯罪团伙排除在外。

法律的生命在于实施，有法可依必须配合有法必依才见成效。国家机关必须加强事前、事中、事后的监管，实现全链条监管，严格执行包括罚则在内的法律法规，该罚就罚，该禁就禁。

（二）建立风险防范的高校防火墙

高校在维护学生就业权益方面承担了教育宣传和就业信息筛选两大重要的职责。高校要加强对大学生的法治教育，提高毕业生的维权意识，主动为毕业生提供求职、签约等方面的就业权益保障服务，切实维护毕业生的合法权益。[1]高校可以通过就业求职课程讲授与大学生就业权益维护相关的法律知识；但是，课

---

[1] 《教育部办公厅关于加强高校毕业生就业信息服务工作的通知》（教学厅〔2013〕5号），载 https://www.gov.cn/zwgk/2013-04/23/content_2386635.htm，最后访问日期：2024年6月17日。

堂授课内容有限，高校还应利用各种校园媒体进行广泛的宣传教育，用文字、视频、讲座等多种多样的手段和形式，开展大学生就业法律权益维护与风险防范系列专题宣传，在学校中普及与大学生就业相关的法律法规，提高大学生的风险防范意识，增强大学生的就业维权意识和能力。

针对高校毕业生求职过程中遭遇的就业歧视问题，教育部《关于加强高校毕业生就业信息服务工作的通知》中强调，各地、各高校在组织校园招聘活动时，要加强对用人单位资质、招聘信息的核查，营造公平就业环境。凡是教育行政部门和高校举办的高校毕业生就业招聘活动，要做到"三个严禁"：严禁发布含有限定985、211高校等字样的招聘信息，严禁发布违反国家规定的有关性别、户籍、学历等歧视性条款的需求信息，严禁发布虚假和欺诈等非法就业信息，坚决反对任何形式的就业歧视。

高校应切实发挥筛选就业信息和招聘单位的作用，充当就业风险和大学生之间的防火墙，依据有关法律法规，将不符合条件的用人单位和就业信息隔绝于校园之外，从源头上做到防范风险，保护毕业生合法权益。

（三）提高大学生维权意识、法律意识、风险意识

大学生的维权意识、法律意识、风险意识之间存在着有机联系，三个意识之间相互影响。缺少维权意识，意味着大学生对自己应有的权益了解不全面、理解不到位，从而也没有维护自己权益的坚定决心。因为维权意识的缺乏，大学生对于侵犯其权益的风险也就缺少相应的敏感性，同时也想不到拿起法律的武器维护自己的合法权益。法律意识的不足又会加剧维权意识和风险意识的缺乏。

三个意识不足与高校教育不到位有关，也与大学生自觉意识缺乏和国家宣传不足等因素有关。一次有力的维权必将引起社会广泛的共鸣，也是对全体大学生的一次深刻教育。当前，大学生缺乏利用法律武器抗争就业侵权现象的自觉性，因此社会这片大湖上没有激起圈圈涟漪的石子，大部分人还处在沉默状态。

国家政策影响社会环境和校园环境，也进而影响大学生的维权意识、法律意识、风险意识。因此，要提高大学生的三个意识，一方面要依靠大学生的自觉性，大学生主动学习相关知识并注意防范各类风险，另一方面也要依靠国家政策的指导和帮助。

一、高校治理篇

  国家不仅应当关注大学生是否找到工作，更应关注大学生是否能够较好的就业。就业法律权益维护与风险防范关系到大学生的整体就业环境，也关系到大学生的就业质量，是大学生顺利就业的保障和完成就业工作的顺利一环。因此，社会对就业市场的规范程度、就业制度的完善程度、就业法律知识的普及程度等都提出了更高的期待，也正是这些期待和要求促进中国的大学生就业事业的进一步发展。要真正解决上述就业方面的问题，需要大学生、高校、政府、社会等形成合力，从立法、执法、司法、宣传、教育等方面共同推进，在推动就业发展中促进经济发展，在经济建设中完善就业制度。

二、人才培养篇

协同育人：法律硕士研究生联合培养基地建设成效研究

——以体育法法律硕士研究生培养为例

袁 钢 倪晗悦[*]

摘 要：完善专业学位研究生培养模式是我国新时代高等教育管理改革与高质量发展的重要举措，法律硕士是我国社会主义现代化建设所需的实践创新型人才当中的重要类别。因此，推动产教融合，建立联合培养基地是培养实务型法治人才的必行之策。为此借鉴了中国政法大学体育法方向法律硕士研究生的培养方案，对其在课程体系、课题种类、人员流动、专业实习等方面取得的成效与特色进行了分析。从中得出了法律硕士联合培养基地建设与协同育人的完善路径，提出了课程形式多样创新、专业实习种类与内容优化、考评标准突破传统等对策建议，为今后联合培养基地建设和共同培养法律专业人才提供了建议与参考。

关键词：法律硕士；联合培养基地；协同育人

目前我国正处于全面建设社会主义现代化的"十四五"时期，位于不断增强综合国力，稳步提升科技硬实力与文化软实力新征程的开端。在习近平总书记参加十四届全国人大二次会议江苏代表团审议时强调："要牢牢把握高质量发展这个首要任务，因地制宜发展新质生产力。"毫无疑问，教育是新质生产力形成发展的关键所在，只有教育体系与方式更科学合理，才能为国家稳定输送高

---

[*] 袁钢，中国政法大学法学院副院长、教授、博导、钱端升学者；倪晗悦，中国政法大学法学院硕士研究生。

素质人才，才能实现以科教兴国战略助力中国式现代化的目标。而研究生教育正肩负着高层次人才培养和创新创造的重要使命，是国家发展、社会进步的重要基石，是应对全球人才竞争的基础布局。[1]2020年的《教育部、发展改革委、财政部关于加快新时代研究生教育改革发展的意见》中提出研究生教育应当优化培养类型结构，大力发展专业学位研究生教育。2023年11月，教育部再次强调专业学位研究生的重要性，发布《教育部关于深入推进学术学位与专业学位研究生教育分类发展的意见》要求培养单位应当对专业学位研究生予以与学术学位研究生同等的重视，注重培养面向行业产业发展需要的实践创新型人才。因此，优化健全专业硕士培养机制和方案是提高研究生教育质量，输出符合国家与社会需求的人才是当务之急。

一、法律硕士研究生联合培养基地建设的必要性分析

2023年，中共中央办公厅、国务院办公厅发布了《关于加强新时代法学教育和法学理论研究的意见》，强调法学教育和法学理论研究承担着为法治中国建设培养高素质法治人才、提供科学理论支撑的光荣使命，在推进全面依法治国中具有重要地位和作用。只有在依法治国的保障下，我国的各领域各方面工作才能在轨道上稳步前行。因此，法学高质量人才培养方式的优化成为高等教育改革发展的重中之重。2017年5月3日，习近平总书记到中国政法大学考察并发表重要讲话，指出"法治人才培养上不去，法治领域不能人才辈出，全面依法治国就不可能做好"。而法律硕士教育正是强调"应用型"法治人才的培养，其在培养高素质法治人才方面具有不可替代的优势地位。[2]

法律硕士的相关教学需要具有大量实践经验，相关的法学知识需要经过在诉讼、仲裁、判决等实际运用才能更好地理解其用意和发挥的作用。在何种场景和需求下使用何种法律法规来维护当事人的权益或者进行公正的审判都不是能在课堂上纸上谈兵可以深刻学习到的。法律硕士作为法学专业学位，以培育知识扎实、素质过硬、技能丰富的应用型法治人才为目标。相较于学术学位研

---

[1]《教育部 国家发展改革委 财政部关于加快新时代研究生教育改革发展的意见》，载http://www.moe.gov.cn/srcsite/A22/s7065/202009/t20200921_489271.html，最后访问日期：2024年7月9日。

[2] 靳文辉、关佳：《法律硕士实践教学基地评估指标体系的构建研究》，载《法学教育研究》2023年第1期。

究生，应突出教育教学的职业实践性，提升解决行业产业实际问题的能力。[1]对法律硕士而言，应当以培养高质量实践型人才为目标，将促进理论教学和实践训练相融合作为高精度优化培养方案的指导方针。

在培养法律硕士的职业技能和实践能力的诸多方式中，建设联合培养基地无疑是应当聚焦的重要方案。联合培养基地能够担任让学生接触实务的角色，使学生无须脱离学校，在完成教学培养计划的同时掌握未来在工作当中需要具有的实践知识和职业技能。基地是专业学位研究生进行专业实践的主要场所，是产学结合的重要载体。加强基地建设，是专业学位研究生实践能力培养的基本要求，是推动教育理念转变、深化培养模式改革、提高培养质量的重要保证。[2]因此，在《教育部、发展改革委、财政部关于加快新时代研究生教育改革发展的意见》当中也强调，全面提升研究生知识创新和实践创新能力培养时应当强化产教融合育人机制，实施"国家产教融合研究生联合培养基地"建设计划，大力开展研究生联合培养基地建设以着力提升研究生的实践创新能力。法律硕士除了接受来自书本的法律知识和原理以外，在进入法院、检察院、律所等法律职业岗位之时，更需要如何审判案件、起诉应诉、处理法律纠纷等等更加贴近于实际生活的丰富经验。虽然部分法学院会在课堂上引入案例教学，但由于失去例如接待当事人的法律实务环境以及中国一贯的教师输出授课模式，学生很难真正领会并实际使用相关必需技能，也不利于激发学生的自发自主学习激情。因此建设联合培养基地不仅是国家长久支持、日渐推崇的研究生教育改革优化方案，更是法律硕士贯彻落实培养实务型高质量法治人才目标的必行之策。

二、法律硕士联合培养基地建设与育人成效

为了进一步推动专业学位研究生培养模式改革和创新，探索建立产教融合、协同育人的新机制，提高专业学位研究生培养质量，中国政法大学在2020年出台了《专业学位研究生联合培养基地建设管理办法》（后简称《管理办法》），如火如荼地开展了专业学位研究生联合培养基地的建设与评选。体育法方向由

---

[1]《教育部关于深入推进学术学位与专业学位研究生教育分类发展的意见》，载 http://www.moe.gov.cn/srcsite/A22/moe_826/202312/t20231218_1095043.html，最后访问日期：2024年7月9日。

[2]《教育部关于加强专业学位研究生案例教学和联合培养基地建设的意见》，载 http://www.moe.gov.cn/srcsite/A22/moe_826/201505/t20150511_189480.html，最后访问日期：2024年7月9日。

于其法律和体育的融合属性,其接触实务的需求和可能性格外突出。由于可以依托法律和体育双专业,建立联合培养基地的选择范围也获得了极大的提升。中国政法大学体育法研究所以"建立体育法治复合型人才培养模式"作为共建内容,积极和带有法律与体育双重色彩的多家单位和机构展开合作。在《管理办法》出台当年,体育法研究所和张家口市崇礼区人民法院展开了体育法方向法律硕士的联合培养基地建设。抓住 2022 年冬奥会机遇,契合冬奥法律风险防范的需求,给予体育法方向研究生投身实践的机会。2021 年国家体育总局反兴奋剂中心成为体育法所首个体育法硕士联合培养基地,也是中国政法大学第一批六个示范性专业学位研究生联合培养基地之一。次年,北京市体育局获批成为体育法方向法律硕士的第二个联合培养基地,也是当年法学院唯一新增的联合培养基地。在《中华人民共和国体育法》开始实施,体育仲裁制度初步建立的时候,体育方向的法律硕士专业积极和中国体育仲裁委员会展开合作,成为第四个体育法方向的联合培养基地,相关合作有待 2024 年具体展开。上述其余三个单位在与中国政法大学体育法研究所取得合作后,建设联合培养基地与协同育人同步推进,都取得了显著的成效,具有极强的研究与借鉴意义。

(一)专业课程体系产教融合

在拥有联合培养基地之后,知识理论教育与实务技术培养相互融合,落到实处,催生了产教融合的课程体系。在反兴奋剂中心的大力支持下,传统的《反兴奋剂与体育人权保障》核心课程结合了《体育仲裁》等相关实践型课程,共同打造了完善的反兴奋剂领域专业课程体系。而北京市体育局则关注依法治体和北京体育法治建设的切实需求,与体育法研究所共同开设了《体育产业与权利保障》与《体育法律诊所》案件,在疫情影响下的 2022 年体育局也派出了 3 名体育产业行业专家参与相关课程授课。崇礼法院利用基地优势,为《体育法律诊所》甄选了具有冬奥特色的实践教学案例,丰富了课程教学理论与实践的覆盖面。

为了契合产教融合的全新专业课程体系的形成,各基地与体育法研究所齐心协力,编撰了符合体育法专业复合型人才的培养需求的专业教材。近年来先后出版了《体育法导论》《体育法学导读:优秀文献评述》等教材。2023 年,体育法研究所马宏俊教授主编的《新编体育法学》在高等教育出版社出版,突破传统体育法学教材体系,更为关注体育法律实务的需求,展现体育法学交叉学科的特色，从教材方面支持了专业课程体系产教融合的趋势。

在教学内容上，目前体育法专业的课程重点突出理论知识和实践案例相结合，在相关课程授课之时加大以案说法的比重，在实践教学过程中帮助学生更好地理解了体育相关法律知识，而非纸上谈兵。为了能提供与专业课程体系相匹配的案例，各单位协同积极建立专业案例库。专业案例库建设包括《体育法导论》示范案例和向教指委申报的案例库。反兴奋剂中心以反兴奋剂法律规制为核心围绕运动员权利保障和体育处罚展开。在2023学年当中，重点提炼了钱鼎彬、孙浩等真实案例，结合课堂教学，组织师生进行了研究探讨。崇礼法院则提供了审判实践中涉及体育法的典型案例与疑难案例，尤其是滑雪纠纷案例，为研究生理论联系实际提供了鲜活素材。

(二) 专业课题研究多点并行

体育法研究所和各联合培养基地之间联系密切，沟通频繁，极大地拓展了专业课题的覆盖面，也获得了更强有力的实践案例与经验支撑，同时也为各联合培养基地解决相关实务问题提供了智力支撑。体育法研究所和反兴奋剂中心通力合作，围绕反兴奋剂和体育法治获得了国家社科基金项目、北京社会基金项目和多个国家体育总局决策咨询项目。其中包括："反兴奋剂法治体系及防控体系研究"（国家社科重大项目）、"北京冬奥会反兴奋剂法律体系及防控机制研究"（北京社科重大项目）等。学生全方位地参与到了反兴奋剂法治体系及防控体系研究当中，对反兴奋剂相关法律知识有了更深层面的了解。

北京市体育局关注体育法学学科融合发展新机制，与体育法研究所在相关课题上达成了深度合作。2022年度，10名法律硕士研究生全部参加了以下决策项目：国家体育总局决策咨询研究重大项目《〈体育法〉条文的理解与适用研究》、国家体育总局委托项目《体育赛事活动管理条例》起草等。体育法研究所和北京市体育局发挥所长，将法律和体育紧密结合在一起，从体育法的双学科特点出发推动相关项目研究的创新与发展，展开常态化合作。2022年6月，受北京市体育局体育产业处的委托，全体在校法律硕士研究生共同参与《2021年度北京市体育行业预付费投诉分析报告》评审工作，对改善体育行业预付费问题进行了深入研究。既让体育法研究生体验体育与法律结合的实务现状，又满足服务社会需求，为联合培养基地建设添砖加瓦。

虽然张家口市崇礼区人民法院以给予学生参与常规的审判业务，助力掌握法院系统就职所需的职业技能为主要目标，但对课题研究也予以了相当的重视。法院吸收部分优秀实习生，使其参与省级法院系统内的课题研究任务，得到了宝贵的参会机会。并在研究生实习结束后仍然允许其跟踪研究所参与的课题，为学生深入了解法院课题创造了纽带。此外，崇礼区人民法院发挥临近雪场的地理优势，积极推进冰雪法律纠纷审判业务合作研究，提供了例如雪场法官工作站等诸多便利的实践条件，推动了未来冰雪运动这一新兴研究领域相关课题的萌芽。

（三）专业人员实务全面分享

在开设由体育法所导师教授的专业课程之余，体育法研究所和三个联合培养基地运用现有的专家、人才资源为研究生们组织开展专业讲座与论坛。邀请实务界的知名人士走进校园，多方位、有深度地对体育与法律各领域知识进行分享，弥补了专业课程具有的狭隘性，丰富了体育法方向的师资力量。截至2024年3月，"体育法治与健康中国论坛"已成功举办47期，邀请国内外四十余位体育界、法学界的知名专家学者，倾囊相授，深度交流。以反兴奋剂中心为依托，中国反兴奋剂中心王新宅副主任、国际体育仲裁院仲裁员Jeffrey G. Benz、西南政法大学张春良等专家学者从实务观点出发的分享，获得了师生的一致好评。北京市体育局则针对体育法学领域内的热点，盛情邀请政府部门、赛事组织相关负责人为学生分享体育法律前沿问题与观点，其中包括国家体育总局青少年司司长李辉、国家体育总局原政策法规司司长刘岩、北京冬奥组委法律事务部马福威副部长等。

除了邀请专业实务人员进校园，体育法所导师也积极前往各联合培养基地接触体育法实务。加强与体育法相关政府工作人员、专家学者、法官律师之间的观点交流与问题探讨，及时了解社会对体育法治人才的最新需求与现存矛盾，推动高等教育改革与人才培养新模式的构思。2022年2月24日，体育法治研究所马宏俊、袁钢教授赴国家体育总局反兴奋剂中心就反兴奋剂培养基地相关事项进行座谈交流。落实共建中国政法大学示范性专业学位研究生联合培养实践示范基地具体举措，提升专业学位研究生的基础科研水平，推进反兴奋剂培养基地的规范化、常态化建设。体育法研究所的姜涛副教授曾前往国家体育总局反兴奋剂中心挂职担任法律事务处副处长，在2022年末负责人外出学习期间，领导全处工作，深入了解了我国反兴奋剂法治最一线的全面情况。

在崇礼区人民法院联合培养基地，冰雪运动法律纠纷是其最大的特色。因而 2022 年河北省高级人民法院与国家体育总局在此举办了首届冰雪运动法治保障学术交流会，邀请两位体育法老师到会。次年，再次邀请两位导师在第二届冰雪运动法治保障学术交流会上担任主旨发言和论文点评专家，为导师向学生传授冰雪运动法律问题相关知识奠定坚实基础。

（四）专业实习实现多地联合

提供专业实习场所是联合培养基地的核心作用之一，给予研究生实际参与到体育法治事务当中，将自己所学投入实践的珍贵机会。体育法的四家联合培养基地分别涉及反兴奋剂监管、政府日常管理、体育法律纠纷、体育仲裁案件这四个截然不同的实务领域。研究生可以在接受联合培养的过程中前往多个培养基地实习，全方位感受体育法治一线工作。

反兴奋剂中心对人才培养予以极高的关注度，在 2022 年度接收了中国政法大学法学院选派的硕士研究生逾 30 名，在 2023 年也接受了 6 名体育法硕士及一名博士前来实践学习。前来实习的研究生在不同处室接触了种类不同的反兴奋剂细化工作。例如在检查处的研究生主要负责对兴奋剂检察官协议等英文文件进行法律翻译、撰写工作中所涉及的单位性质的法律分析报告，在运管处实习的学生则深度参与了全国性单项体育协会和中心反兴奋剂工作的协调、省级反兴奋剂机构的工作协调。

崇礼区人民法院也认同集中实习是专业学位硕士研究生培养方案的重要要求，对接收体育法方向研究生前来实习的核心工作非常重视。自展开合作以来有十余位研究生前来法院寄宿式实习。研究生统一居住在法院干警宿舍，保障安全与解决住宿问题的同时也提供了与法院干警交流的机会。每个实习生至少能在两个审判庭实习工作，深入全面地了解法院工作。在开庭前安排实习生阅读档案，开庭时允许其旁听庭审过程，并在庭审结束后安排法官对实习生存在的法律适用相关疑难问题进行解答。此外，在《中华人民共和国体育法》修订后的宣贯工作中，崇礼区人民法院安排实习生为驻崇训练的国家队运动员教练员进行了《中华人民共和国体育法》和反兴奋剂知识的宣讲，使其实现从知识接收到知识输出的转变。

北京市体育局在过去两年中由于受到了新冠疫情的影响，选派研究生专业实践暂缓实施。中国体育仲裁委员会作为与中国政法大学体育法研究所新达成合作共识的联合培养基地,也将与北京市体育局在近期积极接收研究生专业实习,实现中国政法大学体育法研究所专业实习基地与时俱进、多元多样化。

可以说无论是课程课题的产教融合、全面革新还是加强师资与学生的流动联合方面,中国政法大学法律硕士(体育法方向)都具有示范引领作用。极大地改变了过去专业型硕士也局限于校园课堂,书本教学的模式,将专业型硕士与学术型的培养方案有针对性地区分完善。使体育法方向法律硕士的课程与教材种类更加贴近体育法律实践当中刚需的门类与《中华人民共和国体育法》修订之后正在构建的新兴领域。同理,体育法研究所相关课题也走在实践与理论结合的前列,结合热点问题获得各个联合培养基地的实务经验与案例支持,极大地开拓了可选择范围。体育法研究所导师团队与联合培养基地相关专家学者与人才积极交互,研究生也在学校和各联合培养基地之间流动,无论是师资力量还是学习场景都获得了极大的扩充。中国政法大学法律硕士(体育法方向)在联合基地建设与协同育人方面取得了显著的成果,形成了优秀的体育法治复合型人才培养模式,走在了高等教育管理改革与高质量发展的前列。

三、法律硕士联合培养基地协同育人的完善路径与建议

(一)课程形式多样创新

推进产教融合,培养符合实务需求的人才是专业学位培养的核心要义。体育法方向的法律硕士培养方案为达到这个目的,与多个联合基地合作,开设了具有基地特色的相关专业课程。此外还为其撰写了配套的专业教材、建设相关案例库来提高课程与实践贴近的程度。这种发挥基地特色与拥有的丰富实践资源开设相关课程的做法十分适配法律硕士专业,值得其他方向的法律硕士专业借鉴模仿。一方面法律硕士细分方向丰富,可以有针对性地培养不同领域的人才,另一方面也可以充分利用联合培养基地的资源,使基地积累的丰富实践经验和理论知识可以通过相关专业课传授给研究生。法律硕士研究生在本科期间已经积累了一定的法学基础理论知识,在研究生期间接受以实践实务为导向,以案例为课程内容的专业教育,有利于研究生对口就业,弥合学生掌握的知识与工作需求技能之间的差异。

目前体育法研究所在专业课程之余安排了讲座论坛与课题研究等活动,丰

富课程体系。但其主干课程还拘泥于授课主体为体育法所导师,授课地点为学校课堂的模式。在专业学位人才培养的高等教育改革培养不断推进的今天,可以推进课程形式多样创新。在授课主体上,可以邀请联合培养基地相关专家学者教授相关专业内容。一方面可以缓解部分院校法律硕士专业导师师资力量不足,法律硕士与法学硕士混同培养,共享导师的困境。突出专业学位研究生的强实践性,推动专业学位培养方案的产教融合。在课程形式方面,可以不限于传统的教师授课模式,可以将讲座论坛形式与课程相结合,也可以将课题讨论调研作为课程内容。在丰富课程形式的同时为学生减免科研与学术压力。课程教授地点也无须受限于教室,可以前往对应的实践基地对相关知识进行切身经历。既可以增加学生的实践经历,无须等待基地实习,又能激发学生学习热情,提高学习质量。甚至可以开拓一门由学校理论教育与基地实践训练组合而成的课程,针对专业技能进行实地训练。

(二) 专业实习种类与内容优化

法律硕士的培养目标归根结底是落实到应用型人才的培养上,专业实习是产教融合、协同育人的重要实现手段。[1]而联合培养基地则决定了专业实习的方向与内容。中国政法大学体育法研究所选择了体育法范畴内四个不同细分方向的基地,能够包含反兴奋剂工作、政府体育部门的日常工作、体育纠纷的司法与仲裁解决方式等内容,大范围包含了体育法治人才的就业范围,形成了优秀的挑选示范。其他具有细分方向的法律硕士在挑选与建设联合培养基地时应当注意形成培养基地之间的方向差异,争取可以覆盖更广泛的就业方向,而非在同一方向上重复增加,例如体育法方向可以考虑拓展到相关体育运动协会或者俱乐部。而在大部分高校中,法律硕士并未有类似于体育法方向教育法方向的细分,联合培养基地多限于法检系统与律所范围。在此类高校推动专业实习种类优化之时应当跳脱限于法学的固有思维,关注到其他专业与法律专业的复合属性,留意不同的部门或产业对法律人才的需求,开拓例如反兴奋剂中心此类不在传统法学联合培养基地之列的实习地点,为新时期的法治人才多样化培养开辟道路。

---

[1] 董娟、赵威:《从法律人才到法治人才:法律硕士培养目标的新转变》,载《学位与研究生教育》2019年第5期。

值得注意的是，在选定联合培养基地之后并不是一定能达到理想的实习效果。在体育法联合实习基地当中也存在着实习生在政府单位承担一些与法学无关，对专业知识无益的任务，在法院参与审判的案件毫无体育含量的情况。学校需要注意把控实习的内容质量，定期向学生收集反馈，建立量化的评价打分体系对联合培养基地进行评估。如出现基地不注重培养学生专业技能素质或专业知识的学习相关情况，应当积极与联合培养基地沟通，保证相关实习对于学生具有学习和实践价值。如出现屡次不改或实习内容客观上无法达到培养要求的情况，则应当结束合作，更换更为适配的联合培养基地。

（三）考评标准突破传统

要推动高等教育管理模式的改革与发展，修改考评模式无疑是最有效最便捷的方式。要使法律硕士的培养方案形成自己的特色，有针对性地培养实践型人才，无论是对导师的考评还是对学生的考核都不能照抄照搬法学硕士的考评标准。中国政法大学体育法方向的课程考核方式虽然有以所学展示、个人观点分享的展示结课的尝试，但诸多课程的结课方式依旧以论文为主。导师评价制度也以授课情况、完成论文与课题数量为主要指标。在这一点上，法大与其他高校一样，需要给予考评标准改革更高的关注度，进一步推动高等教育管理模式的革新。

在构建对专业学位导师的评价制度时，应当综合考虑教师在教授实践课程、编写相关教材、挑选建立案例库时付出的相关工作量。完成的课题量与组织讲座论坛申报情况、前往联合培养基地协助完成相关工作等数据指标都应纳入考虑范围。对专业实习的助力与质量把控，学生对实践技能掌握情况的管理都应当成为专业学位导师主要工作的评价内容。将产教融合培养专业学位研究生成效纳入评价的范畴，破除仅以学位论文发表评价专职教师和专业学位导师的做法。[1]

在研究生的考评标准方面，随着课程形式的革新，结课考核方式也应当随之多样化。在构建法律硕士研究生的考评标准之时应当反映出专业学位研究生教育的核心价值和目标导向，以培养实践创新型人才为要义。主要专业课程可以有展示汇报、实践技能考核问答、课题贡献完成度等方式考核，而实务课程

---

[1] 马永红、刘润泽、于苗苗：《我国产教融合培养专业学位研究生：内涵、类型及发展状况》，载《学位与研究生教育》2021年第7期。

的考核则可以由实践报告、场景模拟考核、带教打分评价等多种形式构成。可以在外出实习、接受实务课程时与授课教师建立联系单制度，加强过程考核。每位学生配有校外导师指导记录本，以随时反映学生接受教育的状况，增加过程考核的实质性内容，较全面地反映了学生的综合素质。[1]对高等人才的培养来说，考核评价体系是指挥棒。对学生来说，考评体系关乎着能否毕业，也关乎着奖学金等综合荣誉评定。如果在其他方面大力推动产教融合，而考评方式依旧与学术型硕士无异，学生将会缺乏学习掌握实践技能的动力，并且会陷入在原有高要求学术水准评价体系上增加实践技能要求的过重负担困境中。要达到培养卓越法治实践人才的目的，作为完善专业人才高等教育的重要落脚点，评价体系的同步改革是不可或缺的。

法律硕士培养方案的改革与完善关系着法学教学的高质量发展，建设联合培养基地无疑是形成具有实践特色专业人才培养模式的重要改革举措。在国内部分高校如中国政法大学的法律硕士（体育法方向）培养方案已经走在改革和高质量发展的前列，具有很强的产教融合特色。在借鉴其与联合培养基地之间在课程、课题、导师、学生各个方面的互动经验同时，也可以发现其还保留了一定学术学位硕士培养的传统，专业学位方向的高等教育管理改革与高质量发展依然任重道远。如何把握住法律硕士对实务技能与经验的高需求，更广更深层面地利用好联合培养基地，走出法律硕士教育的新型道路仍待各界的进一步关注与研究。

---

[1] 洪萍、颜三忠：《创新法律硕士校外实践教学基地建设的思考》，载《亚太教育》2019年第10期。

成果导向理念下高校法学应用型人才培养目标的重塑

魏小来[*]

摘　要：法学应用型人才培养在我国的经济发展方式转型和推进法治中国建设的进程中具有重要的战略地位。我国部分应用型高校法学人才的培养目标存在职业能力培养单一化、脱离社会需求等局限性，故我国高校法学应用型人才培养目标亟须重塑。应用型人才的培养定位要求从法学专业基础知识和实务技能两个微观维度探索培养目标，法学人才的培养定位要求从未来职业发展方向的宏观维度探索培养目标。美国法学教育重点培养学生的律师职业能力，传统德国法学教育重点培养学生的法官职业能力，为克服单一化培养方式衍生的桎梏，新式德国法学教育将多元化职业能力作为培养目标。以成果导向理念为指引并结合域外经验，我国高校应用型人才培养目标在宏观维度应当是能承担多样化法律职业工作的复合型法学人才，在微观维度应当是具备系统性、层次性和包容性的法学专业基础知识和全面性、层次性、开放性和包容性的法学实务技能的复合型人才。

关键词：成果导向理念；应用型人才；培养目标；职业能力

我国对于法学类专业的培养目标争议不断，法学教育到底是培养应用型人才还是培养研究型人才，专家各执一词，争议的本质是对法学教育到底是职业性教育还是通识性教育的争议，因为这关乎课程体系和教学内容的整体设计、法治队伍的建设以及我国经济发展向高质量转型的顺利推进。[1] 在我国政策层

---

* 魏小来（1993-），黑龙江哈尔滨人，硕士，黑龙江财经学院人文学院教师。

面，教育部发布的《普通高等学校法学类本科专业教学质量国家标准》要求高校培养的法学类人才应具备"依法执政、科学立法、依法行政、公正司法、高效高质量法律服务能力与创新创业能力"，即法学类人才的培养本质是素质教育和专业教育基础上的职业能力教育，法学学科作为人文科学和社会科学，更注重实践性能力的传授，培养能够自主构建知识体系和解决实务问题的复合型与应用型人才。[2] 在理论层面，徐显明教授认为法学教育的发展方向就是一种职业化的教育路径，即一种应用型的发展路径，应当注重职业技巧在法学教育中的重要地位。[3] 因此，我国法学教育共同体应当以高校法学应用型人才培养目标的制定作为研判重点，培养法学科研型人才虽同样重要，但在法学教育中应处于支线地位。

目前，各高校的法学应用型人才培养目标呈现多样化模式且存在一定局限性，以《校友会 2023 中国大学排名：高考志愿填报指南》的《校友会 2023 中国应用型大学排名》中的 114 所公办院校作为样本进行抽选研究可知，有的高校法学专业培养目标的职业能力培养中相较于复合型更倾向于单一化的方向，[1] 有的高校对培养对象未来的职业发展方向进行了限定且尚未关注社会对各层级法学人才的需求，[2] 有的高校则是将地方性发展作为人才培养的唯一目标。[3] 故本文将以高校法学应用型人才培养定位作为出发点，以成果导向理念作为指引重塑我国高校法学应用型人才的培养目标。

一、高校法学应用型人才的培养定位

"人才培养定位回答了高校'为谁培养人''培养什么样的人'的根本性问题，是'怎样培养人'的前提和依据"，[4] 法学应用型人才的培养定位决定了法学应用型人才培养的价值取向、功能目标和社会需求，使法学应用型人才培养具有明确的意涵和外延，是各高校法学院思考如何制定法学应用型人才培养目

---

[1]《培养方案（培养计划）——法学（2012-2014 级）》，载 https://zfx.dgut.edu.cn/info/1024/3904.htm，最后访问日期：2024 年 1 月 25 日。

[2]《南华大学法学专业介绍》，载 https://jgxy.usc.edu.cn/info/1378/7559.htm，最后访问日期：2024 年 1 月 25 日。

[3]《南华大学法学专业简介》，载 https://law.beihua.edu.cn/xygk/zyjs.htm，最后访问日期：2024 年 1 月 25 日。

标的逻辑起点。因此本文分别以应用型人才和法学人才的培养定位作为逻辑起点，找寻高校法学应用型人才培养目标的探索路径。

（一）应用型人才的培养定位

应用型人才是研究型人才的相对概念，其定位应当是通过对受教育者进行专业基础知识和实务技能的传授向专业性和技术性强、社会需求大的岗位输送能够承担理论与实践相结合的应用性工作的实践人才，以地方和行业的局部经济发展带动整体经济发展。[5]我国目前处于产业转型升级的关键期，逐步由高速发展向高质量发展转型，党的二十大报告明确要求"坚持以推动高质量发展为主题，把实施扩大内需战略同深化供给侧结构性改革有机结合起来，增强国内大循环内生动力和可靠性，提升国际循环质量和水平，加快建设现代化经济体系，着力提高全要素生产率"，要构建高水平的社会主义市场经济体制，以现代化产业体系作为我国经济发展的支柱，就需要大量实践能力较强、技术知识过硬、基础知识夯实的应用型人才，中共中央、国务院印发的《国家中长期教育改革和发展规划纲要（2010-2020年）》通过要求"以重大现实问题为主攻方向，加强应用研究""重点扩大应用型、复合型、技能型人才培养规模"为应用型人才培养指明了方向，尤其是对于科研能力较弱、研究基础不成熟的高校更适宜由研究型培养模式向应用型培养模式转型，实现"产学研"结合，在学生掌握基本专业知识的基础上吸收实务技能知识，[6]一方面为我国构建新发展格局、推动高质量发展输送人才，一方面防止社会人才培养的流水线化和同质化。因此，应当从法学专业基础知识和实务技能两个微观维度探索法学应用型人才培养的目标。

（二）法学人才的培养定位

以社会发展为导向，法学人才的培养定位通俗的表述就是符合中国法律人才市场的缺口和基本需求，这一观点符合理论界的通说，徐显明教授认为我国法学教育的培养定位经历了多个阶段，从法学理论人才发展到法律人才到现在发展到法治人才，法治人才要求具有更强的适应性和实践性，即职业型的法学教育样态，申卫星教授也认为，法学作为一种人文科学和社会科学，应当将解决社会问题作为出发点和落脚点，对法学生的知识传授不应当局限于一种空洞且抽象的理论层面，黄进教授又指出，法学教育不是单纯的素质教育、通识教育和专业教育，而是同医学教育和教师教育类似的专门的职业教育（professional education），强化实践教学和校企合作等内外协同教学方式，潘剑锋教授进一步提出法学教育应当超越枯燥的法律规范和条文，应将法律适用路径、法学价值判断方法和中国特色社会主义法治理论融入法学教育中来培养复合型的法治人才，[7] 因此对于法学教育的定位来说，不仅是培养学生掌握法律条文和抽象的法学概念，而是应当培养他们对经济、企业构成、建设工程等交叉学科的基础知识、地方性政策、职业伦理以及商务谈判和礼仪等知识的掌握，[8] 以期帮助他们成为能够适应多种法律职业身份的综合型、应用型、复合型的法治人才。因此，应当从未来职业发展方向的宏观维度探索法学应用型人才培养的目标。

二、域外法学教育的培养目标及方式

如前文所述，我国高校法学应用型人才培养目标应从宏观和微观两个维度探索，但我们若想将探索路径从抽象化向具象化转变，需要参考域外法学人才培养方式的经验和教训，并尝试将优势部分在我国进行本土化的移植，实现对我国人才培养的补充功能。

（一）美国法学教育

美国的法学教育自始至终将成果导向理念融入法学高等教育培养方案，其培养目标也非常明确，即法学毕业生应具备从事律师职业的专业基础知识和实务技能，近些年美国法学教育改革的动力也是基于21世纪以来律师行业"内卷"加剧，例如，基于美国律师协会发布的《法学教育与职业发展——一种教育上的连续统一体》、美国法律政所教育实践联合会发布的《最好的法学教育实践——前景与路径》和卡内基基金会发布的《教育律师：为法律职业做准备》的报告的推动下，美国律师协会以认证机构的身份开始对《法学院认证标准与程序规则》进行修改和调整，透过美国律师协会在法学教育领域的地位可以窥见美国法学教育的本质就是为律师行业输送专业人才。

以美国戴顿大学法学院为例，它们更注重实务技能的培养，遵照修正后的《法学院认证标准与程序规则》，该法学院制定了贴近律师职业能力培养目标的学习成果认定类别，从人际交往能力、法律应用能力、知识储备能力和突破困境能力等方面进行重点培养，具体包括"对法律及美国法律体系的认知与理解"

"发现问题的能力""分析和解决问题的能力""与他人的有效沟通""有效地开展研究""良好的法律实践技能""识别并解决伦理及其他职业困境""持续发展专业技能和专业特性"以及"在服务、社区及包容性方面展现魅力",[9] 促使法学毕业生具备律师职业的案源收集能力、客户管理能力、法律运用能力和自主提升能力。此外,在课程规划层面看,美国法学教育机构也将律师管理机构、实务机构、客户对律师的要求作为风向标,例如约翰马歇尔法学院开设了"律师技能项目"课程,从各个层次、各个方面立体化地培养学生具备实践能力。[10] 从专业基础知识教学层面看,美国的案例教学法以现有的案例作为研究对象,指导学生整理案件案情、归纳争议焦点、提出法律裁判方案并不断就学生的答复进行追问,重在培养开放化和灵活化的法律适用思维,为进入律师行业作足准备。[11]

美国法学院将律师职业作为培养目标是多个因素综合决定的,首先,美国的本科教育阶段并不存在法学专业教育,而法律职业博士(Juris Doctor)学位的学习需要大量的金钱成本,根据全美律师协会的统计,美国法学院每个毕业生平均担负15万美元的贷款,高额的贷款会促使法学专业毕业生选择收入更高的律师行业,但是即使法学院以律师职业作为培养目标进行针对性的训练,仍有资深律师抱怨法学院毕业生尚未具备独立处理案件的能力,薪酬与能力严重失衡;[12] 其次,从世界范围来看,法学生毕业的主流选择是法官或律师,法官代表着公平正义,是法学毕业生实现法治理想的重要途径,但美国的法官在被任命或被选举前都必须经过至少两年律师职业的训练,在两年的律师生涯中要向政府或民众证明自己是一名优秀的法律执业人员,为自己树立良好的社会声誉,因此在法学教育阶段进行充分的律师技能训练是为法官职业奠定坚实的基础。

(二)德国法学教育

传统的德国法学教育与美国法学教育的培养目标不同,其教育取向是培养和选任专业、高素质的法官,《德国法官法》已经成为德国法学教育领域内具有培养导向功能的法律规范,《德国法官法》第5条将法学教育设置为法官的必经之路,即便法学毕业生没有顺利成为法官,但经过以法官为培养目标的教育锤炼后,仍能顺利地转型为其他法律职业角色。因此德国的法学教育培养采取双轨制模式,将法学专业基础知识教育和法律实务技能教育齐头并进。为了实现审判人才的培养目标,在专业基础知识方面,德国法学教育与德国司法考试紧密结合、互为成就。德国高校法学教育在全面贯彻双轨制教学的过程中重点负责法学专业基础知识的教学,将通过第一次国家司法考试作为阶段性目标,基础知识学习阶段主要是学习法学研究的方法路径和部门法,包括民事法律、刑事法律、民事诉讼法、刑事诉讼法、宪法性法律等,而为夯实法学生的专业基础、提高学生对专业基础知识的重视,申请参加国家司法考试考生一般要提供7个学期的正式大学法学学习证明。[13] 在专业基础知识学习后,高校为使学生能够实现角色转换的过渡,会安排学生进入法律实务部门进行4个学期的法律实务训练。

但是德国以法官为培养目标的单一化目的教学模式的弊端逐渐凸显,各高校法学开设的课程倾向于审判实务技能,忽略了律师实务技能的培养,而在德国有近2/3的法学毕业生选择从事律师行业,导致学生进入律师行业后,其社会价值无法与薪酬相匹配。故对法学教育进行社会适应性改革的呼声渐高,德国议会于2002年通过了《法学教育改革法》,并于2003年开始实施,其改变了德国法学教育的单一化培养目标,将法学培养目标定位为"有全面工作能力的法律人(allseits arbeitsfähiger Jurist)",从单一化的培养司法人才向培养具有全面法律实践能力的职业法律人转化,但是仍坚持法学专业基础知识和法学实务技能的双轨制培养方案。为实现多元化、全面化法律实务技能的培养,德国法学教育进行了领域内的变革,一是学生在申请参加国家司法考试前需要通过各高校自主举行的选修科目的考试,二是修改后的《德国法官法》要求从事法官人员需要在律师事务所的培训点接受至少9个月的实务教育,三是法学院增加与司法不相关的法律咨询服务的教育比重,四是在课程设计方面增加了律师方法、律师思维和律师实务的教学,五是在国家司法考试内容方面,倾向于摘取律师实务中的典型案件。[14]

三、成果导向理念下我国高校法学应用型人才的培养目标

本文认为,在宏观维度,我国高校法学应用型人才的培养目标应当是能承担多样化法律职业工作的复合型法学人才,在微观维度,我国高校法学应用型人才的培养目标应当是具备系统性、层次性和包容性的法学专业基础知识和全面性、层次性、开放性和包容性的法学实务技能的复合型人才,下文将通过引入成果导向理念的核心原则对如上培养目标的原因及其具体实现路径进行解释论证。

但本文提出的仅是法学应用型人才培养的门槛式规定，而培养目标的具体内容，需要各高校依据自身发展特色、地方经济发展状况、法治建设进程、地方功能定位和社会人才缺口进行填充。

(一) 我国法学应用型人才培养目标的理论争议

应用型人才的培养目标并非是一种职业称谓，而是学生在毕业时应当具备何种专业基础知识与何种实务技能。虽然美国法学教育和传统德国法学教育均是单一化培养目标，但是两者的优势属性在于注重学生实务技能的培养，帮助学生从校园顺利过渡到法律职场，保证学生专业基础知识和法律实务技能齐头并进，例如前述美国法学院的培养目标并非是不择手段地将法学院的学生培养成为职业律师，而是通过基础知识与实务技能教学培养学生具备法律服务思维、法律服务咨询能力、案源收集能力和客户管理能力等，传统的德国法学教育是要将学生培养成为具备司法工作热情、司法使命认同感、审理能力、调解能力、解决争端能力、决策能力、合作能力、社会认知感、正义感和社会责任感的法律人士，即具备法官职业能力的人，新式的德国法学教育培养目标则是培养具备全面化、多元化法律职业能力的人士。[15] 但是我国的法学应用型人才教育应当重点培养学生何种专业基础知识和实务技能，重点培养学生何种职业能力，尚存在不同观点。

葛云松教授认可将应用型和复合型法律职业人才作为法学教育的主要目标，并明确提出应当以训练法官能力作为培养目标，法学教育应当传授成为法官所必须的专业基础知识和实务技能，因为在诉讼中，审判机关是诉讼流程的核心场域，随着"以审判为中心"的司法改革的推进，审判的核心主体地位愈发凸显，虽然美国法学院以毕业生的就业去向为理据将律师职业能力作为培养目标，但是葛云松教授认为培养律师职业能力应当处于次要地位，因为即便律师需要依据案件事实和证据对案件走向进行推论，但是仍要像法官一样思考裁判方向以提高胜诉概率，因此法学院的学生需要习得的就是如何在成文法体系下灵活运用现行实在法，如何通过平衡多方利益实现规范性效果与事实性效果的兼顾，如何在价值冲突时找寻公正的处理方案，如何在法律规范付之阙如的情境下进行司法续造，就专业基础知识层面，葛云松教授认为应当全面地进行实体法和程序法知识的讲授，并培养方法论的相关知识，典型如教义法学，通过教义法学的解释为法律适用提供路径来解决价值冲突，虽然孙笑侠教授提出法学具有教义法学、社会法学和哲理法学三个维度,[16]但是葛云松教授认为教义法学应当是法学教育的主流和基础,在实务技能培养方面,葛云松教授提出案例教学的七大优势,分别是学会找法、融贯法治原则、学会法律解释、锤炼洞察力、养成检索能力和锻炼表达能力,其认为应当以案例练习课作为重点,将案例课分为以民法、刑法、行政法和诉讼法为传授要点的基础案例练习课和以公司法、证券法、竞争法等商经法律知识为传授要点的高级案例练习课,为学生提供适用法律、归纳争议、评价法律规范和"超越"能力的机会,帮助学生练习民事法律中的请求权基础方法和请求权检索能力,并可以邀请实务人员担任模拟法庭和法律诊所的兼职教师,但是应居于高校教育的次要地位。[17]

而何美欢教授更倾向于法学教育的培养目标应当是培养律师职业能力,她认为"如果律师需要原创性,需要思考能力,专业法学教育就应该培育能思考的人才",即法学教育的定位是满足律师职业能力的需求,尤其是智能技能的培育,在专业基础知识层面要全面讲授实体性法律规范和程序性法律规范,在实务技能层面围绕律师职业需求要培养法学生法律论证的能力、合理运用资料的能力、分析法律概念的能力、分析社会政策的能力、识别错误的能力、书写法律文书的能力、分析或批评事实的能力以及解决问题的能力等,使法学教育挑起培育高端律师的重担。[18]

(二)高校法学应用型人才培养目标的宏观探索

成果导向理念的衍生土壤是因社会经济发展方式转型导致的社会需求转型以及教育教学理论的发展。随着社会生产力和生产水平的提升,职场对高校毕业生将理论付诸于实践的能力以及进入职场后的灵活适应能力提出了要求,自此成果导向理念应运而生,它要求通过灵活和公开的评价标准使受教育者具备基本学习能力和实践能力并且这种能力应满足社会和职业的需求,此外,它还反对传统的教育教学模式,期望教育者通过多元化的手段保证将最终成果作为导向来设计教学方案和培养方案。成果导向理念具有三大优势,分别是实现人才培养要求明确化、实现课程设计体系化和推进教学工作精细化。成果导向理念的基本要求、功能目标和优势属性都与我国法学应用型人才培养的最终目标相契合,因此本文以成果导向理念的核心原则为指引来对我国高校法学应用型人才培养目标进行宏观和微观的探索。

成果导向理念的核心原则之一是"以学生为中心",该观点最早是联合国教科文组织于 1988 年提出的,在建构主义理念的指引下,着重关注学生的学习能力和未来的职业发展方向,从传统"教"的模式向自主"学"的模式转变,全面提升学生的综合素质,充分发挥"学"的功能价值,使法学专业毕业生能够具备职业所必需的知识和技能,《教育部、中央政法委员会关于实施卓越法律人才教育培养计划的若干意见》指出我国法学教育存在"应用型、复合型法律职业人才培养不足"的困境,结合我国法学毕业生的去向基本为从事法律实务工作,因此我国的法学教育培养目标应当是将应用型人才职业能力作为主线,即重点研判法学专业基础知识和实务技能的培养方式,而法学科研型人才应处于支线地位。但是成果导向理念也并非要求学生的学习方式和职业路径整齐划一,根据学生的思维结构、个人兴趣、实际需求灵活地制定培养方案,因材施教,就"应用"方向制定个性化的成果评价方式和教学模式,通过多元化的培养方案积极回应法治各领域发展的人才需求。无论是葛云松教授的法官能力培养目标说还是何美欢教授的律师能力培养目标说,均存在着培养目标单一化的缺憾。葛云松教授的法官能力目标说实际是一种法学教育层面的"司法中心主义",这种教育围绕司法人才需求构建课程大纲和培养方案,以司法技能的培养作为法学教育的关键环节,将本校毕业生是否进入司法机关并顺利实现"学生—司法官"的角色转换作为法学教育培养成功与否的评价指标,这种教育观念的特点就是将培养法官能力和检察官能力作为法学教育的核心,目标就是培育政法人才,案例和实务兼职教师均出自司法实务部门,并通过司法实务人员训练学生的裁判、公诉等技能,[19] 但是随着我国治理体系和治理能力现代化建设的推进,法治队伍呈现多元化的样态,法律职业种类从传统的司法官和律师逐步扩展为仲裁人员、公证人员、法学期刊编辑人员、法学科研人员、司法人员、法律服务人员等,党的二十大报告明确要求"全面推进国家各方面工作法治化",因此社会的法治需求也逐步多样化,单一化的培养目标无法满足国家、社会和个人对应用型法治人才供给的需求,并且《国务院办公厅关于深化产教融合的若干意见》要求通过"校企协同,合作育人"实现"需求导向的人才培养模式健全完善"的目标,而"司法中心主义"的教育方法会导致立法方法、行政规范、商务谈判和礼仪以及企业风险防控等课程的空缺并错失以校企合作培育法务人才的机遇,使学生的发展路径愈发狭窄。而何美欢教授的律师能力目标说则忽视了律师的任职路径,在我国成为一名执业律师最大的关卡就是法律职业资格考试,通过后经历一年"申请律师执业实习人员"的期间即可转正为一名执业律师，若法学教育仅将律师能力作为培养目标，则会衍生"法律职业资格通过率"作为高校普遍评价指标的畸形现象，课程内容和培养方案则会尽力贴合法律职业资格考试大纲，限制学生未来职业的多元化选择。《中共中央关于全面推进依法治国若干重大问题的决定》要求"加强法治工作队伍建设"，因此我国的法治队伍应当进行全方位的加强与建设，以法治专门队伍、法律服务队伍和法学研究队伍为支撑，进行三位一体的法治队伍构建。《教育部、中央政法委员会关于实施卓越法律人才教育培养计划的若干意见》指出了我国法学教育存在"培养模式相对单一"的困境，因此我国高校的法学教育培养方式应当从传统的德国法学教育培养目标中吸取教训，从新式德国法学教育"有全面工作能力的法律人"的培养宗旨中采撷经验，打破单一的或司法官或法律服务人员的培养目标，超越法学教育司法中心主义，杜绝对立法人才、执法人才和法学研究人才培养的忽视，培养法学生具备立法的分配正义思维、司法的矫正正义思维、法务的风险防控思维、律师的客户服务思维以及科研的社会发展思维，防止法学毕业生单一的司法技能与社会需求割裂，掌握多行业的法治方法，承担法学教育领域专业基础知识教学和实务技能教学的双重任务。因此，从宏观来看，我国高校法学应用型人才的培养目标应当是能承担多样化法律职业工作的复合型法学人才。

（三）高校法学应用型人才培养目标的微观探索

成果导向理念另一个核心原则是"以成果为导向"，《教育部、中央政法委员会关于实施卓越法律人才教育培养计划的若干意见》要求"分类培养卓越法律人才"，因此应用型人才应当围绕明确的法学教育培养目标来构建教学课程设计和培养方案。根据成果导向理念的一般原理和核心原则，最终培养目标应当是一套以知识类成果为基础、以能力类成果为核心、以素质类成果为辅助的体系化成果，[20]因此在成果导向理念的指引下，培养目标应当是专业基础知识、实务技能和素质能力三位一体构建的成果，核心就在于专业基础知识和实务技能教育两个维度。邓世豹教授认为法学教育应当具备全面性、系统性、层次性、开放性和包容性的特征，[19]因此本文尝试将专业基础知识和实务技能教育妥当安置在法学教育的特征下进行微观探索。在全面性层面，我国法学教育应当回应法学行业内各个领域的需求，传统的德国单一化教育模式衍生了两大问题，一是法学毕业生的供给远大于法官职位的空缺，二是法律职业和法律需求呈现多元化样态，我

二、人才培养篇

国基于法学行业种类的丰富性亦存在法学类实务技能人才的缺口，包括司法工作人员、行政执法人员、法律服务人员、立法工作人员、法学教育人员和法学研究人员，因此我国法学教育的实务技能培训应将司法技能、法律服务技能、立法调研技能和法学科研技能并重，通过社会个体的公正司法、科学立法、严格执法和全民守法，实现良法善治；在系统性层面，需要认识到法学专业基础知识间并非独立，而是相互关联，理论法学的研究路径需要实体法规范才能发挥功能价值，如社科法学的跨学科解释研究和教义法学的规范条款研究均需通过实现实体法规范功能展示自身价值，而实体法规范的适用如何实现规范性效果与事实性效果的结合亦离不开方法论的解释路径，参考前述葛云松教授的法官能力目标说，演绎推理并非法律适用的唯一出路，教义法学是一种凝聚社会广泛共识、能够被循环往复适用的法律解释方法，实际上，为适应多元化的应用型人才培育方式，孙笑侠教授指出的教义法学、社会法学和哲理法学均应当作为法律解释方法向学生传授，将理论法学教育、实体法学教育和程序法学教育并重，进行整体性的反思，使不同法学学科间的教育互为成就，从而实现对多种职业能力的关照；在层次性层面，可在法学培养中设置阶段性目标，回看新式德国法学教育，将法学教育设置为法学专业基础知识和实务技能培养两个阶段，以两次国家司法考试为导向设置阶段性目标，根据我国司法部公布的《国家统一法律职业资格考试实施办法》，虽然我国统一法律职业资格考试分为客观题考试和主观题考试两部分，但是两次考试间仅相差2-3个月，若参照德国以考试为导向设置阶段性目标不具备现实条件，因此法学高校应当以本科四年的教学期间划分专业基础知识学习阶段和实务技能学习阶段，专业基础知识学习阶段除必修科目外，应以能力培养、职业道德和技能训练为核心，增加法官职业伦理、律师职业伦理、立法人员工作规范、高校教师职业规范等多个职业方向的选修课，同时参照新式德国法学教育，在实务技能学习阶段，设置法律咨询、案源收集、立法调研、科学研究、行政审查等多维度的实习岗位，突出特色领域的岗位技能训练，亦可参照美国约翰马歇尔法学院设置独立的法律职业课程，对人际交往能力、法律实践能力、知识储备能力和突破困境能力等方面进行重点培养，还可参照美国戴顿大学法学院设置学习成果清单和具体标准，围绕案源收集能力、客户管理能力、法律运用能力和自主学习能力的提升，推进成果评价清晰化和体系化；在开放性层面，重点关注法学应用型人才的实务技能提升，我国高校的法学教育逐步向法学实务人员敞开大门，各高校仅引入审判、检察机关的业务骨干作为兼职教师或客座教授为学生传授实务技能，缺少企业、社会组织或法律服务机构实务人员作为教师，各高校应当继续提升开放程度，引入优秀的社会组织骨干、企业法务、法律服务人员等为学生提供多样化的教学内容，不能单纯地"以吏为师"；在包容性层面，如前述葛云松教授所言，应重视案例教学的建设，并将案例依据其请求权基础、案涉法律规范等进行分类处理，充分发挥不同案例的教学功能，因此高校教育培养应关注案例的选取，保证案例教学既培养司法人员的思维，又锤炼法律服务行业的思维，即是专业基础知识学习的路径，又是实务技能提升的方法，案例教学具备深化法律基础知识、获取特定专业知识、掌握司法裁判思维和了解法律执业技能的四大功能，[20]因此在授课与测验中参照德国国家司法考试的试题构成，不仅应剖析人民法院的优秀裁判案例和裁判文书，也应摘取律师实务中的典型案例，将不同案例依据教学需要划分为例证式案例、练习式案例和案卷式案例，根据案例的特点将案例划分为指导性案例、示范性案例和一般性案例，根据教学的不同阶段，将案例划分为初阶案例、中阶案例和高阶案例，逐步拓展案例来源，吸收涉外法治案例，兼收并蓄，构建与人民法院、人民检察院、仲裁委、律师事务所紧密合作的法学教育案例库。因此，从微观来看，我国高校法学应用型人才的培养目标应当是具备系统性、层次性和包容性的法学专业基础知识和全面性、层次性、开放性和包容性的法学实务技能的复合型人才。

参考文献：

[1] 刘磊：《判例运用与理想法学教育的探索》，载《新文科教育研究》2023年第3期。

[2] 尹伟民：《问题导向式方法在法学本科教学中的设计与应用》，载《航海教育研究》2023年第4期。

[3] 徐显明：《中国法学教育的发展趋势与改革任务》，载《法制资讯》2010年第1期。

[4] 余闯、施星君：《对职业本科人才培养定位的再认识》，载《职教论坛》2023年第2期。

[5] 潘懋元、石慧霞：《应用型人才培养的历史探源》，载《江苏高教》2009年第1期。

［6］赵祥辉：《重审应用型人才培养定位——基于历史演进与域外比较的分析视角》，载《中国职业技术教育》2023 年第 12 期。

［7］徐显明等：《改革开放四十年的中国法学教育》，载《中国法律评论》2018 年第 3 期。

［8］郭剑平：《我国法学教育的目标定位及其教学改革要点探析——以统一法律职业资格制度为分析视角》，载《高教论坛》2020 年第 11 期。

［9］University of Dayton School of Law, "Learning Outcomes and Performance Criteria", https://udayton.edu/law/_resources/documents/academics/learning-outcomes-and-performance-criteria.pdf.

［10］Anthony Niedwiecki, "Law Schools and Learning Outcomes: Developing a Coherent, Cohesive, and Comprehensive Law School Curriculum", *Cleveland State Law Review*, Vol. 64, 2016, p. 661.

［11］卜元石：《德国法学与当代中国》，北京大学出版社 2021 年版。

［12］何兵：《律师的角色定位与规模控制——与美国和日本比较》，载《安徽师范大学学报（人文社会科学版）》2023 年第 5 期。

［13］黄翀：《德国法官培养与选任文化研究》，载《文化学刊》2009 年第 6 期。

［14］秦天宝、扶怡：《德国法学教育的新发展及对我国的启示》，载《江苏大学学报（社会科学版）》2014 年第 5 期。

［15］［德］埃德加·伊塞尔曼、赵珺妮：《德国的法官制度——以下萨克森州为例》，载《德国研究》2003 年第 4 期。

［16］孙笑侠：《法学的本相　兼论法科教育转型》，载《中外法学》2008 年第 3 期。

［17］葛云松：《法学教育的理想》，载《中外法学》2014 年第 2 期。

［18］何美欢：《理想的专业法学教育》，载《清华法学》2006 年第 3 期。

［19］邓世豹：《超越司法中心主义——面向全面实施依法治国的法治人才培养》，载《法学评论》2016 年第 4 期。

［20］杜健荣：《法学教育中成果导向理念的运用》，载《法学教育研究》2023 年第 2 期。

法治中国建设下"大思政课"教学规范化研究

——以思政教育与实践教育协同育人为视角[*]

杜津宇[**]

摘　要：法学实践教育融入"大思政课"规范化建设，落实思政教育和实践教育协同育人，实现培养法治中国的积极建设者、培养中华法系的合格诠释者、培养人民权益保护者的伟大目标。法治中国建设要求法学实践教育契合中国发展需要，为中国式现代化提供法治保障。法学教育体系中存在理论与实践教育结构性不平衡、评价方式缺乏针对法学实践教育的专门设计、通识性教育与专业性教育目标转变等协同障碍。以实践教学作为"大思政课"的核心内容，实现校内与校外教学资源的有机融合，推进校外评价机制进校与校内学生外出实践相结合的培养方式，规范"大思政课"的教学内容。结合二学位、双学位和"新法科"的教学重构等多种方式，针对复合人才、涉外法治人才高质量培养和新兴学科建设，将"大思政课"作为问题导向主干，实现法学教育的跨学科、跨学程协调。

关键词：法治中国建设；"大思政课"；实践教育；思政教育

一、问题的提出

（一）协同视角推进法学"大思政课"的规范化的原因

为贯彻党的二十大精神，落实习近平总书记关于"大思政课"的重要指示，

---

[*] 本文属于国家社科基金项目"思想政治教育认识论基本范畴研究"阶段性成果（项目号：18BKS177）；2023 年北京高等教育本科教学改革创新项目"数字时代首都涉外法治人才协同培养创新模式研究"阶段性成果。

[**] 杜津宇（1988-），男，辽宁阜新人，北京工商大学法学院讲师，硕士生导师，法律硕士教育中心副主任。主要研究方向：法学教育，财税法，劳动法，法律的经济分析。

2022年7月，教育部等十部门印发《全面推进"大思政课"建设的工作方案》（以下简称《方案》），其中明确提出"高校要紧扣思政课实践教学目标和要求，利用志愿服务、理论宣讲、社会调研等实践活动，开展实践教学。""推动实践教学规范化"。"大思政课"要推动课程思政和实践教学进行融合，改善课程思政"硬融入""表面化"的现象，最终建立规范化的思想教育和实践教学体系。2023年2月，中共中央办公厅、国务院办公厅印发了《关于加强新时代法学教育和法学理论研究的意见》（以下简称《意见》），要求"深入推进法学专业课程思政建设""教育引导广大师生做社会主义法治的忠实崇尚者、自觉遵守者、坚定捍卫者"。[1]两份文件均强调法学教育中的思政教育和实践教育，两种教育的结合是马克思主义与中国法治具体实践相结合的切实需求，充分反映了党中央对法学教育的特别关注以及法治中国建设对契合我国需要的高质量法治人才的迫切需求。

"大思政课"不同于课程思政，在法学教育中具有更为切实的规范化要求。从宏观角度看，"大思政课"是一类课程的统称，但不同于课程思政，其内容范围重点围绕习近平经济思想、习近平法治思想、习近平生态文明思想、习近平强军思想、习近平外交思想以及"四史"、宪法法律、中华优秀传统文化等。从形式上，"大思政课"要求高校设定课程模块，开设选择性必修课程。从教育与教学的区分来看，"大思政课"介于二者之间，既属于对教育思想的变革，同时又在微观上改变教学方法，在专业课中实践新的课程模块。从微观进入法学领域，《意见》提出"更新完善法学专业课程体系，一体推进法学专业理论教学课程和实践教学课程建设。"首次将实践教学和理论教学放在了同样重要的位置进行设计，并且明确了具体方法："强化法学实践教学，深化协同育人，推动法学院校与法治工作部门在人才培养方案制定、课程建设、教材建设、学生实习实训等环节深度衔接。"结合宏观和微观两个视角，法学"大思政课"建设不仅承担着改善课程思政问题的目标，同时要推动法学实践教育整体思路的重构。所以法学"大思政课"的规范化不能单纯地以思政教育为视角，需要以协同的视角推动法学"大思政课"实践教学规范化设计。

（二）法治中国建设对法学教育的新要求

法治中国建设中需要的人才应为一体两面，即符合实践需求的高质量人才和

---

[1]《中办国办印发〈关于加强新时代法学教育和法学理论研究的意见〉》，载《人民日报》2023年2月27日，第1版。

拥有与新时代中国梦初心相契合品格的人才。在党的二十大报告中，习近平总书记指出"办好人民满意的教育"。[1] 什么是人民满意的教育？马克思在《关于费尔巴哈的提纲》中作出了一种阐述："社会生活在本质上是实践的"[2]，凸显了社会科学的实践属性。习近平总书记的回答是："为党育人、为国育才，全面提高人才自主培养质量，着力造就拔尖创新人才……"[3] 具体而言，就是"拥护中国共产党领导和我国社会主义制度、立志为中国特色社会主义事业奋斗终身的有用人才"[4]。习近平总书记对何为"有用"则阐述为"广大青年要用脚步丈量祖国大地，用眼睛发现中国精神，用耳朵倾听人民呼声，用内心感应时代脉搏，把对祖国血浓于水、与人民同呼吸共命运的情感贯穿学业全过程、融汇在事业追求中。"[5] 新时代"有用"的法律人必然是根植于法治中国建设的具体需要，并能够与中华优秀传统文化相结合的。

从法学实践教育角度看，新时代法治中国建设分为两个方面，一方面强调加强创新社会治理，"建设人人有责、人人尽责、人人享有的社会治理共同体"[6]，突出全体公民在法治建设中的作用。法治人才作为治理共同体中的有机组成部分，不仅仅要在法律活动中应用法律专业技能，在社会生活中也要发挥监督管理的能力；另一方面，在推进社会主义政治建设中强调了"坚持法治国家、法治政府、法治社会一体建设"[7]，将政治建设与法治建设紧密结合，明确了政治建设对法治建设的指导作用。"坚持全面推进科学立法、严格执法、公正司法、全民守法，是全面依法治国的重要环节。"[8] 习近平总书记指出："实现科学立法、严格执法、公正司法、全民守法，都离不开一支高素质的法治工作队

---

[1] 《高举中国特色社会主义伟大旗帜 为全面建设社会主义现代化国家而团结奋斗——习近平同志代表第十九届中央委员会向大会作的报告摘登》，载《人民日报》2022年10月17日，第2版。

[2] 中共中央马克思恩格斯列宁斯大林著作编译局编译：《马克思恩格斯文集》（第1卷），人民出版社2009年版，第295页。

[3] 《高举中国特色社会主义伟大旗帜 为全面建设社会主义现代化国家而团结奋斗——习近平同志代表第十九届中央委员会向大会作的报告摘登》，载《人民日报》2022年10月17日，第2版。

[4] 《习近平同志〈论党的青年工作〉主要篇目介绍》，载《人民日报》2022年6月22日，第2版。

[5] 《习近平同志〈论党的青年工作〉主要篇目介绍》，载《人民日报》2022年6月22日，第2版。

[6] 《高举中国特色社会主义伟大旗帜 为全面建设社会主义现代化国家而团结奋斗——习近平同志代表第十九届中央委员会向大会作的报告摘登》，载《人民日报》2022年10月17日，第2版。

[7] 《高举中国特色社会主义伟大旗帜 为全面建设社会主义现代化国家而团结奋斗——习近平同志代表第十九届中央委员会向大会作的报告摘登》，载《人民日报》2022年10月17日，第2版。

[8] 刘绍：《坚持全面推进科学立法、严格执法、公正司法、全民守法》，载《人民日报》2021年3月18日，第16版。

伍。"[1] "高素质"针对知识能力和实践能力,既包括立法层面也包含司法层面,体现了政治能力与法律能力、立法能力和司法能力的高度融合。

在法治中国建设中,法治人才的培养要与中国国家发展目标相一致,其核心在于以法治的方法推动中国式现代化。在党的二十大报告中,首次将教育、科技、人才联系起来,并提出这三方面是全面建设社会主义现代化国家的基础性、战略性支撑。明确提出"科技是第一生产力、人才是第一资源、创新是第一动力"的观点,要求"培养造就大批德才兼备的高素质人才"。德与才分别指向了思政教育和实践教育两个方面,只有思想政治过硬才能叫具备德行,只有符合中国法治建设实践的要求才能说是具备才能。中国式现代化是具有划时代意义的发展之路,是其他国家不曾走过的发展之路,其过程必然是充满艰辛和困难的。尤其在法治中国建设过程中,要建设具有中国特色的社会主义法治,要建设与传统文化相结合的中华法系必然要面临诸多困难,这就对法治建设人才的需求提出了更高的标准。在各项法治建设进入深水区的当下,法治人才的培养更需要将思政教育和实践教育融为一体,着力培养符合中国现代化法治建设需要的高水平人才。

二、"大思政课"与实践教育融合的现实意义

法学教育需要培养具备实践能力的人才以助力法治中国建设,"大思政课"在法学实践教学上需要发挥方向引领作用。"大思政课"明确法学人才的培养目标,才能让学生在学习过程中有的放矢;法学实践教育是让学生了解现实问题、践行思想初心的有力保证。

(一)法学实践教育需要体现中国特色社会主义的理念

2018年9月公布施行的《教育部、中央政法委关于坚持德法兼修实施卓越法治人才教育培养计划2.0的意见》提出明确的目标,到2023年,建立起凸显时代特征、体现中国特色的法治人才培养体系。2021年1月,中共中央印发《法治中国建设规划(2020-2025年)》,其中强调"完善弘扬社会主义核心价值观的法律政策体系,把社会主义核心价值观要求融入法治建设和社会治理。"[2] 社会主

---

[1] 黄进:《习近平全球治理与国际法治思想研究》,载《中国法学》2017年第5期。
[2] 《法治中国建设规划(2020—2025年)》,载《人民日报》2021年1月11日,第1版。

核心价值观就是法治人才培养的中国特色。目前的法学实践教育主要以法律诊所、模拟法庭的方式进行，从渊源上基于西方判例法背景，强调对判例的学习和解构。法学教育中要落实社会主义核心价值观，不能单纯地以西方判例法范式进行实践教育，在实践教育中要体现中国法律特征。我国属于大陆法国家，法律体系以条文法为主，更强调对法条的解读和分析。法治中国建设的目标是建立社会治理共同体，其中包括仲裁、调解、公证等多种纠纷解决机制。仅以诉讼的方式进行实践训练，不利于法治人才法治治理能力的全面提升。在实践中，全国非诉业务从2014年的67万多件增长到2020年401.5万件，传统业务自2014年216万件增长到2020年660.9万件，传统诉讼案件的增幅明显小于非诉案件的增幅。法学实践教育应从诉讼能力培养扩展到更广泛的领域，以符合中国法治人才的切实需求，展现中国法学实践教育中的思想政治特色。中国的法律问题的解决应该是基于马克思主义法治理论，坚持新时代法学理论研究的政治性，自觉围绕建设中国特色社会主义法治体系、建设社会主义法治国家而设置法学实践课程。

（二）法学实践教育要对法治中国建设进行有效回应

法学教育目前处于"新兴学科开设不足，学科设置滞后于实践，不能回答现实问题"[1]的状态。法学教育的内容"理应具备回应功能，即对社会现实做出必要的反应，回答问题、解决问题、提供理论支持"[2]。实践教育与知识教育的结合一直是高等教育的重要内容。实践层面，"法律职业的特殊性决定了法学教育本质必须是职业导向的，即法学教育是职业教育"[3]。随着法治中国建设的推进，法律职业的边界逐步扩大。典型的表现是法律职业资格证的应用范围不断扩展，传统行业对具有法学背景的交叉人才需求不断增长。"法学是应用学科，法学知识应源于实践、服务实践，接受实践检验，并在实践中不断丰富和发展。"[4]法学教育与法律实践需要紧密结合，塑造具有多种解决问题能力的法治人才。法治中国建设下扩大化的法律职业资格需求在法学教育中没有具体回应，高校虽然鼓励学生参加司法考试，但并没有进行针对性的教学或者培训。绝

---

[1] 张文显：《在新的历史起点上推进中国特色法学体系构建》，载《中国社会科学》2019年第10期。
[2] 解志勇：《法学学科结构的重塑研究》，载《政法论坛》2019年第2期。
[3] 刘坤轮：《中国法学教育改革的理念层次——深埋在"卓法计划2.0"中的金丝银线》，载《中国大学教学》2019年第6期。
[4] 冯果：《新理念与法学教育创新》，载《中国大学教学》2019年第10期。

大多数学生在本科阶段无法通过司法考试，很难在本科阶段就业，客观上拉长了法学毕业生的培养时间。随着法律行业的细分和学科交叉融合，通过司法考试的学生还需要较长的实践训练方可满足市场对法治人才的需求，所以法学实践教育的缺乏已经极大地限制了法治人才的有效供给。《意见》明确提出"在法治工作部门支持下，建立法律专业学位研究生教育和法律职业资格衔接机制，研究探索法律专业学位研究生入学考试改革，开展法律专业学位研究生培养单位培养质量认证试点工作，提高培养质量。"[1]法律与法学的分野将从研究生阶段开始，但需要设计本科阶段实践教育的基础课程，才能为学生研究生阶段的不同选择作出准备。

（三）"新法科"高质量人才需要思政教育与实践教育融合

"新法科"是将其他学科与法学教育相融合，既包括法学教育对新社会问题的应对，亦包括对传统问题更为精准化的治理。2021年4月，习近平总书记在清华大学考察时强调，要用好学科交叉融合的"催化剂"，加强基础学科培养能力，打破学科专业壁垒，对现有学科专业体系进行调整升级，瞄准科技前沿和关键领域，推进新工科、新医科、新农科、新文科建设，加快培养紧缺人才。[2]"新法科"建设必须打破这种立足于单一学科的培养理念，建立跨学科的通识教育模式。[3]学科的衔接需要在培养方案、知识内容、课程设计和师资力量上进行建设，这必然是一个渐进式的长期过程。但从"新法科"建设的路径上，应该强调法学和其他学科的衔接设计，避免在培养方案的设计上排斥其他学科的内容。要实现法学和其他学科的融合，例如，数学学科作为工科、理科和商科的基础课程，学生需要具备学习的基础能力，法科人才数学能力的培养不可避免。但目前绝大多数法学院都没有开设数学课程，数学能力的缺失是学生跨学科学习工科、理科和商科知识的巨大阻碍。除了专门的政法类大学，综合类院校、财经类院校绝大多数均开设有法学院，其校内教育资源中包含数学课程，对法治人才的数学能力培养并不存在资源障碍。高校跨学科师资力量完备，却没有被充分利用，只能说明在法学教育思路上存在设计问题。跨学科的培养方案设计需要法学教师逐步探索，但"大思政课"已经为我们指明了方向，即思政小课堂与社会大课堂

---

[1] 《中办国办印发〈关于加强新时代法学教育和法学理论研究的意见〉》，载《人民日报》2023年2月27日，第1版。
[2] 杨柏岭：《大力推进新文科建设创新发展》，载《光明日报》2021年9月17日，第6版。
[3] 刘春勇、梁静：《探索"新文科"建设路径》，载《中国社会科学报》2020年11月5日，第A03版。

相结合，推动各类课程与思政课同向同行；《意见》中也强调更新学科内涵……推进法学和经济学、社会学、政治学、心理学、统计学、管理学、人类学、网络工程以及自然科学等学科交叉融合发展，培养高质量复合型法治人才。正因为"新法科"建设处于不断探索阶段，才更需要思政教育与实践教育保持融合一体，否则"新法科"建设必然会产生目标不清，或者缺乏抓手等问题，进而失去其培养高质量人才的意义，容易流于形式，影响卓越法治人才的培养。

三、传统课程思政下法学实践教学协同障碍

法学实践教学应与法学理论教学一样，需要全面落实三全育人。法学实践教育不是职业技能培训，应该从目前法学教育的整体结构出发进行设计，通过对教学全过程审视，建立思政教育与法学实践教育的协同融合路径。但以法学理论教育为主的法学教育体系，缺乏对法学实践教育的有效重视，形成了思政教育与法学实践教育的协同融合障碍。

（一）法学实践教育课程思政的结构性障碍

传统课程思政与法学实践教育结构性障碍体现在核心培养方案中缺乏思政教育与实践教育的融合设计。法学教育培养方案是落实党和国家关于法学人才培养总体要求、组织开展教学活动、安排教学任务的规范性文件，是实施法治人才培养和开展质量评价的基本依据。从内容上来看，法学教育侧重理论性教育，直接体现实践教育内容的课程较少，法学课程思政是从内容上进行设计，而非培养计划。在法学领域，传统课程思政与法学教育存在同样的特点，即缺少法学实践领域的课程思政。法学实践教育内容主要可以分为两部分内容：一方面，在理论课程内容中的实践知识传授。此种方式以知识理性为核心、以输出式课堂教学及片段化案例为手段，但会导致法学教育和人才培养的实践性特征不足。[1] 另一方面，将校外实践教育资源介入到校内法学教育中。此种方式各个法学院受限于地区、财力支持等方面差异性较大，相对而言经济越发达的地区高校、综合性高校的校外法学实践资源的引入越充分，例如，北京航空航天大学依靠地理位置和强大的工科实力率先在全国实践新型工业化法学，早在2007年便成立了"航空法

---

[1] 程兰兰：《法学教育实践性的反思与探索》，载《司法智库》2021年第2期。

研究所""法律与科技中心",开始了法科与工科的融合性探索。[1]在形式上,包括引入校外实践导师、建立校外实践基地、邀请校外实践法治人才举办讲座等多种形式,但只有部分学校建立了长期化的校外法学实践资源的引入机制。

法学教育缺乏实践性及习近平法治思想的引入。法学专业课程建设布局以立德树人为出发点,应具有顶层制度设计意识,稳定政治站位,立足国家,放眼世界法学大格局,牢固树立"新法科"法学发展理念。[2]思政教育没有停留在口号上,从法学教育的培养方案调整来看,习近平法治思想概论课程在2021年被引入必修课中,结合"10+X"的核心课设计,构成了新的"11+X"的核心课标准。但从实践教学角度看,核心课中只有法律职业伦理具有一定实践教学内容,其他课程均以法学理论授课为主。虽然在授课内容、教学方法等方面,各高校培养方案都强调教学内容要结合实践,邀请法学实践领域专家进行授课或作为导师,但培养方案中实践教育学分严重偏低。为了实现实践教学,部分专业院校,不得不以设置"目录外"二级学科的方式强化实践教学内容,例如中国政法大学设置了包括人权法学、知识产权法学、比较法学、法与经济学、法治文化(交叉学科)、证据法学等"目录外"学科。[3]此类学科的设计,既是知名法学院为应对我国法治人才培养需求进行的有益探索,也反映了培养方案设计上缺乏实践教育的不足。传统课程思政与法学理论教育更易结合,但就法治中国建设而言,仅有理论教学是不够的,思政教育需要进一步通过法学实践教学,把思想落实在行动上才能真正实现社会治理共同体的要求。

(二)实践能力评价与传统应试能力评价不匹配

法学实践能力评价无法通过传统考试的方式进行。理论教学的评价体系是以考试为主要方式,评价结果以应试能力展现;实践教学课程评价应以实践能力方式展现,评价结果应通过解决法学实践问题或发表法学论文等社会评价方式得出。受限于客观因素和培养习惯,目前的法学实践教学课程同样以考试的方式进行测试,处于教育体系与评价体系不匹配的状态。例如,2018年发布的《法学类专业教学质量国家标准》,明确将法律职业伦理作为核心课程,但在考

---

[1] 龙卫球、初殿清、吉冠浩:《北航新法学实践教学的基础与体系——基于新型工业化法学实践需求的线性复合模式的形成和展开》,载《北京航空航天大学学报(社会科学版)》2021年第4期。
[2] 徐显明:《"新文科"建设中的"新法学"》,载《北京日报》2021年6月7日,第16版。
[3] 黄进:《习近平全球治理与国际法治思想研究》,载《中国法学》2017年第5期。

核方式上却并没有体现出与其他法学理论课程的区别。《教育部、中央政法委关于坚持德法兼修实施卓越法治人才教育培养计划2.0的意见》中强调：结合社会实践，积极开展理想信念教育、社会公益教育、中华优秀传统法律文化教育，让学生在感悟法治进步中坚定理想信念，在了解群众疾苦中磨炼坚强意志，在奉献社会中增长智慧才干。法律职业伦理课程就是一种结合社会实践，让学生把理论装进头脑的课程。由于大部分学校要求必修课以闭卷考试的方式作为唯一评价标准，所以法律职业伦理课程只能以分数高低评价学生的治理伦理能力。习近平总书记在学校思想政治理论课教师座谈会中强调"要坚持显性教育和隐性教育相统一"[1]，如果将习近平法治思想概论作为理论性的显性教育，那么法律职业伦理课程就是实践性的显性教育，其他法学理论课程为理论性的隐性教育，其中实践性的内容属于实践性的隐性教育。两种不同的教育内涵课程采用相同的评价方式显然是不合适的。对于法律职业伦理，以往存在两种错误认识，一种是将其视为抽象、空洞的所谓"正义"等观念，另一种则认为它只是调整职业关系的行为规范的总称，认为职业伦理就是职业行为规则或职业行为法。[2]法律职业伦理课程强调法律人运用职业伦理规则处理复杂法律问题的能力，并不是对基本规则的辨析。考试的方式缺乏对能力差异的区分，容易形成分数与思政教育、实践教育效果倒挂的现象。

（三）法学教育通识性和专业性选择

随着法治中国建设的深入，对法治人才的质量需求有了明显提升，促使法学教育从通识性教育向专业性教育转变，最终实现通识性和专业性教育的有机融合。通识性与专业性教育是针对不同的培养目标而言的，例如日本的通识教育就随着大众化需求和精英化需求的变化而变化。[3]我国法学教育同样随着法治建设需求产生了变化：一方面，改革开放初期我国法治建设比较薄弱，法治人才供给不足，所以在这一阶段法学通识性教育大力发展，大量的高校开设法学专业，培养基础性法治人才；另一方面，随着法治中国建设走向深水区，法治人才的培养更强调质量而非数量，行业的细分和问题的复杂性都要求对法治

---

[1] 高国希：《坚持显性教育和隐性教育相统一》，载《中国高等教育》2019年第11期。
[2] 许身健：《法律职业伦理课程的春天》，载《检察日报》2019年12月17日，第7版。
[3] 刘业青、王可、林杰：《日本通识教育的两次转向：从通专并行到通专融合》，载《江苏高教》2022年第9期。

人才进行进一步专业化培养。有研究显示，2021届毕业生准备"二战"比例较高的学科为医学、法学、经济学，分别为9.4%、8.0%、7.2%，凸显出法学研究生相较于本科更具市场竞争力。[1]

法学实践教育基本处于本科生培养过程的末期，不利于思政教育全过程融入。思政教育要融入全过程的根本性原因在于法学思政教育可以激发法科生对法治中国建设事业树立起责任心和使命感。[2]习近平法治思想概论课程一般设置在本科生第一学年，就能够反映此种功能目标。但法学实践教育被认为是应用类的课程，需要学生掌握法律知识后进行实践，所以法律实践课程普遍被安排在第三学年或第四学年，处于培养阶段的末期。从实践能力培养周期看，存在对实践能力培养的两种认识：一种观点认为，实践能力是知识储备积累后，通过运用知识训练形成的能力；另一种观点认为，实践能力是通过实践过程发现问题和不足，专门进行针对性的实践训练形成的能力。从培养效率来看，显然第二种观点在培养方式上更有针对性，能够有效地帮助学生应对实践法律问题。法治中国建设下，法律专业化需求反对"大水漫灌"式的培养方式，在实践教学课时量有限的情况下，其相关内容应该尽早切入到教育教学过程中。从问题出发，在培养实践能力的同时，促进学生积极发现社会问题，培养学生的问题意识。思政教育应该在发现问题阶段融入实践教育，因为这一阶段正是学生对法治社会建立正确认识的起点，也是激发学生树立责任感和使命感的关键期。教育部印发的《高等学校课程思政建设指导纲要》（教高〔2020〕3号）第1条指出，落实立德树人根本任务，必须将价值塑造、知识传授和能力培养三者融为一体、不可割裂。法学实践教育需要知识储备的积累，综合来看，法学实践课程设置上需要以主干课程为基础，不断引导学生就已学知识进行实践，进而指导学生发现实践问题，激发学生的兴趣点和责任感，建立思政教育、实践教育与知识理论教育"三位一体"的融合性培养体系。

四、协同育人下"大思政课"的规范路径

从教学内容和学科体系两个方面，"大思政课"可以将法学思政教育和实践

---

[1] 麦可思研究院主编：《2022年中国本科生就业报告》，社会科学文献出版社2022年版，第72页。
[2] 刘伟琦：《法学课程思政教学改革的新理路：法治中国情怀培育》，载《黑龙江高教研究》2021年第10期。

教育进行协调,进而推动法学教育的改革。在法学教育中,践行"大思政课"的规范化是推进法学法学改革的重要抓手,是把握法治人才培养的核心方向。

(一) 以规范化的法学实践课程作为"大思政课"的核心内容

发挥"大思政课"的引领作用,将实践教学引入理论教学思政模块中,培养中国法治的积极建设者。"大思政课"中直接与法学相关的内容包括习近平法治思想和宪法法律两部分内容,但习近平经济思想是经济建设的核心纲领,对经济法具有指导作用;习近平生态文明思想与环境法直接相关,属于环境立法的重要依据;习近平强军思想对军事法律更新学科内涵具有重要意义;习近平外交思想应该贯穿涉外法律人才培养的全流程;"四史"是法制史教学和研究的重要内容;中华优秀传统文化是建立中华法系的核心源泉。"大思政课"的每一个内容都能够在法律专业课中找到对应法学专业课的教学内容,"大思政课"的模块化设计要求思政内容与专业内容进行融合,在同一门课程下进行教学工作。"大思政课"通过课程内部的模块化设计,突破传统法学教育中理论教学与实践教学泾渭分明的局面,让模块化的实践教学能够融入理论教学过程中。根据《意见》要求,法治工作部门在人才培养方案制定、课程建设、教材建设、学生实习实训等环节深度衔接。双方之间在教学内容的设置上既存在结合也需要界限。"大思政课"模块内容既可以作为双方之间结合的桥梁,实现理论教学和实践教学的有机融合,也可以作为界限分割为理论教学和实践教学。传统法学教育的培养方案是由高校理论教育学者制定,实践教学无法得到有效的重视,缺乏发声"代言人"。"大思政课"模块由实务部门专家介入培养方案的制定,发挥第二阵地作用正是针对这一弊病,在制度建设层面进行完善,从根本上改善法学实践教育的窘境。

法学实践教育需要市场化评价机制,通过校外市场评价与校内学术评价的结合建立新的评价体系,培养中国人民的权益保护者。思政教育与实践教育融合过程中,构建校内与校外相结合的实践教育评价体系。具体可以从两个方面着手:一方面是习近平法治思想对实践教育的指导;另一方面是将法律实践部门引入教学评价体系。"大思政课"要求重视教学过程评价,增加教学研究和教学成果在评价体系中的权重。只有法律实务部门教师才能更客观地判断学生的实践过程,实现对过程的评价机制。"大思政课"模块不仅引入了实践教学内容,也同时引入评价机制,设计了小组研学、情景展示、课题研讨、课堂辩论等课堂组织方式。除此之外,"大思政课"的评价机制还可以通过竞赛的形式实现，目前法学竞赛种类和项目均呈现增长的趋势，不仅包含法学论文、辩论等传统形式，还增加了模拟提案、案例调研等新形式。新类型竞赛更强调学生与社会的结合，完全符合"大思政课"利用志愿服务、理论宣讲、社会调研等实践活动开展实践教学的要求。"大思政课"可以促使法学在校生走出校园，真正利用好实践教学基地，实现校内教育和校外教育的有机融合。实践基地不是只有实习时才能够作为教学场所，而是在法学教学全过程中均可以发挥实践教学作用。"大思政课"模块拓展了实践教学基地在理论教学过程中的作用，能够将学生引导到具体社会问题中，实现强化问题意识、突出实践导向的要求。

从事涉外法律服务的主体更需要强化思政教育，"大思政课"在涉外法治人才的培养中能够发挥特殊作用，有助于培养中华法系的合格诠释者。习近平法治思想的内涵包含三个方面，"既包含中国共产党治国理政的丰富法治经验，又继承吸收了中华优秀传统法律文化，同时还借鉴了国外法治有益成果，保持了兼收并蓄、开放包容的时代特征"[1]。"一带一路"建设、"人类命运共同体"的提出都指出国际交流的必要性。涉外法治人才不仅要能够掌握和运用国内的法律知识，还需要理解相关国家法律规范，并且基于中华法律体系与外国法律人士进行对话和博弈。在涉外法律服务领域，随着国际法律争端加剧和企业走出去增多，对法治人才培养的通识性和专业性融合的需求更为迫切。涉外法治人才的通识性体现在对中华法系中的传统文化认识与认同，专业性体现在对不同国家法律知识储备和国别化分工。"大思政课"通过对习近平法治思想、中华优秀传统文化模块推动通识性建设，同时通过"一带一路""人类命运共同体"等全球方案指导涉外法治人才专业化培养。涉外法治人才所代表的不仅仅是其自身，还代表了中国法律人的能力和素质。习近平法治思想要将涉外法治人才培养放在了更高的优先级上，法学教育体系应在此领域创新培养方式，开放实践法学教育评价体系，在培养过程中积累经验，不断优化法学实践教育和思政教育，最终形成统一规范的培养方式，为其他法学教育领域的发展提供可参考的范例。

（二）以实践"大思政课"贯穿多种培养课程

"大思政课"能够在学分有限的条件下，通过专业模块切入多种类型课程的方法，改善法学实践教学课时不足问题。在目前的法学培养体系中，"11+X"结构实

---

[1] 徐显明：《"新文科"建设中的"新法学"》，载《北京日报》2021年6月7日，第16版。

际上已经设置了 16 门课程，其中包括 11 门必修课和 5 门特色专业必修课。16 门必修课和基础课的设计已经覆盖了大部分的学分分配，在其他类别课程设置上留下的余量较小。实践课程的设计空间不大，例如，西南政法大学本科实践课程包括：军事训练与军事理论、法律实务课程、社会调查与学年论文、专业实习、毕业论文与实务写作技能训练共 22 个学分，占总学分的 15.58%。[1]如果将专业法律实践课程独立计算，总学分只有 11 学分，占总学分比重不足 8%。培养方案中的法律实务课程分布在第 2、4、6 学期，以实务专家短期培训或每学期 2 次讲座的方式完成，整体课时量比较有限。针对此问题，"大思政课"能够从三方面进行改善：首先，"大思政课"避开学分限制，要求在专业课内部设置模块，实际上限缩了理论教学，而增加了实践教学时间。同时，"大思政课"明确要求高校落实思政课实践教学学时、学分，并且避免实践教学娱乐化、形式化、表面化。其次，"大思政课"通过辅修二学位的方式建立复合培养体系。二学位侧重丰富学生的学历背景以利于就业，在培养方案上前后两学科各自独立设置，缺少有机结合。"大思政课"可以同时贯穿前后两个学科，形成教学的有机联系，有助于将二学位打造成培养复合型法律人才的培养抓手。最后，"大思政课"通过双学位的方式建立涉外法治人才和民族法治人才培养体系。双学位从设置上更多是通识类学科和法学的交叉，如英语。双学位的培养导向更多的是以法学为主，另一学科为辅的方式完成。随着"大思政课"的推进，2021 年 5 月，北京市学位委员会批准中国政法大学与北京外国语大学联合设置"法学+英语联合学士学位项目"，既是本科生研究生贯通培养模式的探索和创新，也是法学 A+ 和外语 A+ 的强强联合。[2]两门学科不再是一主一辅，采用贯通式培养使得思政教育和法学实践教育能够更加从容地融入整个培养体系。

"大思政课"对法学实践课程的重构契合了"新法科"建设，"新法科"建设不是生硬的多专业叠加，而是面向未来社会的认知重启与专业生态重构。[3]"新法科"建设遵循跨学科、开放化原则同时要求法学院提供综合性、个性化的课程选择，从而更好地支撑创新型、跨学科的复合型人才培养目标。[4]"大思政

---

[1]《西南政法大学本科人才培养方案（2021）》。
[2] 孟磊:《我国复合型卓越法治人才培养探究》，载《中国高教研究》2021 年第 11 期。
[3] 廖祥忠:《探索"文理工艺"交叉融合的新文科建设范式》，载《中国高等教育》2020 年第 24 期。
[4] 齐书宇、龚雨、马秋彤:《世界一流专业通专融合课程体系的比较与启示——以六所中美一流大学为例》，载《北京联合大学学报（人文社会科学版）》2022 年第 4 期。

课"模块可以更为精准地嵌入其他学科知识,而不是采用"大水漫灌"的方式引入复合培养机制。以课程为层面进行交叉学科建设存在学习知识效率低,实用性不强的问题。法学学科引入数学教学存在其必要性,但是否需要按照经济学等学科的方式进行系统化的学习还有待考察,所以以思政教学模块的方式引入法学教育中是一种可行之策。在法治中国建设需要社会治理法学、科技法学、数字法学、气候法学、海洋法学等新兴学科法律人才的背景下,新兴学科的培养方式还需要进一步探索,但仅以学科课程重组的方式进行培养显然是不够的。"大思政课"强调问题式专题化团队教学可能成为一种更加精细化的解决方案,其原因两个方面:一方面,问题导向有助于实现交叉领域知识学习的高效化。在交叉领域中,学生学习的应该是研究问题的方法论,而不是问题本身。在方法论学习的基础上,引发学生对解决问题知识的自主学习更利于学生提高学习效率。另一方面,通过"联学联讲联研"综合改革试点可以实现课堂上知识讲授的交互。"联学联讲联研"综合改革试点是"大思政课"综合改革试点的重要组成部分,具备了明显的交叉学科特征。不同学科背景的教师,可以通过"联学联讲联研"在"大思政课"模块中针对同一个社会问题进行知识讲授,有助于协调不同学科的教学资源。

五、结　语

法治中国建设需要法学教育改变培养方式,将理论传授与实践教学结合起来。"大思政课"规范化要贯穿法学教育体系,思政教育是法治中国建设的根本性理论,既要在理论方面引领法学教育,也要在实践方面发挥指导作用。将思政教育和实践教育有效融合,有利于改善法学教育偏重理论教学,实践教学比重较低的问题,进而可以为建设具有中国特色社会主义理论体系的法学实践课程作出有力探索。实现培养中国法治的积极建设者,培养中华法系的合格诠释者,培养中国人民的权益保护者的伟大目标。

法律职业伦理课程思政因素的挖掘与开拓

王迎龙[*]

摘　要：法律职业伦理作为一门独立法学课程，其所蕴含的"德性"因素与"课程思政"天然契合。完善法律职业伦理"课程思政"，对于打造德法兼修的法治人才队伍具有重要意义。将课程思政因素融入法律职业伦理，可以从该课程思政因素的深度挖掘与广度扩展两个层面展开：一方面，法律职业伦理要求法律职业者树立正确的法律价值观，实现法律职业的职责担当，培养高尚的道德情操，这与课程思政关于社会主义核心价值观的培养目标不谋而合；另一方面，在法律职业伦理教学方案设计上，可以从教学目标、教学内容、教学方法与教学评价四个方面深入融合课程思政因素，全方位打造法律职业伦理的"课程思政"。

关键词：法律职业伦理；课程思政；社会主义核心价值观；实践教学

一、引　言

2019年3月18日，习近平总书记主持召开学校思想政治理论课教师座谈会并发表重要讲话，从党和国家事业长远发展的战略高度出发，深刻阐明学校思政课的重要意义，就如何办好新时代思政课提出了要求，为做好新时代学校思想政治工作提供了重要遵循。[1]随后，中共中央办公厅、国务院办公厅印发了《关于深化新时代学校思想政治理论课改革创新的若干意见》，中央宣传部、教

---

[*] 王迎龙，中国政法大学法学院副教授，法学博士。

[1] 参见《习近平主持召开学校思想政治理论课教师座谈会》，载http://www.gov.cn/xinwen/2019-03/18/content_5374831.htm? ivk_sa=1024320u，最后访问日期：2024年7月4日。

育部印发了《新时代学校思想政治理论课改革创新实施方案》、教育部印发了《高等学校思想政治理论课建设标准（2021年本）》，这些规范为新时代思政课建设提供了具体标准与指南。"课程思政"是新时代深化学校思想政治理论课改革创新的必然要求，其实质是围绕"知识传授与价值引领相结合"的课程目标，将思想政治教育融入课程教学的各环节、各方面，共同构建全课程育人格局，为新时代培养合格的社会主义事业接班人。

法律职业伦理课程是一门法学新兴学科，贯彻了习近平总书记关于法律人才应当如何培养的重要思想。2017年5月，习近平总书记在中国政法大学考察时发表重要讲话，特别强调："建设法治国家、法治政府、法治社会，实现科学立法、严格执法、公正司法、全民守法，都离不开一支高素质的法治工作队伍。法治人才培养上不去，法治领域不能人才辈出，全面依法治国就不可能做好。"2018年初，教育部发布实施《法学专业类教学质量国家标准》，明确将"法律职业伦理"课程列入法学专业核心必修课程之一，要求所有开设法学专业的高校必须面向法学专业学生开设。将法律职业伦理确立为一门法学核心课程，是习近平总书记关于打造德法兼修法治人才队伍的重要保障，同时也是课程思政融入法学教育的必然要求。然而，作为一门新兴学科，如何将课程思政因素贯彻到学科内容体系当中，尚需要进一步探讨，否则易导致专业教育和思政教育出现"两张皮"现象。因此，本文基于法律职业伦理的学科视角，从课程思政因素的挖掘与开拓两个层面，探讨法律职业伦理与课程思政因素的深度融合。

二、法律职业伦理思政因素的深度挖掘

《教育部、中央政法委关于坚持德法兼修实施卓越法治人才教育培养计划2.0的意见》要求："加大学生法律职业伦理培养力度，面向全体法学专业学生开设'法律职业伦理'必修课，实现法律职业伦理教育贯穿法治人才培养全过程。坚持'一课双责'，各门课程既要传授专业知识，又要注重价值引领，传递向上向善的正能量。"可见，法律职业伦理课程建设的初衷，不仅在于为法学专业学生教授专业法律知识，还承担灌输新时代社会主义核心价值观、培养德法兼修法治人才的重任。可以说，法律职业伦理在培养学生形成正确的价值观和提高学生道德修养方面，与课程思政的要求有着天然的契合。因此，如何将课程思政因素有效融入法律职业伦理，可以首先深入挖掘这一学科本身所蕴含的"德性"因素，然后将

其与思政课程元素进行有效融合,具体可以从以下两个方面展开。

(一) 法律职业的职责担当

西方法律职业伦理表现为一系列规范职业行为准则的集合,职业伦理等同于职业行为规则。在我国,法律职业伦理虽然也囊括了对法官、检察官、律师等法律职业群体的行为规则,但是其内容并不仅限于此。具体而言,法律职业伦理包括法律职业道德与法律职业规范两部分内容。前者是作为法律职业者具有的职业上的责任感、荣誉感与敬畏感的道德集合,后者是法律职业者在履行职业行为时应当遵守的具体规则。作为法治国家与法治社会的建设主体,法律职业群体不仅应当拥有专业的法律知识结构、独特的法律思维方式,还应当具有强烈的公平正义感与法治信仰。因此,法律职业伦理还应当包含法律职业道德与理念,这种道德与理念是广大法治工作队伍内心对法治的尊重与信仰,对社会公平正义的追求与向往。正如习近平总书记所指出的"职业良知来源于职业道德",只有内心首先形成了崇高的法律职业道德,才能体现在行为上对规则的真诚践行。

无论法律职业工作者的职业道德抑或职业规范,都深刻体现了思政课的道德元素。如《中华人民共和国法官职业道德基本准则》第2条规定"法官职业道德的核心是公正、廉洁、为民……"《中华人民共和国检察官职业道德基本准则》对于检察官的基本要求是"忠诚、为民、担当、公正、廉洁",《律师职业道德基本准则》对律师的要求是,坚定理想信念、执业为民、坚定法治信仰、树立诚信意识、热爱律师职业,《公证员职业道德基本准则》第2条要求"公证员应当政治坚定、业务精通、维护公正、恪守诚信,坚定不移地做中国特色社会主义事业的建设者、捍卫者"。可以说,法律职业的职责担当中天然蕴含了课程思政因素,要求法律职业者培养高尚的道德情操,树立崇高的职业理想,并自觉践行社会主义核心价值观。

此外,法律职业伦理的规范性特征还为思政育人的具体实现提供了可能。法律职业伦理虽然具有一定的理论性与抽象性,但并非空洞的说教,还体现为一系列职业行为准则。法律职业经过千百年的发展,逐步实现了法律职业伦理的规范化,法律职业伦理呈现出客观化、技术化、可操作化的特点。[1]通过法律职业伦

---

[1] 参见陈云良:《新时代高素质法治人才法律职业伦理培养方案研究》,载《法制与社会发展》2018年第4期。

理课程内容的讲授，将思政因素寓于具体的法律职业规范灌输给学生，能够潜移默化地培养学生的道德素养与规则意识，从而促进形成统一的法律职业道德规范。

习近平总书记强调，努力让人民群众在每一个司法案件中感受到公平正义。如何实现这一伟大目标，需要每个法律职业包括法官、检察官、律师等在美国一个司法案件中通力合作，共同是致力于维护司法公正。但是，基于不同的法律职业身份，如作为控方的检察官与作为辩方的律师，在各自履行法律职能上又无法避免地会产生一些冲突。此时，只有严格遵循法律职业伦理与道德规范的要求，各方共同致力于维护司法公正的实现，才能有效避免冲突，让群众在每个司法案件中都能够感受到公平正义。

（二）职业伦理的道德基底

法律职业伦理具有深厚的道德基底，以"德性"作为基础要求，这与课程思政建设所要求的社会主义核心价值观具有内在一致性。法律职业伦理当中蕴含着高尚的道德情操。以律师职业伦理为例，律师在执业活动一方面要切实维护当事人的合法利益，利用法律知识最大限度地保障当事人的合法利益，另一方面也要维护社会公平正义，不能为了达到目的不择手段，甚至超越法律规范。基于此，有学者将律师职业伦理划分为忠诚义务模式与公益义务模式。[1]所谓忠诚义务模式，是指将律师定位于当事人的代理人，律师从事任何辩护活动须以维护当事人的利益为首要宗旨。在忠诚义务模式下，律师是当事人的诉讼代理人，必须完全听从当事人的意志，以维护当事人的利益为核心任务，类似于民事诉讼中的诉讼代理人。美国主流的辩护律师伦理可以归为此种模式。公益义务模式与忠诚义务模式相对，是指律师执业行为并未仅仅维护当事人的利益，还要维护社会公共利益，帮助法庭正确地发现真实情况与适用法律。德国是公益义务模式的典型代表，律师被视为"独立的司法机关"，[2]同时忠诚于当事人与法官。忠诚义务模式强调律师对当事人利益的维护，而公益义务模式则强调对社会公共利益的维护。虽然在利益保障的优先性上存在差异，但无论是忠诚义务模式还是公益义务模式，都要求律师严格遵守职业道德规范与要求，同时保障当事人利益与社会公共利益。

---

[1] 参见陈瑞华：《辩护律师职业伦理的模式转型》，载《华东政法大学学报》2020年第3期。

[2] ［德］托马斯·魏根特：《德国刑事诉讼程序》，岳礼玲、温小洁译，中国政法大学出版社2004年版，第61页。

我国对律师职业伦理也做了两方面的要求。《中华人民共和国律师法》确定了律师维护当事人合法权益、维护法律的正确实施、维护社会的公平正义三大责任。[1]律师要同时维护当事人合法权益与社会公共利益，这就要求律师不仅具有高超的专业素质，还要同时具有崇高的道德素养与职业精神。虽然法律如此规定，但实践中基于辩护律师角色伦理的立场与商业主义的驱动，有一些律师更倾向于当事人的利益至上，选择性地忽略或无视社会大众的道德评价，甚至不惜采取违法手段。因此，有些律师被社会大众打上"替坏人说话""明目张胆地维护不公正现象"的标签。还如，实践中个别法官、检察官丧失原则底线，徇私枉法滥用司法权力为他人谋取非法利益。这些问题的产生，监督机制的不完善是一方面原因，但更为根本的，是由于欠缺法律职业伦理而未树立正确的法律价值观。因此，为了确保法律职业人员公正执法、执法为民、防范金钱至上、唯利是图与徇私枉法，是法律职业伦理知识体系与学科构建的重要目的。其核心内容与课程思政因素相契合，即要求法律职业人员树立社会主义核心价值观，培养崇高的法治理想，成为"德法兼修"的法治人才。

三、法律职业伦理思政因素的广度扩展

法律职业伦理因其独特的学科属性，天然蕴含着课程思政因素，但在具体的教学方案实施层面，仍然需要思政课程的专门设计，以最大限度地扩展课程思政因素。首先应当明确，法学"课程思政"并不意味着每一门法学课程都要变成思政课，而是在遵循法学课程教学特点和教学规律的基础上，通过挖掘、提炼法学专业课程内蕴的"思政基因"，以社会主义核心价值观引领渗透法学专业课程，探索显性教育和隐性教育相结合，润物无声地实现知识传授和价值引领有机统一的思政教育模式。[2]在此前提下，依据课程思政的基本要求对法律职业伦理课程思政教育方案进行总体设计。

（一）教学目标

法律人的素养主要包括两个方面：一是专业技能素养，二是职业伦理素养。

---

[1] 参见《中华人民共和国律师法》第2条。
[2] 参见崔丽：《"刑事诉讼法学"浸润式思政育人模式的探索》，载《辽宁警察学院学报》2021年第6期。

"法治"应当是良法之治，实际上"法治"也应当是"良（法律）人之治"，因为法治主要依靠法律人来运行，法律人的素养直接影响到法治的效果和前景。因此，法律职业伦理课程目的在于通过学习法律职业伦理来最大限度地影响、提升未来的法律人的职业品德，与思政育人的目标具有高度的契合性。因此，在法律职业伦理知识教授过程中，可以将"课程思政"所要求的价值塑造、能力培养、知识传授教学目标与法律职业道德素养培育、实践能力和创新能力培养等教学目标相结合，让学生更坚定理想信念，坚持社会主义核心价值观，增强道德感、使命感和责任感。

对此，法律职业伦理"课程思政"教学目标可以设计为：①坚持以马克思主义为指导，加强学生对于中国特色社会主义法治理论的价值认同，深化对中国特色社会主义法律职业伦理的系统认识；②培养学生树立社会主义核心价值观和全面依法治国理念，提升法律职业道德素养，形成法律职业的归属感与责任感；③强化学生法律职业规则意识，明确法律职业的规范边界，防范法律职业的伦理风险；④深刻认识法律职业在社会生活中的重要性，帮助学生形成法律职业的荣誉感与使命感，承担维护社会公共利益的职责。

（二）教学内容

法律职业伦理"课程思政"的教学内容设计，需要根据法律职业伦理的专业特征，深入挖掘教学中蕴涵的思想政治教育内容和切入点，将"课程思政"教育内容和专业知识能力素养教育内容有机融合，切实提升"课程思政"育人的针对性和实效性，努力解决"课程思政"的"最后一公里"问题。

在法律职业伦理课程思政的内容设计上，可以在以下几个课程主体部分中丰富课程思政因素：

一是法律职业与伦理概述。在对法律职业伦理课程的概念介绍阶段，可结合中国特色社会主义法治理论与社会主义核心价值观，突出法律职业的职责担当与道德基底，让学生深刻领悟中国语境下法律职业中所蕴含的"德性"因素。具体而言，法律职业伦理可分为法律职业道德与法律职业规范两部分内容。在法律职业道德的讲授部分，可以将社会主义核心价值观的内容与要求融入其中，培养学生高尚的法律职业道德与理念，促进其内心对法治的尊重与信仰以及社会公平正义的追求与向往；在法律职业规范的讲授部分，通过对法律职业的行为准则与伦理风险等内容的系统讲授，帮助学生明确认识并防范法律职业的伦理风险,养成规则意识。同时,通过行为准则促进学生树立正确的法律价值观,不仅要为当事人谋求合法利益,而且要积极承担作为法律人的社会公共职责。

二是法律职业伦理的价值冲突问题。作为一门独立的法学学科,法律职业伦理知识体系的核心是关于角色冲突及角色行为正当性的知识体系。即法律职业伦理和其他学科最大的区别在于,它主要关注的是冲突问题,这种冲突要么表现在价值层面,外化为法律职业伦理的道德性(morality)、非道德性(amorality)以及不道德性(immorality)之间的纠缠关系,要么表现在规范层面,外化为忠诚义务、勤勉义务以及保密义务之间的复杂关系。[1]在法律职业伦理中价值冲突核心问题上,可以以社会主义核心价值观作为引领,引导学生探讨社会利益、公众利益与公民个人利益的排序与取舍,从而在法律职业伦理的核心问题中融入新时代中国特色社会主义法治思想。

三是不同法律职业的职业行为准则。法律职业伦理还包括不同法律职业者在履行职业行为时所应当遵守的具体行为准则,如法官职业行为准则、检察官职业行为准则、律师职业行为准则、公证人员职业行为准则等伦理。这些行为准则是法律职业人员在日常职业行为中所应当具体遵循的规则,是法律职业道德规范的外化,也是法律职业伦理的重要组成部分。在讲授法律职业具体行为准则的过程中,应当结合不同法律职业的本身特点,融入符合法律职业规律的思政元素。如法官作为居中裁判的审理者,要求其不偏不倚,是中立者的裁判身份,而律师则更加强调对于当事人合法利益的维护。虽然两者都具有维护司法公正的一致目标,但在具体行为准则上仍存在一定差异。因此,在讲授具体行为准则的过程中,要结合不同职业的不同特点,融合具有中国特色的社会主义法治理念,引导学生学习我国不同法律职业群体的独特行为准则。

(三)教学方法

"课程思政"提升课程育人实效性的关键是创新教学方式,并注意与专业教学方式方法的融合,着力形成富有课程特色的"课程思政"教学方式方法。法律职业伦理教学可将讲授法、自主学习、小组合作学习、课堂讨论、角色扮演等多元教学方式方法与思想政治教育方式方法相融合,在教学各个环节中输入"课程思政"内容,丰富教育教学方式途径。

---

[1] 参见刘坤轮:《论法律职业伦理知识体系中的几个共性问题》,载《法律与伦理》2021年第1期。

具体而言，可以通过多元化的教学方法，将思政因素融入法律职业伦理教学过程当中。①将课程思政改革辐射到"法律诊所"等实践教学环节。发挥实践教学对学生的价值观引领作用，在实践教学中寻找与德育知识体系的"结合点"；②阅读经典著作。定期向学生发布关于法律职业伦理的经典书目，以读书研讨会的形式组织学生进行研讨。将学生分成若干小组，每一组领读一次经典书目。并形成读书报告，供全体学生讨论。经过每一学期的经典书目阅读，对法律职业伦理进行深度把握；③课题展示。在阅读法律职业伦理经典书目的基础上，让同学们形成若干法律职业伦理中的重要议题，例如律师是否应该为坏人辩护、面对利益冲突时如何抉择等，以专题的形式组织研讨。每一组负责一个专题，向全体同学进行展示；④案例研讨。在教学的过程中，采用案例教学的模式，特别是针对一些热点案件中法律人的职业行为进行分析与讨论；⑤实地观摩。法律职业伦理虽然具有一定的理论性与抽象性，但也具有实践性的一面。为了让学生更好地了解法律职业伦理的实践价值，可以组织学生到法院、检察院、律所等机关单位进行实地观摩，通过对不同法律职业日常业务活动的观察，加深对于法律职业伦理的理解。

（四）教学评价

课程教学评价是反映教学效果的重要手段，也是提高教学质量的重要方式。教师作为法律职业伦理知识的传授者，可以直观感受到学生对于法律职业伦理知识的掌握程度，能够在日常讲授与实践教学过程中对学生学习情况进行评估。课程教学评价应该注重学生的学习效果，而不能只看教学内容以及学习时间，应强调对学习过程、学习结果及其有效性的评价。因此，法律职业伦理的课程教学评估应当兼顾过程性评价与结果性评价。[1]具体到法律职业伦理"课程思政"的教学评价设计，可积极利用各种形成性证据，通过教学考核方式改革和创新，将思想政治教育评价贯穿到法律职业伦理教学的过程评价和结果评价之中。通过将学生在学习过程中表现出来的思政素养与其参与实践教学的认真度和参与度相结合，对其进行过程性评价，并提供条件和机会进行自我评价和相互评价，在帮助学生充分展示自我的过程中，积极引导大学生正确认识自己，客观评价自己，促进自我学习和成长。在结果评价上，要将"课程思政"教学

---

[1] 参见袁钢：《我国法律职业伦理课程教学的关键问题》，载《中国大学教学》2023年第Z1期。

的情感和价值观内容与学生完成作业、实践活动资料和记录中所体现的法律职业素养及专业能力融合，对学生进行合理评价。

四、结　语

法律职业伦理作为一门法学独立学科，对于打造"德法兼修"的法治人才队伍具有重要意义。"课程思政"围绕"知识传授与价值引领相结合"的课程目标，将思想政治教育融入课程教学的各环节、各方面，是新时代深化高校思想政治理论课改革创新的必然要求。法律职业伦理与"课程思政"之间具有天然契合与目标一致性。如何将法律职业伦理与课程思政因素紧密结合，本文提出应从该课程自身思政因素的深度挖掘与教学方案的广度拓展两个层面展开，打造全方位的法律职业伦理"课程思政"。法律职业伦理能够影响法律职业人员的价值观与道德观，而法律职业伦理"课程思政"能够确保法律职业伦理符合新时代中国特色社会主义法治思想，两者的深度融合，是习近平总书记关于打造德法兼修法治人才队伍的重要保障，同时也是构建具有新时代中国特色社会主义法治体系的必然要求。

大数据时代实行教学目标责任制提升教育实效性[*]

王华彪　耿　茹[**]

摘　要：高校的中心目标是人才培养。要提高人才培养质量，必须推动教学改革。本文提出，落实教学目标责任制，树立"常学常新"的思维观念，在学习实践中提高认识、理清思路；构建"互动互联"的责任体系，在明确教学目标责任中创新方法、提升效益；深化"实用实在"的实践成果，并力求形成机制中规范运行、持久推进。

关键词：教学目标责任制；教学；实效性

教学目标责任制，是教育领域以教学活动为载体加强教学管理、提高教学质量、促进教学落实的重要手段。抓住了教学目标责任制，就抓住了提高人才培养质量为中心环节和客观规律。推行教学目标责任制，必须始终坚持以人才培养质量为标准，围绕规范教学目标运行机制，以制度求规范，以规范求具体，以具体求深入，以深入求实效。

一、牢固树立"常学常新"的思维观念，在学习实践中适用推介、摸索思路

（一）在以人为本中求突破

高校教学建设中深入贯彻落实科学发展观，很重要的一点就是要贯彻"以

---

[*] 本文是河北建筑工程学院2022年教研课题"大数据背景下高校网络思想政治教育实效性研究"（课题编号：2022JY104）的阶段性成果。

[**] 王华彪（1973-），男，河北汉川人，河北省中国特色社会主义理论体系河北建筑工程学院基地教授，研究方向：思想政治教育；耿茹，（1975-），女，河北宣化人，河北建筑工程学院马克思主义学院副教授，研究方向：思想政治教育。

人为本、育人为先"、学生利益至上的观念。教学目标责任制要真正贯彻落实科学发展观,真正坚持"以人为本、育人为先"理念,对于高校教学教研人员,首先要在对待学生的态度上有根本性转变。今天入学的大学生具有鲜明的时代特征,"00"后学生将逐渐成为主体,他们比较独立、个性比较突出、思维比较活跃、善于接受新生事物、乐于追求时尚前沿,他们渴望受到尊重、渴望被平等地对待、渴望在高校学到本领、渴望着未来的自我实现。当然,他们也有弱点,有的比较娇气、吃不了苦;有的比较任性、有逆反心理;有的过于偏执,不善于与人相处,等等。但是,我们要多看大学生的长处,原谅他们的短处。原谅他们其实就是原谅我们自己,不能良心只有一颗,疑心却有两三颗。只要教师在贯彻教学目标制中有开阔的胸襟,就会从内心里尊重大学生、相信大学生、关心大学生、爱护大学生、培养大学生,充分挖掘大学生的潜力和聪明才智,教学的目标才能很好的实现。

(二)在科研推介与深化中求提高

高校开展教学目标责任制,离不开教科研技术方法创新,要把教学目标责任制创新的着眼点放在研制出实在管用的教学成果上,把功夫下在教学目标责任制项目的论证、立项、研制过程中。成果形成就组织试用,使之尽快发挥效益,并通过实践得以检验和完善,进一步提高成果质量。教学目标责任制成果获奖、推广是对教科研工作的极大肯定,不是教科研项目的终结,做好教学责任制成果的深化才是教科研工作向更高层次发展的标志。高校应注重结合实践应用,对获奖成果进一步深化研究,使之成为提高高校人才培养质量的倍增器。利用各种渠道和方式方法,积极做好教学目标责任制运行科技成果的宣传推介工作,使之能够尽快进入教学和教研,产生良好的人才培养效益,是对教学目标责任制运行的最好肯定,也是对教学科研人员的最大褒奖。

(三)在融入思想政治中求升华

在教学目标责任制中融入思想政治工作,既是一个理论问题,更是一项实践性非常强的工作。怎样做好这个工作涉及方方面面的问题。从教学类型上看,有专业课教学、有基础课教学等,不同教学类型中政治工作的内容不尽相同,方法也有所区别。教学准备阶段、实施阶段和总结阶段做人的政治工作也有着不同的内容。从教学目标责任制中有教学计划设计划、教学组织者、教学督导者，教学管理机关干部、督导专家、各级领导也都有着不同的职能。教师在教学中，领导督导、专家督查、同行评价、学生反馈这四项监督职能是反映教学目标责任制是否落到实处的重要评价内容。其中，学生反馈部分是学生的切身体会，要提高他们的满意度，应在教学过程中及时融入思政工作，在课堂教学中加入互动，抓住共性共鸣点提高教学效益。过去我们一提到政治工作，很多教师会认为这是思政专业老师的事。当然了，政治工作的专业性的确比较强，像宣传工作、组织工作、干部工作、纪检工作和学生工作等，确实需要专职的政工干部来做。但高校教学中的政治工作，则必须通过专业老师和政工干部的通力协作，形成齐抓共管的整体合力，才能取得扎扎实实的效果。

二、积极构建"互动互联"的责任体系，在明确责任中创新方法、提升效益

（一）明确职责、统放结合，实现责任到人、制度到位

教学目标责任制的实质就是"以责任强动力，以规范促落实"。必须围绕"教学责任"这一主题，按照"纵向按级定责、横向按职分工"的原则，采取"加法"，纵向增加校长、二级学院院（系）长（主任）、教研（实验）室主任的领导职责、教学职责和管理职责，实现组织上的"统"；采取"减法"，横向整合各专业、各学科和各类教学工作者的教学职责、管理职责，实现实施上的"放"。建立领导责任，就是要规范教学的组织与实施，实现校（院）长主抓、机关合抓、上下齐抓；建立教学目标责任，就是将教学任务逐人逐课定教定责；建立管理责任，就是要明确教学指导委员会监督教学落实的职责，实现教学精细化、制度化管理，促进专业教学全面落实。

（二）区分层级、固岗定责，实现分的精细、定的合理

分工是落实教学责任制的基础和前提。分工不明确，责任就不明确，制度就失去约束力；分工不合理，效益就没保障，落实起来也会有难度，甚至造成工作忙乱。在教学分工上，要依据"三项原则"和"五分法"，按照"梳理、汇总、固化、集约、请示、批复"的"流水线式"教学分工流程，通过"岗位固化、分级对应、资源集约"，实现分得科学、分得合理、分得精细。固化，就

是以岗位职责来固化教学课目，按照"专业教师岗位固化、能力固化"的方式，使教学任务固定下来，实现"学生流动、教学课目不动，教师变化，教学任务不变"。对应，就是采取"依据专业教学大纲理课目、区分岗位定内容"的方法，使教师教学课目与《教学大纲》和《教程》对应起来，使所担负的教学任务相匹配，实现"岗位对应、专业对应"。集约，就是依据教学大纲和年度教学计划，做到教学课目、教师素质、教学资源和保障能力"四个摸清"的基础上，采取"专业课小班教、重点课实践示范教、难点课目因人施教、交叉课目协助教"的方法，进行集约化教学，实现教师、教学资源、保障能力与教学课目的优化组合。

（三）针对特点、优化方法，实现教的灵活、学的高效

为提高教学效益，坚持在方法上求突破、手段上重创新。要围绕精讲多思考体会，积极探索"光盘视频教学""一口清教学"等教学模式；围绕纠偏扶正，探索以"谈一谈、讲一讲、问一问、考一考"为主要形式的"简易教学"模式和以"对症下药""因人施教"为主要形式的"问题教学"模式。要采取"毕业设计集约教、基础理论网上同步教、专业难点查询教、缺课随补自学教、重点课目专家教、利用光盘视频网上辅助教"等方法手段，实现教学资源优势互补，提高教学目标整体效益。要积极探索"环境教学"和"要素集成教学"等模式，着力提高教学质量水平。

三、不断深化"实用实在"的实践成果，在形成机制中规范运行、持久推进

（一）强化落实，规范机制，形成一体化教学管理模式

机制是平台、管理是延伸、教学效益是目的。只有通过机制的不断完善，不断强化教学管理，才能推进以管提质增效的顺利转化。一是建立开放机制。建立开放教学机制就是要疏通人才、技术的交流渠道，强调教学信息的占有和共享，加强成果、技术的转化和推广。闭门造车不可能取得好的成果，只有广开渠道，借助外部条件，才能增强学校人才培养质量。应以教学资源为前提组建教学教研课题组，对优势资源进行最大限度的集成；"课题组制"以人才为中

心,课题负责人可以跨单位、跨部门,从而取得良好的教学效果。二是建立"三定""双向认定"机制。实行教学目标责任制,必须以建立健全责任机制为基础,通过机制平台的不断完善,实现教学各环节管理有章可循。要通过"三定"机制的运行,即,实现课目教学的定人、定时、定质量,学生的定班、定人、定量;通过教学指导督导组的随机督导、讲评通报,确保教师教学、实验辅助教师教学管理全程的高度负责;通过教师与辅助教师、教师与受教单位领导教学责任"双向认定"机制的建立,使教学"四落实"(时间、人员、内容、效果)更加到位。

(二)优化方式,整合资源,探索集约化保障体系

促进教学目标责任制落实,必须按照教学目标责任制的设计要求,建立先进、配套、实用的教学资源共享体系。要建立协作机制。树立协作理念,当今时代,新领域、新知识、新技术不断涌现,仅仅依靠个别人、个别部门单枪匹马搞教学研究的时代已成为历史。各高校应进一步加强横向联系,把信息、设备的共享,人才、技术的流动规范化、经常化,充分利用各种资源,形成合力,共解难题。如果有知名度很高的学者、技术能力很强的科研院所做后盾,就更能研制出教学科研高质量的成果。要按照"优化配置、集约整合"的思路,通过开放共享、优化整合、综合集成等方式,统筹规划教学场地、教学设施,充分挖掘现有场地的潜能,合理配置和节约保障资源,实现教学保障资源结构优化和效益"最大化"。按照"系统配套、综合集成"的专业教学基本要求,建设配套完善的实践教学场地保障计划并及时下发,补充专业教学各种实验教学器材、教材,采取优势互补、资源共享的方式,实现集约高效,不断提高教学保障综合效益,促进教学目标质量水平的整体跃升。

(三)盘活资源、活化形势,建设专家型人才队伍

培养和造就一大批适应IT时代和教学资源信息化建设需要的高素质人才,既是高校目标教学的重要基础,也是高校目标教学的根本任务。通过落实教学目标责任制这一实践活动,重点加强党政领导、专职机关管理保障队伍、教学指导督导队伍和专业教师队伍的建设。注重把任教的过程作为履行职责、抓好落实的过程,作为提高素质、培养人才的过程,作为着眼教书育人、教学管理的过程,作为教学研究、改进作风的过程。通过多给专业教师定目标、交任务、

压担子，经常组织教师参加各级别集训，以及采取集体备课、专长任教、巡回任教、聘请专家示教等方法，改进备课、任教方式，全面锻炼提高专业教师的综合素质。对每名教师担负的教学课目，既要注重发挥其优长，保持相对稳定，又要着眼培养人才，逐步拓展其教学内容，搞好教学互换，使他们逐步成为课程教学的"行家里手"和"专家型""一专多能型"人才。

法学交叉学科专业人才培养的问题与对策

杨雪婧[*]

摘　要：近年来法学交叉学科专业的建设如火如荼，但在法学交叉学科专业人才培养过程中尚存在培养目标与社会需求结合度不高、多数教师学科背景单一、部分学科间融合程度较低等问题。应从现实需求角度出发逐一解决这些问题，保障法学交叉学科专业人才培养的质量，实现法学交叉学科复合型人才的持续性社会输出。

关键词：法学交叉学科；边缘法学；学科融合；社会需求

一、背景与问题

2020年公布施行的《国务院学位委员会、教育部关于设置"交叉学科"门类、"集成电路科学与工程"和"国家安全学"一级学科的通知》（学位〔2020〕30号），决定设置"交叉学科"门类[1]。《研究生教育学科专业目录（2022年）》在交叉学科下设了8个一级学科，自此，交叉学科的建设有了政策依据。《交叉学科设置与管理办法（试行）》中对交叉学科的定义是："多个学科相互渗透、融合形成的新学科"，并指出交叉学科已成为学科、知识发展的新领域。法学交叉学科专业即法学与其他学科融合之下所产生的学科，最主要的表现是

---

[*] 杨雪婧（1988-），女，河南新乡人，博士研究生，河南工业大学法学院讲师，主要研究领域：法律制度的经济学分析。

[1]《国务院学位委员会 教育部关于设置"交叉学科"门类、"集成电路科学与工程"和"国家安全学"一级学科的通知》，载 http://www.gov.cn/xinwen/2021-01/14/content_5579799.htm，最后访问日期：2023年3月1日。

将法学和其他领域的知识体系进行有机结合,一般是借助其他学科的研究方法来研究法律现象和法律问题,为法律命题寻找更宽阔的视野和研究方法的综合性学科门类。法学交叉学科相对于传统学科分类的学科专业而言,能帮助研究者从学科外的新视角来对已有的知识内涵进行审视,有助于推动学术研究的综合性发展。而在人才培养过程中,法学交叉学科能帮助学生从不同视角、不同价值判断标准来进行学术研究,使得研究结论更加客观、全面,学生在具体问题的分析和应对上具有相对优势,而在学生就业时,也相较于其他单一学科专业学习的学生更容易适应工作环境,学校能借此获得良好的社会反馈。因此从理论逻辑来看,交叉学科人才的社会需求更紧俏,应成为高校人才培养的热门专业。但即便如此,在公务员、企事业单位的招聘考试中,很难看到直接对应交叉学科专业的岗位出现,现实中,法学交叉学科专业的人才培养更是处于"四不像"的尴尬境地,其他学科学习得不够深入、法学理论也掌握得不够系统、专业,成为当前法学交叉学科专业人才收获较多的社会评价,法学交叉学科也坐实边缘法学的字面含义。究其原因,法学交叉学科的人才培养方案、具体课程目录的设置、培养学院教师单一的学科背景等问题都会对人才培养产生影响。本文拟从法学交叉学科专业人才培养的实践角度出发,对法学交叉学科专业建设的现状和主要存在的问题进行分析,并针对这些问题提出对策建议。

二、当前法学交叉学科专业人才培养的主要问题

目前,法学交叉学科专业建设在实践中尚存在一些具体问题,对这些问题进行归纳,主要集中在三个领域:专业培养方案的目标制定与学生实际需求匹配度不高、一些学科之间的融合尚处于形式阶段、师资背景单一,难以帮助学生完成学科间融合研究。

(一)培养目标与学生就业需求结合度不高

当前法学交叉学科的培养目标与学生就业需求的偏差主要表现在两方面:一是在制度规范方面,很少直接涉及此类专业的社会需求分析;二是在培养实践过程中局限于某一学科的理论领域,缺乏对学生日后社会相关能力的关注。

其一,在制度规范方面,多数开设法学交叉学科专业的高校在法学交叉学科相关专业人才的培养方案上并没有出现与社会就业需求的结合,仅在形式上

强调要具备两门（多门）学科领域的基本知识和理论修养、掌握必要的研究方法，对输出的复合型人才作能力类要求描述。但此类人才能满足哪一类社会需求，能与何种社会端口对接并未显示。

其二，在对学生的培养过程中，教师在授课过程中存在授课目的与学生求知需求的偏差。学生的导师往往将学生的注意力全部集中于某一领域课题的研究，导师组其他教师在授课过程中也习惯对个别单一理论知识的讲述或组织研讨，缺少学科体系的融合，通常也很少会考虑学生日后步入社会的现实需求。以法经济学专业学生培养为例，除必修的公共课程外，法经济学的主修课程以法学和经济学相关课程为主，但不同课堂的授课教师并不注重所授学科与其他必修学科知识的融合。学生所掌握的经济学的方法和思维如不能主动连接其所要研究的法律现象和制度实施效果，那么这种看似全面的交叉学科人才培养基本可定义为失败。

（二）教师学科背景单一，难以帮助学生完成学科融合

法学交叉学科的师资力量往往需跨学科、跨专业，因此在设置相关课程时往往师资配备跨学院。由于多数教师都是单一学科知识背景，就会出现教师无法帮助学生完成学科融合的情况。仍以法经济学专业授课情况为例，经济学院的教师在授课高级微观经济学等课程时，授课教师往往会将课堂重心放在对某一理论的研究现状的介绍或对某一公式的推演过程中，学生很难完成经济学工具与某一法律现象、法律制度的融合。而法学院的教师在融合法学与其他学科的过程中，也存在将其他学科作为研究工具的应用困难，使用其他学科的方法相对陈旧，理论研究视角和研究工具的转变成为法学教师教授指导法学交叉学科专业学生的一大障碍。再以法学交叉学科虽然一定程度上打破了理论法学+部门法学的传统法学教育建构模式，但多数教师在教学过程中如何突破自身单一学科背景界限，除需要教师自行丰富多元学科知识外，还需加快跨学科人才的引进。

（三）部分学科间融合度较低

法学交叉学科必然囊括了两种或以上的不同学科，一些法学交叉学科目前尚处于初步融合阶段。如法学与外语的结合因其成熟度不高就面临着以下问题：首先，两门学科针对某一问题的研究可能仍以法学知识和思维逻辑为主，而学

生在学习过程中很难做到两者兼顾，外语作为输出工具可能在学生的学习、研究过程中自动被划分到相对弱势的一边。其次，法学与外语学科的融合仅仅还处于初步融合阶段，法学教育侧重于逻辑培养，对思辨能力要求较高，而外语学习更倾向于场景的感性表达。它们在达成目标和研究方法上并没有深度融合，目前并不能算是真正意义上的交叉学科人才培养模式。

三、支持法学交叉学科专业建设的建议

（一）结合学生就业需求完善培养目标

法学交叉学科建设能向社会输出复合型人才，满足社会对人才的基本需求是所有专业学科建设的最终目的。目前，多数高校在制定法学交叉学科的培养方案时仅强调人才应具备能力，但并未就人才能力达成目标与社会需求进行结合，在制定人才培养方案前期甚至没有做过社会对应窗口人才需求的基础调研。抽象、宏观、口号化成为多数高校制定法学交叉学科人才培养方案的通病，学生在阅读培养方案时往往也不甚关注培养目标，导致对自身所学交叉学科专业的就业去向、学习目标达成缺乏基本判断力，最直接的表现是为了达成培养方案上的基本毕业要求而学习，以获取学分作为自身目标达成的基本依据，看似掌握多门学科的基础知识，却难以将所学知识与工作实践相结合，无法清晰认知学习结束后自身培养目标的完成度，毕业后就业理想与现实之间的落差较大。

因此，学院在制定法学交叉学科的培养方案时必须做足对培养人才输出需求的社会调查，将人才培养方案与社会需求准确对应，让学生明确毕业时应具备哪些具体知识、技能、方法，为何要具备这些知识、技能、方法，如何将所学知识、技能、方法与工作实际相结合。

（二）优化教师专业背景结构，改变教师传统授课模式

对单一专业背景的教师在授课时普遍存在的问题，应从两方面着手：

其一，优化教师的专业背景结构。优化教师专业背景结构的主要实现途径有两种：一是加大跨学科专业人才的引入，二是鼓励教师参与跨学科专业知识体系的全面学习，通过跨专业领域听课、进修、培训等方式，加强跨学科教学的授课能力。例如，就法学专业教师而言，应鼓励其主动学习不同专业的基础

理论知识，掌握多门学科的研究思维和方法，这不仅有利于他们对本领域研究的深化与拓展，还能有效帮助学生完成该领域与其他学科的融合。而对要授课于法学交叉学科的法学教师，学院应对其跨学科专业知识掌握能力进行考核，避免个别教师对边缘法学学科的不重视。

其二，改变教师局限于自身领域研究的授课模式。这要求教师在授课过程中打开思路，能运用跨学科思维、方法来揭示某一领域的现象和本质，帮助学生形成跨学科交叉研究的思维。例如，经济学院的教师在授课法经济学专业学生的相关课程时，不能只专注于经济学领域某一公式的推演和表达，而应将重点转为如何运用经济学方法研究某一法律现象，能让学生能从经济学角度对法律现象进行阐释，甚至直接运用数量经济学的方法直接对法律制度的效益问题进行更深程度的分析。

（三）进一步促进法学与其他学科的深度融合

法学交叉学科专业建设的意义在于培育出多学科思维、多技能的复合型人才，交叉学科对不同学科的"融合"并非字面意义上简单地结合，而是要做到对传统法学研究思维、研究方法，甚至是对传统法学研究体系的创新、重构和升级。但如某一具体交叉学科本身难以做到思维、方法上的深度融合，将之列入法学交叉学科的意义不大。可考虑以双学位、辅修的方式帮助学生完成多学科知识的掌握，而非去强行设置一个法学交叉学科专业。而对于既有法学交叉学科而言，如何进一步促进法学与相关学科的深度融合是法学交叉学科建设、发展的重中之重。虽然法学与经济学、教育学、社会学等传统学科领域在基本研究范式上有很大的区别，同时它与一些新兴的学科领域，如人工智能、大数据分析等在研究内容和对象上有又有明显差异，但就同一事物、现象的研究，仍能进一步找到不同学科的研究结合点。法学交叉学科专业的建设应进一步加深这些学科研究的融合，从而进一步完善某一领域法学交叉学科的培养方案和建设体系。

四、结　语

党的十九大明确了坚持法治国家、法治政府、法治社会一体建设。法学交叉学科建设代表着新法学建设的方向，是坚持以习近平新时代中国特色社会主义思想全面指导教育工作的重要成果。就当前法学交叉学科建设过程中集中反映出的问题来看，根据社会需求不断调整、完善人才培养目标、优化教师专业背景、促进法学与其他学科更深度的融合是首当其冲的任务，长远来看，如何继续保持法学交叉学科建设的热度并实现其专业设置的价值，吾辈师生任重而道远。

参考文献：

[1] 安兵、敏振海、刘灵芝：《新文科背景下法学交叉学科建设研究》，载《大连民族大学学报》2022 年第 6 期。

[2] 刘艳红：《从学科交叉到交叉学科：法学教育的新文科发展之路》，载《中国高教研究》2022 年第 10 期。

[3] 张荣刚、尉钏：《在习近平法治思想指引下以学科交叉促进新法学建设——兼析新发展阶段政法类高校的学科体系优化》，载《法学教育研究》2022 年第 2 期。

[4] 马怀德、王志永：《完善中国特色社会主义法学学科体系的实践路径》，载《比较法研究》2021 年第 3 期。

[5] 王晨光：《时代发展、学科交叉和法学领域拓展——以卫生法学为例》，载《应用法学评论》2019 年第 1 期。

浅析新时代财经院校大学生创新创业教育面临的问题与对策

——以南京财经大学为例

张周驰[*]

摘　要：新时代大学生创新创业教育任重而道远，高校作为教书育人的主阵地，更肩负着重大的责任。财经院校作为以财政类专业为主的院校，其解决这一问题更是具有急迫性。南京财经大学作为江苏省知名财经院校，总体重视大学生创新创业教育，但仍存在学校缺乏统一的规划、师资队伍素质不一、学生意识未能充分唤醒、课程内容与现实脱节等与其他财经院校的共性问题。因此，出于在该校多年的工作经验，浅析新时代财经院校大学生创新创业教育所面临的问题，并提出相应对策。

关键词：大学生；创新创业教育；财经院校

高校作为高质量人才的摇篮，是大学生创新创业教育的一线阵地，肩负着实现新时代大学生高质量就业的重要任务。而财经院校作为以财政类专业为主的院校，其学生与其他高等学校的学生特征与诉求不同，在大学生创新创业教育方面所面临的问题也截然不同。财经院校要想充分适应为社会主义现代化建设输送人才的需求，必须"对症下药"，提升创新创业教育的水平，实现充分就业。

南京财经大学是江苏省最知名的财经类院校之一，始建于1956年，位列

---

[*] 张周驰（1995-），男，汉族，江苏南京人，中共党员，法学硕士研究生，目前担任南京财经大学财政与税务学院团委书记、专职辅导员，硕士毕业于河海大学马克思主义中国化研究专业，研究方向为思想政治教育、大学生创新创业教育。

"2022软科中国财经类大学排名"前十名，经济类专业每年毕业生总量近三千人截至2022年11月底，南京财经大学2022届5261名毕业生中，其中协议和合同就业率达到一半以上，创业人数仅有16人，仅仅占到总人数的0.3%，本科生14人、研究生仅2人，12个学院的创业人数均为0，其中不乏金融学院、经济学院、财政与税务学院等的经济类学科为主的学院，艺术设计学院、管理科学与工程学院、信息工程学院和工商管理学院4个非经济学科类的专业创业率则均超过本院学生毕业去向率的1%。足见作为一所财经类院，该校于大学生创新创业教育存在一定的问题，其做法值得总结与研究。

一、新时代财经院校大学生创新创业教育的基本现状

财经院校高度重视大学生创新创业教育，均成立"就业创业管理"相关科室专职负责大学生的创新创业教育问题，取得一定成效。南京财经大学2021届3806名本科毕业生总体就业率96.86%，其中财政学、保险学、金融工程、信用管理等经济类专业就业率为100%，经济统计学、金融学等经济类专业就业率也超过全校平均值，但创业率极低是不争的事实。对于财经院校的毕业生们来说，创业几乎不在大家的考虑范围内。纵观南京财经大学近五年来的毕业生就业数据，毕业生就业率总体稳定，就业层次也在不断提高，但创业率始终低迷，尤其是其作为财经院校的经济类相关专业在省内乃至全国的认可度不断攀升，足见该校对于就业方面下足了苦功夫，但具体到创新创业教育方面的成效如何则有待商榷。

二、新时代财经院校大学生创新创业教育面临的问题

尽管南京财经大学作为江苏省内知名的财经院校，就业工作一直完成出色，但近年来，学院毕业生协议和合同就业率占比超过一半，升学率和灵活就业率紧随其后均超过20%，创业率极低的问题始终无法解决。随着后疫情时代的到来、"互联网+"形势的深入、"00后"毕业生占据主体等因素其仍然面临诸多的问题，该校大学生创新创业教育体系需要进一步的完善。

（一）学校缺乏统一的规划

大学生创新创业教育的重要性不言而喻，所有高校都将该方面的内容提到

了战略性的高度，但多数高校仅停留在"年度计划""年度总结"的阶段，缺乏统一的规划。尤其是财经院校，学校层面不将大学生创新创业教育提升到战略高度，不进行具体任务的拆解，其成效也无法发挥，创新创业教育问题也无法得到解决。归根究底，高校内部对于"就业"和"创新创业教育"的区别无法清晰认识，盲目追求高就业率，忽视"创新创业教育"对于大学生潜移默化的影响。大学生创新创业教育的成效是不能一蹴而就的，也无法即时地反应在各类数据评比中，需要一个漫长的过程才能逐见成效，因此大部分高校重视就业工作，重视就业率，却很难对创新创业工作进行更进一步的规划和评估。

（二）师资队伍素质不一

所有学校均开设《职业发展与心理健康》和《创新创业基础》课程，南京财经大学《职业发展与心理健康》设置于大一上学期，《创新创业基础》开设于大三下学期。纵观相关课程的师资力量以专职辅导员为主，"职业规划与就业指导"作为辅导员的九大职责之一，属于辅导员的重要工作内容，但实际情况是大部分专职辅导员并未接受过就业课程、创业教育相关的系统培训，"赶鸭子上架"领任务般地进行相关课程的讲授。绝大多数高校公共基础课、专业课程的师资力量均是相关专业的博士毕业，深耕该领域多年，对讲授的课程了如指掌，然而高校辅导员招聘大多不限制所学专业，使得新进的辅导员们缺乏对大学生创新创业教育的基本了解。辅导员的工作内容涵盖学生的方方面面，"职业规划与就业指导"仅是其中一个部分，疫情防控常态化的背景下，辅导员的工作内容被健康打卡、核酸检测等日常性事务覆盖，也很难分配更多的时间进行《职业发展与心理健康》和《创新创业基础》课程的准备，去进行创新创业教育方面内容的进修，这就导致该系列课程的师资力量素质不一，尽管师资队伍中不乏"江苏省就业创业培训专项导师"等具备专业知识背景的导师，但寡不敌众，分配到专业从事就业创业教育工作教师授课的班级能获得更好的体验，反之则不然，师资队伍参差不齐的素质也导致教学效果的大相径庭。

（三）学生意识未能充分唤醒

《职业发展与心理健康》和《创新创业基础》课程作为大学生直接接受到创

新创业教育的途径，由于缺乏统一的规划、师资力量的差异等原因导致授课效果不尽如人意，学生创新创业的意识也未能够充分被唤醒。尤其是财经院校的大学生们，是最具创新、创业潜力的群体之一，若不加以引导和教育，不利于大学生创新创业素质的提高，会导致国家发展错失一系列新时代的高质量财经类人才。

结合目前财经院校的大学生构成现状，以"00后"、独生子女为主，出生在祖国蓬勃发展、欣欣向荣的年代，衣食无忧，普遍缺乏奋斗精神、创新精神，创业意识也淡薄。近三年，新冠肺炎疫情的影响，连阿里巴巴、京东等大企业都出现不同程度的经营困难，也使得在疫情期间上大学的学生们"考公进编"的热情尤其强烈。纵观近年来的公务员招录指南，各个地方税务局需要人才数量增多，对于财经院校的毕业生来说专业对口，因此，创业已不再成为新一代"00后"毕业生们所优先考虑的未来方向。根据对校内部分应届毕业生的就业意愿调查显示，超过一半的人选择考虑"考研""考公"等相对稳定的出路，仅有不到10%的毕业生群体有"创业"的想法和意愿。

（四）课程内容与现实脱节

大学生创新创业教育的主要依托形式以相关课程、就业实习等方式开展，其中毕业生就业实习普遍安排于大四下学期，因此前期开展的相关课程就必须充分起到培养大学生创新精神、创业意识与创新创业能力和实践本领的作用。然而，现实情况是课堂上的内容存在与目前情况脱节的现象，表现在，首先，教授该门课程的师资队伍大部分缺乏企业实习的经验和经历，无法及时掌握社会上创业、就业方面的动态和新趋势，而与时俱进、动态性却是这系列课程的重要特点；其次，教材的更新换代频率过低，导致大部分内容停留在理论层面，缺乏实践层面的教学，也导致学生们参与课堂的热情度下降。尤其是对于财经院校的大学生们来说，实践方面的了解是必不可少的内容，也是能够真正使得创新创业教育环节能够入脑、入心的环节。学生们仅能通过相关课程初步了解到就业、创业的浅层次的内容，很难对深层次的内容产生探究的兴趣，而创新创业教育的根本在于实践，理论和实践脱节的情况也使得《职业发展与心理健康》《创新创业基础》这类课程成为大家眼中的"水课"，阻碍新时代财经院校大学生创新创业教育的进一步发展。

三、深化新时代财经院校大学生创新创业教育的对策

（一）完善新时代财经院校大学生创新创业教育体系

新时代大学生创新创业教育具有综合性、创新性、实践性的特点，也就需要更全面、深层次的教育体系。首先，高校领导层面必须转化思想，充分认识到大学生创新创业教育的持续性，是需要从入校到毕业"全方位""全过程"的投入，并且能否有更进一步的效果也存在不确定性，但这方面的工作对于学校及学生长远的发展来看是非做不可的。因此，高校领导层面必须充分投入新时代大学生创新创业教育，提高其在就业教育中的地位，高度重视，切实领导，统一部署。

而尤其是对于财经院校来说，实践性更是重中之重。高校在进行统一的规划、设立相关科室的同时，更应构建符合财经院校特色、贴合财经院校学生需求的创新创业教育体制，不断深化大学生创新创业教育体系改革，完善大学生创新创业教育制度。在做好传统教育的同时，将更多的精力转向创业教育，加大资金投入，购置必要的基础设施，真正满足教学需求，适应新时代的发展要求。

（二）加强大学生创新创业教育师资建设

《创新创业基础》及相关课程作为高校的公共基础课之一，理应如同其他公共基础课建立专业、专职的师资队伍，全面、充分提高课程师资的素质。囊括专职辅导员加入课程师资队伍是正确的方向和做法，但如何发挥辅导员的优势与长处则需要进一步商榷。尽管辅导员具有九大职责，需要样样了解，但并不是所有辅导员都是擅长做创新创业教育工作，应当通过双向调查、问卷走访的形式了解各个辅导员的所学专业、专长，充分抓住新生辅导员及毕业班辅导员两个群体，新生辅导员要在大一新生入学前为新生们建立起良好的择业观和就业观，系好大学的第一颗扣子；毕业班辅导员则是要时刻联系毕业生们，充分承担起学生就业、创业的职责。

与此同时，高校更应培养专职的创新创业教育师资力量。就业、创业作为当下社会关心的热点话题，高校法学院、教育学院等相关学院的部分专业教

师的研究方向便是以此为出发，更要抓住专业教师的力量，将这类人群作为《创新创业基础》及相关课程的"领头羊"，在师资队伍里充分发挥起专业人士的作用。并适当组织集体备课会、相关培训，提高所有担任该门课程教师的综合素质。

（三）着力渲染创新创业教育氛围

对于部分财经院校每年毕业生仅有不到20人进行创业相关工作的现实，必须认识到高校大学生创新创业教育的氛围十分淡薄，大学生的创新创业意识未能被充分唤醒。要想做好创新创业教育工作，必须在校园内营造渲染氛围，抓好实践、创新形式，以小切口切入，才能更好地发力，取得良好效果。

校学生处及二级学院是责任主体，应当通力合作广泛推广创新创业活动，营造创新创业文化氛围，为学生构建协同育人良好生态。例如举办"科技创新月"活动、重视"互联网+"、挑战杯赛事、加大学生第二课堂"创新创业教育模块"占比、充分运用大学生创新创业园资源孵化更多有价值的项目、为各类学生创业团队提供专业指导和支持、共建创新创业实践校外教育基地等方式，奋力推动创新创业教育工作落到实处，杜绝"纸上谈兵"。

（四）课程设置符合"00后"特点

作为高校，应明确当下新时代大学生创新创业教育的开展主体应是"00后"大学生，与其他世代的大学生不同，"00后"大学生成长于中国蓬勃发展、欣欣向荣、日益昌盛富强的时期，"独生子女"的他们普遍缺乏独立自主、创新精神，这也使得课程设置必须充分考虑到学习对象的特点，教材选择、课程设置、教学方法均需与时俱进，符合"00后"特点。

实践性、沉浸式偏好是"00后"最突出的特点，剧本杀、VR等新形式的娱乐方式是当下"00后"最偏爱的内容，因此创新创业教育类课程应着重打造课程的"实践性"，不仅要根据当下社会热点，与时俱进分享最新的数据与案例，更要通过访企拓岗、设立"行业导师"、结合暑期社会实践等方式让大学生们实地感受就业创业、创新精神的魅力。将课堂搬到企业，将真正的创业家们请进课堂与学生们零距离地交流，将第二课堂与第一课堂相结合，充分利用寒、暑假的时间倡导学生们向社区报到、向企业报到，实地感受创新创业教育，树立起成才、成人的自觉性。

新时代大学生创新创业教育任重而道远，尤其对于财经院校来说，这是必须要攻克的难题，高校要时刻铭记为党育人、为国育才的初心使命。作为财经类院校更要紧贴时事，紧贴学生，紧贴日常，弘扬创新创业文化，营造鼓励创新、敢于探索、宽容失败的环境和氛围，激发创新创业热情，助推学校人才培养质量持续提升，跑出大学生创新创业教育的"中国速度"，为实现中华民族伟大的复兴梦提供源源不断的新鲜创新型人才力量。

实验班本科生导师制探讨

孟祥滨[*]

中国政法大学法学院卓越法治人才培养实验班（以下简称"实验班"）是中央政法委和教育部在部分高校实施的法学人才培养模式新探索，旨在培养应用型和复合型法律人才。实验班人才培养的重要特色是全过程导师制，不仅研究生阶段有硕士生导师，本科生阶段也有本科生导师，加上辅导员老师和班主任老师，形成"四位一体"的全过程导师培养模式。最大限度保证了学生培养的全过程指导，及时解决成长成才中的问题，助力卓越法治人才的培养。

一、本科生导师的职责

本科生导师制最早由牛津大学于14世纪提出，其初衷是为了在各方面对本科生施加影响，同时可以因材施教，个性化地帮助学生更好地成长。[1]在我国，早在1938年，浙江大学即由时任校长竺可桢先生率先引进而开始于高校中大力倡导施行本科生导师制。在1949年之后，由于当时我国的大学体制主要引进前苏联的教育模式，而将所谓的导师制仅用在研究生的教育教学上。直到21世纪初，在浙江大学和北京大学的带头与影响下，国内部分高校在结合自身发展实际条件，依据各自所制定的人才培养目标，不同程度地先后采纳和试行本科生导师制。[2]北京大学规定的本科生导师的主要职责有：①帮助学生尽快适应在北京大学的学习和生活，主动了解学生的各种困难，并给予切实可行的指导和

---

[*] 孟祥滨，现任中国政法大学法学院团委书记，辅导员，讲师。
[1] 吴涛、凌越波、沈梅英：《我国本科生导师制起源与发展现状研究》，载《大众文艺》2019年第20期。
[2] 黄信瑜：《高校本科生导师制：实践反思与改革创新》，载《江苏高教》2016年第5期。

帮助，疑难和重大问题应及时与院系学生工作办公室沟通。②协助做好学生思想政治工作，引导、教育学生，健全人格，形成良好的科学及人文素养。③指导学生制订学习计划、选择专业和选择课程，对学生的发展方向提出建议，指导和督促学生完成课程论文、社会调查等课程的学习任务。④鼓励和指导学生参加科研工作，提高学生的专业兴趣，培养学生的科研意识和科学精神。[1]中国政法大学法学院实验班各项制度中没有对本科生导师作出具体规定，实践中一般称本科生导师为生活导师，主要的职责是帮助学生尽快适应大学学习和生活，完成从中学生到大学生的转变，大致有以下几个方面内容：学业辅导，帮助学生树立正确的学习观，弄清楚大学学习的目的、内容和方法，特别是形成法学学习习惯和法学思维。生活帮助，帮助学生适应大学的生活，指导学生更好的处理人际关系、合理安排学习和课外活动，做到全面发展；答疑解惑，针对学生提出的各种问题，给出合理化意见和建议。

二、本科生导师制运行情况

做到了全部本科生和全过程的覆盖，每一位实验班本科生都有导师指导，基本上所有学生在分配导师后与导师取得联系。经过数据统计，大概30%的学生与导师实现了面谈，建立起良性互动关系，部分学生的学年论文、本科生毕业论文指导老师都是本科生导师，还有约10%的本科生导师成为指导学生的硕士生导师，完成对一名实验班学生的六年全过程指导。通过问卷调查，约70%的学生非常支持学院的本科生导师制度，认为本科生导师设置非常及时，对于从中学到大学的转变非常有帮助，导师能够在自己需要的时候指点迷津。

不可讳言，本科生导师制运行中也出现一些问题。

大约50%的学生和导师之间无实质沟通。大约40%的学生仅仅是和导师加了微信或者互留电话，之后再没有任何联系。还有10%的学生虽然和导师见过面，但仅限于这一次交流，之后再未主动联系导师。没有沟通联系何来指导？等于对大约50%的学生来说，导师制未起到任何作用。还有20%的学生，基本不会主动联系导师，都是在导师有时间的时候，每学期约一次见面，基本的交

---

[1] 刘雨、王海欣、舒忠飞：《北京大学加强本科教学管理的若干举措》，载《中国大学教学》2005年第2期。

流模式基本是导师主动询问个人的学习生活中的问题,学生不太会向导师请教问题,这种交流质量也一般。与导师们沟通,他们的意见普遍是,学生基本不会主动和老师联系,除了年节的问候,不会提问题,老师们主动关心反馈的有效信息也不多,很难开展有效沟通。综上,实验班本科生导师制运行中已经出现非常严重的问题,对于大部分学生来说,该制度形同虚设。

实验班本科生导师制运行已经很多年,但缺乏对于制度运行的检讨和总结。通过与导师代表沟通,问卷方式征求学生意见等,对于制度运行中的困难进行原因分析和梳理。

(一)缺乏正式的本科生导师制度

在我国高校,本科生导师制虽也称为"制",但其实还不是真正意义上的"教学制度"之"制",不具有"教学制度"的强制性、约束性等特性,更像是各高校的一种特色育人方式。[1]本科生导师的职责和定位是什么?本科生导师和辅导员以及班主任的工作职责是如何区分的?所谓的专业和生活指导太过空洞;缺乏本科生导师的资格要求、考核制度和奖惩制度等等。国内现有的本科生导师制的相关制度一定程度上缺乏具体的操作性,如导师制评价的系统指标不明确、本科生全程导师制的评价考核机制不完善等。[2]

(二)从导师方面,缺乏工作的动力

本科生导师,不同于研究生导师,有明确的职责、需要负责学生的学业和论文等,最后学生完成论文答辩成为硕士毕业生,有着较为完整的培养制度和工作机制。而担任本科生导师,纯粹属于奉献,没有任何工作量的折抵、没有考核机制,最后导致导师们都兴趣乏乏。

(三)导师确定过程缺乏双向选择

研究生导师,基本是采取"双选"的模式,一般是学生先通过邮寄或者直接见面与导师取得联系,导师通过谈话等方式,了解学生的学习经历、学习成

---

[1] 闫瑞祥:《我国本科生导师制存在的问题及其改革》,载《教育发展研究》2013年第21期。
[2] 安宇、张国强、罗茗:《本科生全程导师制实施现状分析》,载《学校党建与思想教育》2019年第14期。

绩、专业基础、发展潜力和为人处世等，满足自己对学生要求的，才会同意接纳为自己的研究生。而学生在联系导师之前，也基本对导师的专业能力、学术兴趣、指导模式等有较为全面的了解。所以，研究生导师确立的过程是在导师和学生有效沟通和了解的基础上完成的。而实验班本科生导师则排除了双向选择，导师的范围基本是法学院在职的教学科研岗老师，本科生导师分配工作基本由辅导员完成，除非老师提出具体要求，都是在"双盲"的情况下随机完成导师分配。这样的分配制度，最大的问题是导师和学生本身匹配度存在严重不协调的风险。双方互不了解的情况下，往往是很难找到谈话的交合点。问卷中，问及学生为何不联系导师，很大比重的原因是导师所在的方向是自己不感兴趣的。而本科生导师作为大学教师，本身有较多的教学、考研和带研究生的工作任务，如果本科生自身不主动，导师很难主动去联系和指导。

（四）本科生导师制缺乏必要的激励机制

制度的执行要有必要的保障机制，特别是关于人的机制，一定要有较为科学完善的激励机制，包含必要的考核制度、奖惩制度等。制定公开透明与科学合理的本科生导师考评与激励机制，将有助于促进导师不断地调整优化与改革创新其指导经验与方式，从而也能极大地调动与提高导师的积极性与指导成效。[1]在当前大学教师科研和教学压力普遍较大的情境下，激发教师担任导师的热情是个难题。[2]法学院实验班自从实行本科生导师制后，从未制定配套的激励制度，也从未对制度的运行开展过讨论，更没有对导师的工作开展情况进行监督和考核。这样一来，认真负责的导师未得到应有的肯定和奖励，未付出的导师没有惩罚措施，导致导师们工作积极性大打折扣。通过对法学院实验班3个年级的问卷调查，大约有15%的本科生导师从未主动与学生联系，学生通过辅导员要到导师的手机或者微信之后，也无法联系。对于这种完全不在状态的本科生导师，缺乏退出机制。

三、对本科生导师制的建议

法学院实验班本科生导师制已经运行15年，一般而言，也到了制度的检讨

---

[1] 黄信瑜：《高校本科生导师制：实践反思与改革创新》，载《江苏高教》2016年第5期。
[2] 杨仁树：《本科生全程导师制：内涵、运行模式和制度保障》，载《中国高等教育》2017年第6期。

时间。总体而言，制度的设计的初衷是为了尽可能地保障实验班学生培养的师资保障，但确实存在制度设计粗糙、制度规定不明晰、缺乏执行机制和考核机制等问题，制度本身的运行基本是在"自发"的状态下运转，完全靠导师的责任心和学生的主动性，二者缺乏任何一方面都会导致制度运行结果背离设计初衷。因此，必须要对实验班本科生导师制进行全面检讨和修订。通过与广大的导师及实验班几个年级学生调研座谈，针对本科生导师制提出几个方面的修改建议。

（一）要建立健全实验班本科生导师制度

制定专门的本科生导师制势在必行，要健全一系列保障系统，包括导师的选聘与退出制度、导师与学生的结对制度、导师制的经费使用、管理与以及导师制活动场所保障制度、导师制活动过程监控与考核制度。[1]河南大学经济学院制订了《河南大学经济学院本科生导师制实施细则》，从指导思想、任职条件、工作职责、基本原则、管理模式等方面进行了明细化、规范化和制度化。[2]对本科生导师的工作职责作出明确规定，导师应更注重学生科研能力水平的提高，更注重学生自学能力、知识转化能力的引导，并对专业前景、择业情况作前瞻性指导，全面培养学生的综合能力素质，提高学生自主、创新能力，丰富学生知识结构体系，拓宽学生科研视野。辅导员在某种意义上更倾向于思想政治辅导工作，重点工作放在生活关心、服务与协调、情感沟通、生活交流等方面，重点保障学生日常事务性和生活等有序进行[3]。对本科生导师学业辅导的频次有所规定，导师要主动关心本科生的大学生活，要求建立导师履职记录本，要有完善而科学的本科生导师考核办法和激励机制，引导和鼓励各位导师认真履职。学院每学年应组织对本科生导师进行考核，在考核基础上评选优秀本科生导师，对不合格的导师要及时更换，考核结果要与教师晋升、聘任挂钩。导师指导本科生的工作要计算教学工作量。同时应建立学生成果登记制度，对本科生在导师指导下获得的成果应登记并存档，纳入学生综合素质评价体系，同时要对其导师进行奖励，体现对其工作成果的认

---

〔1〕 闫瑞祥：《我国本科生导师制存在的问题及其改革》，载《教育发展研究》2013年第21期。
〔2〕 刘济良、王洪席：《本科生导师制：症结与超越》，载《教育研究》2013年第11期。
〔3〕 杨薇：《我国本科生导师制的现状、存在问题及发展建议》，吉林大学2012年硕士学位论文。

可和尊重。[1]

（二）要为本科生导师制有效运行提供必要的支持

应当设置专项项目支持本科生导师制运作。目前高校一般是靠导师自身的科研项目与经费支撑导师制的运行，但这种模式激励性不足，难以持续。可以尝试从学校或学院拨款中设置专门的活动经费，仅用于导师制的实施。[2]实施本科生导师制所需的经济投入主要包括配套设施建设所需的费用，如师生宿舍、导师教学场所、师生公共活动室、图书馆以及导师的劳动报酬等。[3]本科生导师履行职责除了线上的沟通外，线下面对面的交流必不可少，要为导师履职提供必要的场地和办公条件的支持。而对于认真履职的本科生导师，可以考虑通过工作量折抵的方式，来体现对其工作和劳动的认可。

（三）尽量实现本科生导师和学生之间的双向选择

教育互动是教育活动过程中教育者与受教育者彼此平等地进行交互作用，平等地交流情感和观念，分享对方的知识、思考和经验，实现教学相长、共同提高。要充分尊重学生的意愿，采取"双向"选择的方式来分配导师。应建立集中的导师资源档案并公开化，让学生切实了解被选导师的品德、修养、教学能力、学术水平、研究领域和科研成果以及对学生的具体要求等相关资料，便于学生比较选择。[4]通过导师见面会或者朋辈经验分享会等的形式，创造导师和学生直接沟通交流的机会，便于学生充分了解导师。

（四）要教育和引导本科生正确使用导师资源

当今的大学生，基本都是在相对封闭的校园环境中成长，除了家庭教育外人际关系非常单纯，进入大学，面对的是相对负责得多的环境，很多学生还是按照中学的思维模式和老师相处，对老师有些"惧怕"，这也是很多本科生不愿意主动联系导师的原因。部分学生对于导师的态度没有自觉自愿，主动性不够，

---

[1] 涂春花：《本科生导师制：高校教书育人的新载体》，载《教育理论与实践》2009年第3期。
[2] 陈霞、高玉婷：《本科生导师制的实践类型与完善路径》，载《长春教育学院学报》2021年第12期。
[3] 陈余丹、何齐宗：《我国本科生导师制若干问题探析》，载《当代教育论坛》2012年第1期。
[4] 王明明：《高等院校实行本科生导师制的思考》，载《江苏高教》2005年第1期。

对导师的重要性认识不够充分。有些学生把找导师看成是一种负担，认为没有什么必要。[1]因此，学院应该通过入学教育、导师介绍、朋辈经验分享等方式大力推荐导师制，辅导员老师在日常的管理和服务中也要有意识地引导学生和导师保持密切联系。

（五）适当扩大本科生导师的范围

从数量上来看要盘活导师资源。聘任优秀硕士生、博士生担任副导师；聘任学校管理干部担任副导师或导师；改革高校"一刀切"的离退休制度，对身体好、责任心强、水平高的导师可适当延长聘期；根据专业培养的需要，聘任社会名士担任兼职导师。[2]法学院有大量退休教授，完全可以充实到本科生导师队伍中来。还有全校规模最大的校外兼职导师和实践指导教师团队，可以考虑从中选择部分导师担任本科生导师。鉴于大部分教学科研岗的教师本身有较为沉重的教学、科研和研究生培养任务，对本科生的辅导时间有限。可以考虑吸收校内部分有一定专业水平的行政岗老师充实到本科生导师队伍中来。虽然法学专业水平不一定完全满足学生需要，但导师的作用不是专业问题的答疑解惑，重要的是学习方法和学习经验的分享，适应大学生活以及为人处世等方面的指导，校内行政岗老师有相对充裕的时间，对学校也非常熟悉，为人处世方面也都有较为丰富的经验，完全可以担任本科生导师。实验班个别年级已经在探索试行这一做法，请学校办公室、组织部等部门的副处级和科级老师担任本科生导师，通过与导师和学生沟通，普遍认为是较为满意的安排。

---

[1] 李昌祖、郑苏法、翟海波：《论高教园区的文化互动机制建设》，载《高等农业教育》2008年第7期。

[2] 曹十芙、周清明：《中国高校本科生导师制研究进展》，载《高等农业教育》2006年第2期。

构建以创新力为核心的人才自主培养质量标准体系

管晓立　郝丽婷[*]

摘　要：全面提高人才自主培养质量已经成为当前人才培养的核心目标，为党育人、为国育才的方向即已明确，对实施路径的探讨和具体方案的研究就应该随时跟进，因为这关乎社会主义现代化国家建设目标的实现。时代规范人才，人才主导时代，不同历史阶段的人才质量标准必然深刻烙印上时代的标签。当前，世界各国之间的竞争归总还是科技实力的竞争，而科技的发展一刻也离不开人才的推动，而这类引领未来的高素质人才务必具备创新力是其前提，创新型国家建设，创新驱动经济发展，创新型人才培养，均需要将创新力的培养塑造为人才自主培养质量标准体系的核心。

关键词：人才自主培养；科技发展；创新力

习近平总书记在党的二十大报告中指出，坚持为党育人、为国育才，全面提高人才自主培养质量……[1]习总书记将人才培养过程中的自主特征强化，强调在人才培养过程中我们要掌握主动、驾驭方向，培养应国需、促党兴的栋梁之材，为新时代培养人才的质量标准构建指明了核心主旨。同时，习近平总书记在党的二十大报告中作出了"教育、科技、人才是全面建设社会主义现代化国家的基础性、战略性支撑"的重要论断，[2]而在三大支撑体系中人才是核心

---

[*] 管晓立，中国政法大学法学院副教授；郝丽婷，北京邮电大学世纪学院通信系，讲师。

[1]《为党育人 为国育才》，载 http://www.moe.gov.cn/jyb_xwfb/s5148/202312/t20231218_1095014.html，最后访问日期：2024年7月4日。

[2]《教育部党组书记、部长怀进鹏加快建设教育强国 为全面建设社会主义现代化国家提供基础性、战略性支撑》，载 http://fx.xwapp.moe.gov.cn/article/202301/63b695906ada004457c8d325.html，最后访问日期：2024年7月4日。

支撑和活力源泉，关乎科技和教育两大支撑的构建及成效的产出。人才于社会主义现代化国家建设的核心作用毋庸置疑，而人才自主培养对人才战略提出了更高层次的要求和标准。

人才培养要自主，要选择自主、决策自主、行动自主，但人才如流水，如果不能构建筑渠引流的高质量人才培养之势，人才辈出、群贤毕至的良好初衷恐难实现。所以，我们务必打造人才自主培养的高质量标准体系，孵化人才、涵养人才、造就人才、吸引人才、留住人才，那这样的质量标准必须是符合人才的个人心理期许、社会需求期许、国家未来发展期许的。人才自主培养质量要提升就要引领人才培养，要引领人才培养唯有创新为其途径。而当下社会主义现代化国家建设是创新型国家建设，是创新驱动的经济发展建设，是创新型人才培养的建设。2020年10月29日，中国共产党第十九届中央委员会第五次全体会议在《中国共产党第十九届中央委员会第五次全体会议公报》中提出，坚持创新在我国现代化建设全局中的核心地位，把科技自立自强作为国家发展的战略支撑，面向世界科技前沿、面向经济主战场、面向国家重大需求、面向人民生命健康，深入实施科教兴国战略、人才强国战略、创新驱动发展战略，完善国家创新体系，加快建设科技强国。[1]综上，创新成为现代化建设全局中的核心，创新力就是人才自主培养质量标准体系的核心。

一、人才自主培养质量标准体系构建中创新力打造的生态建设

寻求自主务必创新，唯有创新才可自主，邯郸学步，亦步亦趋的人才培养不会产生出自主价值来，让培养的人才具备了创新力，能够独领风骚，勇立潮头才是真正的自主培养。而创新力的打造是多维度的，创新力提供体现经济价值、社会价值、生态价值新思想、新理论、新方法和新发明，唯有构建创新力发展的生态体系才可能推动创新力的孕育、产生和成长的多元和持续。

（一）具备创新力的自主型人才培养建立在教育公平的基础上

教育公平推动人才的涌现、活力的激发、智慧的汇集。教育的公平是教育

---

[1]《中国共产党第十九届中央委员会第五次全体会议公报》，载 https://china.huanqiu.com/article/40U2VXHIp7P，最后访问日期：2024年7月4日。

的进度和方法适合每个人的特点，而教育不公会导致配置公平的缺失，不能将最优质、最适宜的教育资源精确投递至最匹配的人才培养上，这不只是资源的浪费，毁掉创新人才培养的根基才是更加深层次而持久的伤害。教育事业发展为国之大计，教育公平也是人民群众最能够感同身受的，公平的教育如同人体的微生物群落，始终在为人才创新力的萌发寻找适宜的环境。

（二）具备创新力的自主型人才培养建立在实体经济发展的物质技术基础上

人才自主培养质量体系中的创新力必然是当前社会科技、经济、文化等综合发展即现代化产业体系共生的创新力，这种创新力要与高端制造业、现代服务业、现代农业及数字经济发展融合，是鲜活的、可得的而不是僵化的、虚构的。实体经济始终是人类社会赖以生存和发展的基础，与实体经济相结合的创新力才能赋予人才培养的高质量和自主性。社会主义现代化是人口规模巨大的现代化、全体人民共同富裕的现代化、物质文明和精神文明相协调的现代化、人与自然和谐共生的现代化、走和平发展道路的现代化，这一切的发展离不开实体经济的勃发，因而人才自主培养质量标准中创新力构建以实体经济为基础也就不言而喻了。

（三）具备创新力的自主型人才培养建立在科技自立自强的基础上

当前世界各民族之间的竞争底色是科技的竞争，科技自立自强是全面建设社会主义现代化国家的必由之路，但科技发展终归是要靠人才的推进，尤其要依赖基础研究和原始创新的一流学者的助力。所以，充分激发人才的创新力是科技自立自强的基础支撑。同时，建立在自立自强基础上的创新力打造需要我们有更加开放的心态，面向世界的眼光，培养出具有国际竞争力的人才，并吸引全世界的一流科技领军人物和创新团队为我所用，这样的人才自主培养质量中创新力构建才是符合人才培养规律和创新规律的，也是科技自立自强升华的表现。

二、创新力构建的两大要素

（一）创新思维要素

人才具备创新能力的前提是具有创新思维，拥有创新思维的基础是具备达至专业知识边界的知识储备及具有超前域思维。当然，现在的这种储备知识阶段未来可能被人工智能所取代，这会大大地节省人类从事创新的准备时间。对于超前域思维，正如哈佛大学威廉·萨尔曼教授（William A. Sahlman）所说："在创业教育中，我们的目标是在一个组织框架中带领学生去思考一个问题域，这些问题在前后二十五年都是值得探究的。"[1]这种思维方式训练我们总结过去并展望未来，不拘泥于故纸堆，又不浪费时间去空想，是创新力构建的最佳思维方式。人才培养需要更加注重对创新思维的真正养成，创新驱动发展需要各类创新人才，实践证明，通过有序训练，人们的创新思维是可以养成的。

清华大学经济管理学院院长钱颖一曾在《人工智能将使中国教育优势荡然无存》一文中提道："在教育中要更好地保护学生的好奇心、激发学生的想象力。"[2]他认为，创新人才的教育仅仅靠知识积累是不够的，教育必须超越知识。对于创新人才的教育，有三个十分重要的因素：知识、好奇心和想象力、价值取向。钱教授并将其归纳为一个假说：创造性思维＝知识×好奇心和想象力。同时，钱教授认为中国教育的最大问题，就是我们对教育从认知到实践都存在一种系统性的偏差，这个偏差就是我们把教育等同于知识，并局限在知识上。一个很可能发生的情况是：未来的人工智能会让我们的教育制度下培养学生的优势荡然无存。所以，创新力构建首先要从创新思维培育和训练开始，传授超前域思维方式，保护并激发人才的好奇心和想象力，具备了创新思维的创新人才，才是符合人才自主培养中创新力构建质量标准的。

前文所述，创新力是提供体现经济价值、社会价值、生态价值新思想、新理论、新方法和新发明，正如钱颖一教授观点，即创新思维不仅取决于好奇心和想象力，还与价值取向有关，当我们讨论人才的创新力教育时，它不仅是一个知识和能力的问题，也是一个价值观的问题。所以，创新力构建中培育创新思维务必要警惕功利主义的危害，创新思维本身也是对盛行短期功利主义的价值取向的修正。

（二）创新实践要素

创新力作为人才自主培养质量标准体系的核心实践是其首要属性，一方面，

---

[1] 《哈佛教授：应开设面向全体大学生的创业教育课》，载 http://edu.people.com.cn/n1/2016/0809/c1053-28621428.html，最后访问日期：2024年6月27日。

[2] 《重磅·全文｜钱颖一：批判性思维与创造性思维教育：理念与实践》，载 https://www.sohu.com/a/253668823_641792，最后访问日期：2024年7月11日。

二、人才培养篇

创新力培养为导向的创新实践要促进人才培养链与产业链、创新链有效衔接。中科创星创始合伙人、中科院西安光学精密机械研究所副研究员米磊认为"科学既要追求真理，也要服务于广大人民群众。美国抓住了产业化的机遇，赶上了第三次科技革命的浪潮，一直到现在都保持着世界领导地位。"[1]我国现代化建设目标的实现也将是科技引领，产业化铺路，具备创新力的人才培养质量标准也必然是融入产业发展各环节，以科研水平和成效为校准导向。创新学者李开复将未来科技发展方向归纳为四大领域：AI自动化、先进计算架构、新能源技术和生命科学技术，[2]未来创新力质量标准的实践领域也应该是这些科技前沿及其相关产业。

另一方面，创新力培养的创新实践是要紧跟时代脉搏，关注科技发展最前沿，打造具备数字决策能力的复合型数智人才。具备创新力的人才培养以应用型人才为根本培养目标，时刻关注科技革命、产业革命与高等教育的结合领域，深刻认知人工智能、信息技术等的特征，通过数字赋能、专业融合、产业对接，融入数字化要素，才能真正赋能人才培养新发展，培育出具备创新力的新时代人才。2023年3月14日，教育部党组召开党组扩大会要求大力实施教育数字化战略行动。[3]综上，无论从现代化建设、科技产业发展及教育系统人才培养等不同角度，掌握数字科技能力的复合型数智人才培养目标的实现均需要将创新力作为人才自主培养的质量标准。

创新型国家建设、创新型经济发展模式，创新型人才培养，都在讲一个未来人才培养的根本属性，即创新力。创新力来源于高素质创新人才培养，我国人才培养内涵式发展的核心是提高教育质量，教育质量的根本标志是人才培养质量，新时代必然提出人才培养在规格标准、知识结构和能力结构等方面的新要求，而创新力无论是对过去的总结还是对未来的展望，都将成为评价人才自主培养质量标准的核心。

---

[1]《[中国科学报]该不该鼓励科学家创业？——SELF格致论道讲坛鸣锣开辟》，载https://www.cas.cn/cm/201706/t20170605_4603805.shtml?from=groupmessage&isappinstalled=0，最后访问日期：2024年7月4日。

[2]《李开复：AI自动化、先进计算架构等4个领域存在巨大机会》，载https://baijiahao.baidu.com/s?id=1714590409714881767，最后访问日期：2024年6月27日。

[3]《要求大力实施教育数字化战略行动！教育部召开党组扩大会传达学习2023年全国"两会"精神》，载https://www.edu.cn/xxh/focus/xs_hui_yi/202303/t20230315_2324447.shtml，最后访问日期：2024年7月12日。

三、党团建设篇

高校教职工党支部类型化研究

王文英[*]

摘　要：高校教职工党支部根据功能任务不同可以类型化为教学型、科研型和管理型教职工党支部，同时通过系统建构相应的模式、载体和有所侧重的具体机制，努力实现高校不同类型教职工党支部的作用发挥由粗放型向集约型转化，外延式向内涵式转化，推进高校党建"一融双高"提质增效。

关键词：高校教职工党支部；类型；机制；提质增效

一、问题的引出

高校教职工党支部是高校落实党的路线方针政策和推动全面从严治党向基层延伸的"第一线"和"最后一公里"的战斗堡垒，充分发挥高校教职工党支部教育、管理、监督和服务教职工党员及其团结和联系广大教职工的桥梁纽带作用，对于新时代高校坚持社会主义办学方向，落实立德树人根本任务，最终实现高质量发展，具有重大而迫切的战略意义，也是加强党对高校的领导和办好中国特色社会主义大学的重要支撑。实际上，高校教职工党支部根据功能任务以及作用内容不同，从类型上基本可划分为教学型、科研型和管理型教职工党支部，但就目前高校教职工党支部建设实践来看，并没有高度重视类型化对高校教职工党支部作用发挥以及相应的精细化指导所具有的价值和意义。如针

---

[*] 王文英，中国政法大学法学院党委书记、副研究员。

对教学型教职工党支部存在课程思政质量不高、融合度以及学生可接受度还有待提升、师德失范现象仍时有发生等问题；科研型教职工党支部存在理论研究中坚持既立足中国国情、扎根中国大地同中国优秀传统文化和实践相结合，同时又吸纳世界文明成果，从而加强和提升中国特色社会主义不同专业领域理论研究能力和水平等方式方法不多以及转化结合度不够等问题；管理型教职工党支部存在服务师生意识不强、工作效率不高，有待持续改进工作作风、提升服务师生工作质效等问题，主动给予类型化分析、解决和指导较为欠缺。

从近年相关研究成果来看，重点关注高校党建与事业发展深度融合以及高校"双带头人"教师党支部书记配备和建设的研究较多，鲜有对高校教学型、科研型和管理型等不同类型教职工党支部进行分类指导的研究成果，即使有研究通过设计和依托党建/支部+思政教育、+教学教改、+科学研究/科研竞赛、+专项工作、+社会服务等[1]，或者探索党建和业务"6+7"工作机制，使党的政治建设、思想建设、组织建设、作风建设、纪律建设、制度建设六个维度，与业务工作的学科建设、人才培养、师资引育、科学研究、文化传承、社会服务、综合治理七个方面深度融合等[2]，实质上部分涉及对高校教职工党支部进行类型化建设，但举措路径较为笼统，针对性和具体可操作性不强；同时，研究呈现碎片化，对高校教学型、科研型和管理型教职工党支部进行类型化专门研究和系统研究较为欠缺。

二、高校教职工党支部的类型化分析

总体而言，高校教职工党支部承担着落实立德树人根本任务，以及围绕解决好"培养什么人、怎样培养人、为谁培养人"的根本问题，努力实现"三全育人"的目标要求，担当为党育人为国育才的使命。根据《中共教育部党组关于加强新形势下高校教师党支部建设的意见》（教党〔2017〕41号），要着力发挥高校教师党支部"政治引领方面""规范党的组织生活方面""团结凝聚师生方面""促进学校中心工作方面"的主体作用。尤其要把推动讲政治的要求贯穿教育教学、科

---

[1] 参见张菊梅：《高校教师党支部党建与业务深度融合的理论与实践探讨》，载《惠州学院学报》2023年第1期；李梦玲：《新时代高校教师党支部"支部+"党建工作模式创新实践》，载《湖北成人教育学院学报》2022年第4期。

[2] 徐润、吴凌尧、凤启龙：《高校教师党支部"6+7"工作机制助推党建与业务双核驱动———以东南大学为例》，载《高教学刊》2022年第20期。

研活动以及管理服务师生全过程作为党支部工作重要着力点。但实际上,高校教学型、科研型和管理型教职工党支部作为不同类型的教职工党支部,其功能任务和发挥作用的内容都存在差异性。如就"三全育人"的落实来看,不同类型高校教职工党支部就呈现出教学育人、科研育人和管理服务育人的不同。具体而言:

教学型教职工党支部首先要强化政治把关作用,团结凝聚教师把思想引领和价值观塑造融入教育教学,提升课程思政质量,教育引导教师坚持正确的政治方向、政治立场、政治原则。大力推进师德师风建设,促进形成党员教师模范遵守师德规范的良好风尚。关心了解教师的思想政治状况,及时回应教师重大关切,防止各类错误思想文化侵蚀,建立健全预警机制。教育引导教师党员努力成为"四有好老师"和"四个引路人"的表率,引领带动教师积极投身学校改革发展,提高人才培养质量。此外,也更注重促进一流专业、课程和教材建设等中心工作。

科研型教职工党支部则要通过坚持和加强党的全面领导,确保理论研究始终沿着正确政治方向前进。同时,促进形成党员教师践行学术道德的良好风尚,努力做到"四个相统一",并坚持理论研究的"四个服务"[1]。围绕加强中国特色社会主义相关领域理论研究,提升研究能力和水平,加快构建中国特色学科体系、学术体系、话语体系,更多侧重促进服务国家战略发展需求,为全面建设社会主义现代化国家提供有力人才保障和理论支撑等中心工作和事业发展充分发挥主体作用。坚持把马克思主义理论同中国具体实际和中华优秀传统文化相结合,总结中国特色社会主义实践规律,汲取世界文明有益成果,推动中国相关专业理论研究高质量发展。

管理型教职工党支部则要着重围绕服务中心、建设队伍开展工作。坚持教育党员把规范严格管理的要求和春风化雨、润物无声的灵活方式相结合,为更好完成任务、改进工作、转变作风提供有力支撑。通过落实"三会一课"、开展专题组织生活会等方式统一思想、凝聚人心、化解矛盾、增进感情,使党支部真正成为团结凝聚师生群众的坚强阵地和政治核心。引导党员亮身份亮承诺、比业绩比奉献,更强调党员服务意识的强化,自觉践行党的根本宗旨和群众路

---

[1] "四个相统一"和"四个服务"都是习近平总书记2016年12月在全国高校思想政治工作会议上提出的。"四个相统一"是强调高校教师要坚持教书和育人相统一、坚持言传和身教相统一、坚持潜心问道和关注社会相统一、坚持学术自由和学术规范相统一。"四个服务"强调高等教育要"为人民服务,为中国共产党治国理政服务,为巩固和发展中国特色社会主义制度服务,为改革开放和社会主义现代化建设服务"。

线，践行"以学生为主体、以教师为本位"的理念以及提升精细化、人性化、高效化管理服务质量等，保证监督改革发展正确方向，服务人才成长，为维护学校改革发展稳定大局做出积极贡献。

三、促进高校教职工党支部作用发挥的机制建构

针对影响和制约高校不同类型教职工党支部发挥作用的体制机制问题，需系统建构学校、学院党组织和基层教职工党支部"三位一体、一融两高"的党建格局，并搭建"支部/党建+"的模式载体等，同时可通过具体建构、提升和改进分类建设机制、制度保障机制、融合机制、考核评价机制等，以突破制约高校教职工党支部作用发挥的瓶颈、破解相应困难障碍和补足短板，有效增强高校教学型、科研型和管理型教职工支部的政治力、引领力、组织力、创新力，推动高等教育事业焕发强大生机活力。

（一）分类建设机制

分类建设机制要求针对各类型高校教职工党支部需发挥作用的特点、侧重点和解决的个性化问题的不同，通过相应建构、细化和完善有关机制，对高校教职工党支部进行分类指导建设，推动最大程度实现以高质量党建引领高等教育事业高质量发展。如对课堂教学、教材以及不同学科学术和理论研究在政治原则、政治立场、政治方向上把关的侧重点的细化和提升；教学型教职工党支部侧重提升思政课程和课程思政的实效以及方式方法创新，激发育人功能，而科研型教职工党支部则要侧重促进中国特色社会主义相关专业理论实践创新的学理化阐释、学术化表达和体系化建构以及做中国优秀传统文化的积极传播者和模范实践者等，并推动理论研究成果向课程体系、教材体系、教学体系转化；管理型教职工党支部则重点通过开展"亮身份、比奉献"等相关主题教育活动，坚定教职工党员的理想信念、激发其工作积极性和提升服务师生意识，凝聚人心以及营造和谐的文化氛围等。

（二）制度保障机制

促进不同类型的高校教职工党支部主体作用有效发挥，还需要系统建构、健全和改进相应的制度保障机制。包括严格规范党支部的学习教育制度、各项

党的组织生活制度、职责分工制度、党支部规范化标准化建设制度、党的激励关怀帮扶制度、教职工党员组织发展制度以及党支部书记的选拔培育管理制度等。如高校教师党支部"双带头人"的选配标准落实到教学型、科研型和管理型的不同类型党支部以及不同层次和建设水准的高校、学科专业都应存在差异化选择。以"双一流"建设学科和高校为例，至少要从具有副高级以上专业技术职务（职称）并具备在专业领域具有较强的学术影响力的优秀党员教师中选任，才可能避免现实中有些形式上满足党建业务"双带头人"要求，实际上无法充分发挥高校教师党支部书记"头雁效应"等现象。同时，对于符合学术带头人要求、党务工作能力较弱的党支部书记以及对于符合党建带头人要求、具备学术带头人基础和潜力的党支部书记，要建立健全双向培育的制度以及工作量减免、提职晋级、职称评定、绩效补贴等激励保障和配套管理制度。

（三）融合机制

高校教职工党支部要建立健全党建与高等教育事业深度融合的机制。正如有学者认为，"党支部建设内涵与高校教师职责规范具有高度契合性，党建工作为教师业务提供全面引领作用，深度融合是二者协同发展的内在诉求。"[1]同时，我们既要注意避免党建与高校中心工作"两张皮"，又要避免党建与业务混同，以业务活动代替党建活动，党建引领作用不彰不显不够。如前所述，以"党建/支部+"的模式以及探索党建和业务"6+7"工作机制等，都是比较可行的融合机制，从而全面发挥党支部在研究所、教研室以及科室等基层单位的政治核心和领导核心作用。具体而言，我们要推进高校党支部的思想建设与立德树人根本任务深度融合；要践行初心、担当使命，推动高校党支部的组织建设与人才培养、学术研究中心工作以及为师生提供更优质的服务深度融合；要不怕牺牲、英勇斗争，推进高校党支部的作风建设、纪律建设与高等教育综合改革深度融合；要对党忠诚、不负人民，推进高校党支部的政治建设与办好让人民满意的高等教育深度融合，不断开创高等教育持续、快速、高质量跨越式发展的新局面。[2]此外，在建立健全"党建/支部+"的模式和机制时，也要特别

---

[1] 张菊梅：《高校教师党支部党建与业务深度融合的理论与实践探讨》，载《惠州学院学报》2023年第1期。

[2] 参见王文英、杨学志：《以伟大建党精神引领高等教育高质量发展的路径探究》，载《教育探索》2021年第11期。

关注不同类型高校教职工党支部发挥作用的特点和侧重点以及相应融合的方式方法，这将直接影响高校教职工党支部党建与高等教育事业融合的程度和实效。

（四）考核评价机制

建立健全考核评价机制，将为充分发挥高校不同类型教职工党支部的作用提供重要保障和抓手。

一是考核指标设置要具有科学性。首先，需进一步强化与时俱进。要及时将习近平总书记关于教育、党建和高校思想政治工作等方面的重要讲话精神以及《中国共产党支部工作条例（试行）》等最新规范要求等融入其中；其次，考核指标设置要体现全面性、系统性和基础性，做到考核对象和党建领域全覆盖。目前，高校基本都建立了教师党支部书记工作考核评价机制，推行教师党支部书记向上级党组织述职制度。但该制度仅针对教学型和科研型教师党支部，而没有涵盖管理型教职工党支部，不利于管理型教职工党支部作用发挥、考核评价和监督管理。最后，考核指标设置要按支部类型突出重点性、针对性和导向性。尤其是根据高校教学型、科研型和管理型教职工党支部发挥作用的党建工作重点不同、促进的中心工作内容不同等设置相应的考核指标。

二是考核评价方式要多样化。除了党支部书记向上级党组织述职和所在党支部党员评议等方式对高校不同类型教职工党支部进行考核评价外，还可增加党外群众、民主党派无党派代表人士以及团委、工会等群团组织对党支部进行评价的权重参考，强化对党支部的外部监督。

三是考核评价要反馈检查取得实效。要"充分发挥教职工党支部考核工作的监督作用，通过评价、反馈和整改不断提升教职工党支部的党建工作水平。"[1] 考核评价机制对高校教职工党支部"围绕中心抓党建，抓好党建促业务"是否抓细、抓实和抓好发挥指挥棒的作用，对于考核评价中发现的高校教职工党支部建设的薄弱环节，要及时进行反馈，并加以督促整改，还要对整改成效进行验收和再评价，切实通过考核评价机制对改进支部党建工作水平和促进支部作用发挥产生实效。

---

[1] 王德平：《高校教职工党支部考核略论》，载《南昌航空大学学报（社会科学版）》2020年第3期。

构建"三位一体"学生党建高质量提升体系

——以"励志学堂""强信讲堂""笃行课堂"为例

孙 毅[*]

摘 要：本文深入剖析了高校学生基层党支部党建的现实困境，特别是支部发展党员思想考核环节抓手不足、党支部书记理论学习引领示范作用发挥不够以及党支部活动开展全局性主动性统筹谋划缺失等三大问题。针对这些问题，文章提出了相应的解决路径，包括完善"励志学堂""强信讲堂""笃行课堂"党建工作体系，有机融入评比环节，进而强化思想考核、提升理论水平、增强活动实效性，推动高校学生基层党支部党建工作不断向前发展。展望未来，"三位一体"党建提升框架将不断探索有效的融合策略，为培养新时代优秀党员提供有力支持，为党的事业注入新的活力。

关键词：高校党建；学生党支部；高质量发展

一、引 言

在新时代党建高质量发展背景下，高校学生基层党支部作为培养社会主义事业建设者和接班人的重要阵地，其党建质量直接关系到党的建设和国家的未来发展。面对当前复杂多变的国际环境和国内改革发展的繁重任务，提升高校学生基层党支部的党建质量显得尤为重要。为此，本文提出构建"三位一体"学生党建高质量提升体系，通过"励志学堂""强信讲堂""笃行课堂"的开

---

[*] 孙毅（1991-），男，中国政法大学法学院党委专职组织员，中国政法大学法学院博士研究生在读。

展，全面加强学生党员的思想引领、党性教育和实践锻炼，为培养新时代合格党员打下坚实基础。在"三位一体"体系中，有机融入积极分子培训的优秀思想汇报评比、支部书记优秀党课稿评比以及支部活动优秀案例评比等方案设计，旨在进一步激发学生党员的积极性与创造性，推动学生党建工作向更高水平发展。

二、构建学生党建高质量提升体系的内在要求

（一）加强学生党员思想政治教育

随着时代的发展，高校学生面临着前所未有的多元价值观冲击。因此，加强对学生党员的思想政治教育，帮助他们树立正确的世界观、人生观和价值观，是提升学生基层党支部党建质量的重要任务。

（二）提高学生党员队伍党性修养

党性修养是党员的灵魂，是党员区别于普通群众的重要标志。通过构建党建工作质量提升体系，能够系统地开展党性教育，增强学生党员的党性观念，提高他们的党性修养。

（三）促进学生党员群体全面发展

学生党员既是学生中的优秀代表，又是未来社会主义事业的建设者和接班人。通过构建党建提升体系，能够促进学生党员在思想、学习、实践等方面的全面发展，为他们的成长成才提供有力保障。

三、高校学生基层党支部党建工作的现实困境

在高校学生基层党支部党建工作中，我们面临着诸多现实困境，其中"支部发展党员思想考核环节抓手不足""党支部书记理论学习引领示范作用发挥不够"以及"党支部活动开展全局性主动性统筹谋划缺失"是三个尤为突出的问题。

（一）党支部发展党员思想考核环节抓手不足

在高校学生基层党支部中，发展党员是党建工作的重要一环。然而，当前部分支部在党员发展过程中，对于发展对象的思想考核缺乏足够的抓手和明确的标准。这导致一些对党的理论和政策理解不够深入、党性修养不足的学生被吸纳进党组织，给支部党建工作带来了潜在的风险。

（二）党支部书记理论学习引领示范作用发挥不够

党支部书记作为支部的核心领导力量，其理论学习的深度和广度直接影响到支部的党建工作质量。然而，目前一些支部书记在理论学习方面缺乏深入性和系统性，对党的最新理论成果和政策精神理解不够透彻，难以在支部中发挥有效的引领示范作用。

（三）党支部活动开展全局性主动性统筹谋划缺失

党支部活动是提升党员党性修养、增强组织凝聚力的重要途径。然而，在实际工作中，部分支部在活动开展上缺乏全局性和主动性的统筹谋划，活动内容单一、形式陈旧，缺乏创新性和实效性。这不仅影响了党员的参与积极性，也制约了支部党建工作的深入开展。

针对以上现实困境，我们需要深入分析原因，采取有效的措施加以解决。比如，完善党员发展思想考核机制和激励机制，制定明确的考核标准和评比措施；加强党支部书记的理论培训和专题平台，提升其理论学习的引领示范能力；同时，注重党支部活动的总体性规划和精准性设计，提升党建活动的吸引力和实效性。本文重点聚焦于开展积极分子培训的优秀思想汇报评比、支部书记优秀党课稿评比以及支部活动优秀案例评比等方案设计。这些评比活动旨在通过激励和竞争机制，推动支部在党员发展、支部书记引领以及党支部活动开展等方面取得突破和进展。

四、学生党支部党建质量提升的有力抓手：评比活动

（一）开展评比活动的必要性

1. 激发党员积极性，促进个人成长。开展评比活动能够为学生党员提供一

个展示自我、交流学习的平台。通过参与评比，学生党员能够更加深入地了解党的理论和政策，提升党性修养和综合素质。同时，评比活动还能够激发党员之间的竞争意识，促使他们更加努力地学习、实践，不断提升自身能力。

2. 提升党建质量，推动工作创新。评比活动能够推动各支部积极开展创新性、实效性强的党建活动，提升党建工作的整体质量和水平。通过评比，我们可以发现和推广一批优秀的党建工作经验和做法，为其他支部提供借鉴和参考。同时，评比活动还能够促进支部之间的交流与合作，共同推动学生党建工作向更高水平发展。

3. 树立先进典型，发挥示范引领作用。通过评比活动，我们可以选拔出一批表现突出的优秀党员和先进支部，树立先进典型，发挥他们的示范引领作用。这些优秀党员和先进支部的经验和做法，可以为其他党员和支部提供学习和借鉴的对象，推动整个学生党建工作队伍的提升。

（二）开展评比活动的可行性

1. 制度保障完善，操作性强。学校党委和相关部门已经建立了完善的党建工作和评比制度，为开展评比活动提供了有力的制度保障。同时，评比活动的操作流程也相对简单明了，易于实施。我们可以结合实际情况，制定具体的评比标准和程序，确保评比活动的公平、公正和公开。

2. 资源丰富多样，支持有力。学校拥有丰富的党建资源和活动经验，可以为评比活动提供有力的支持。我们可以利用学校的师资力量、教学资源和实践平台，为学生党员提供丰富的学习和实践机会。同时，学校还可以为评比活动提供必要的经费和场地支持，确保活动的顺利开展。

3. 学生党员积极参与，热情高涨。学生党员作为评比活动的主体，对参与评比活动往往表现出极高的热情和积极性。他们渴望通过评比活动展示自己的学习成果和实践经验，同时也希望从其他优秀党员和支部中学习和借鉴。这种积极的参与氛围为评比活动的顺利开展提供了有力的保障。

通过论证评比活动的必要性和可行性，本文期望能够在党建提升体系内有机融入奖励机制，进而进一步激发支部对于党员发展思想审核的重视，提升审核流程的规范性和严格性；推动支部书记发挥更强的引领作用，深化对党的理论和政策的学习，创新党建工作思路和方法；同时，也鼓励支部在活动开展上更加注重统筹谋划和创新性，提升活动的吸引力和实效性。

五、以"激励"丰富"三位一体"学生党建高质量提升体系的内涵

"三位一体"学生党建高质量提升体系包括"励志学堂""强信讲堂"和"笃行课堂"三个核心组成部分。这些部分不仅各自具有独特的功能，而且相互补充、相互促进，共同构成了学生党建质量提升的整体框架。

（一）"励志学堂"：筑牢理想信念之基，促进思想成长

"励志学堂"作为学生党建提升体系的基础，旨在通过系统学习、交流分享和实践活动，引导学生党员坚定理想信念，增强党性修养。在这一环节中，要积极开展积极分子培训的优秀思想汇报评比。通过评比活动，鼓励入党积极分子和学生党员结合自身实际，深入思考和总结学习党的理论和参与支部活动的体会和收获，有机结合发展阶段和培养考察阶段的思想汇报撰写，这一方面不仅能够督促学生认真对待发展过程，更能展示他们的学习成果和学习成效，还能够激励更多学生党员积极参与到党的理论学习和实践中来。

（二）"强信讲堂"：深化党性教育，提升党课质量

"强信讲堂"专注于提升学生党员的党性修养和对党的认识。在这一环节中，要特别设置支部书记优秀党课稿评比。支部书记作为基层党组织的负责人，他们的党课质量直接关系到党员教育的效果。通过党课稿评比活动，鼓励支部书记深入挖掘党的理论精髓，结合时代要求和自身的专业特色和学习实际，创作出既有深度又有广度的党课内容。这不仅能够提升党课的教学质量，还能够推动支部书记在党性教育方面发挥更好的引领作用。

（三）"笃行课堂"：强化实践锻炼，展现支部风采

"笃行课堂"强调理论与实践相结合，注重提升学生党员在支部活动实践中的锻炼和成长。在这一部分，要善于开展支部活动优秀案例评比。各支部要结合自身年级和专业特点，积极策划和组织各类实践活动，如志愿服务、社会调研、创新创业等。通过评比活动，旨在挖掘和宣传一批具有创新性、实效性和示范性的支部活动案例，这些案例不仅能展示学生党员的实践成果，也要体现

支部在推动学生党建工作方面的积极作用。

六、"励志学堂""强信讲堂""笃行课堂"的前期实践

(一)"励志学堂"的开展实践

在 2023 年主题教育活动期间,法学院举办了多场主题鲜明的学习活动,如"经典著作读书会""以青春之使命、书时代之华章"专题学习会、"卓越法治人才职业发展"主题交流会等形式。通过上述活动,引导学生党员深入理解和把握党的最新理论和政策,增强他们的责任感和使命感。同时,院公众号和院网也积极整合主题班会、主题党日等活动资料,组织学生党员交流学习心得,分享成长故事,激发他们的奋斗精神和学习热情。

(二)"强信讲堂"的开展实践

主题教育期间,学院党委制定了"强信讲堂"实施方案,以党史教育、理论武装、群众路线、建功实践的逻辑分为四大主题,鼓励学生党支部结合年级(专业)特点,各自领题细化解题。学生党支部利用各自科研优势,开展了如"坚持和发展新时代'枫桥经验'——立足中国式现代化的实践逻辑""博士生党员如何加强新时代法学理论研究""贯彻新时代总体国家安全观""以人民为中心,平衡法、理、情"等专题党课,形成了热烈而有深度的共学共讲共评的学习效果,深刻强化了学生的党性修养和坚定信仰。

(三)"笃行课堂"的开展实践

为深入学习领会中国式现代化和习近平新时代中国特色社会主义思想的丰富内涵,2023 年学院一方面,积极组织师生以及学生党支部赴党史馆、香山革命纪念馆、中国人民革命军事博物馆、北京市全面从严治党警示教育基地、河北省石家庄市西柏坡红色景区、正定县塔元庄、遵义会议旧址等地参观学习,将理论与实践相结合。另一方面,积极鼓励学生党支部主动开展社会实践活动,如"普法下乡"志愿服务、"高校联学"支部共建、"走进法院"一线参观等。通过实践,让学生党员深入了解社会现实,增强服务意识和奉献精神。

七、"三位一体"学生党建高质量提升体系的未来展望

通过总体构建并初步实施"三位一体"学生党建高质量提升体系，法学院党委工作取得了一定成效。学生党员的思想政治素质得到了明显提升，党性修养得到了加强，实践能力和创新精神得到了锻炼。同时，学生党员在校园文化建设、社会服务等方面发挥了积极作用，得到了广大师生和社会的认可。

展望未来，我们将继续深化"三位一体"学生党建高质量提升体系的构建与实践，不断探索更加符合学生党员实际和发展需要的党建模式和路径。我们将进一步完善评比活动的机制和流程，确保其公平、公正和公开，同时也不断丰富评比的内容和形式，使其更加贴近学生党员的实际需求。

此外，还需要继续加强与其他高校和社会组织的交流与合作，共同推动学生党建工作的创新发展。通过已经开展的"鸿舟"论坛等创新交流互促的平台，充分借鉴其他单位的先进经验和做法，不断完善和优化"三位一体"党建工作体系，为培养更多忠诚干净担当的优秀青年人才做出更大的贡献。

总之，本文相信通过师生群体的共同努力和不断探索，"三位一体"学生党建高质量提升体系将不断完善和发展，为学生党员的成长和发展提供更加坚实的支撑和保障，也为党的事业培养更多优秀的人才。

参考文献：

[1] 李成菊等：《高校学生党员发展中存在的问题与对策》，载《山东社会科学》2015年第S1期。

[2] 孟凡春：《高校基层党组织建设探索——以西南交通大学峨眉校区学生党建为例》，载《社会科学家》2012年第S1期。

[3] 肖湘绪等：《构建高校学生党建工作长效机制的探讨》，载《学校党建与思想教育》2010年第20期。

[4] 黄惠运：《实施"连心、强基、模范"三大工程 全面提升高校学生党建工作科学化水平》，载《理论导报》2015年第11期。

构建高校院系高质量学生党建工作体系的实践与思考

——以 Z 大学法学院为研究对象

王家启　孙文亭　王毅彬[*]

摘　要：构建高校院系高质量党建工作体系，是坚持党对高校全面领导和推动高等教育高质量发展的必然选择，应切实发挥高校院系党组织承上启下的战斗堡垒作用，强化高校院系党建，以高质量党建引领高质量发展，确保高校将立德树人的根本任务落实到位。本文以 Z 大学法学院学生党建工作为研究对象，一方面通过梳理总结院系学生党建工作中的宝贵经验，进一步完善院系学生党建工作体系；另一方面对工作中存在的问题提出改革措施，以期对高校党建工作提质增效提供有益借鉴。

关键词：党建工作；高校院系；高质量

推动新时代党的建设新的伟大工程纵深发展的关键在于提高党的建设质量，我们必须准确把握高校院系高质量党建工作的内涵，才能保证党建工作得以有效落实。教育是人才培养的重要基石，是民族振兴的必由之路。习近平总书记指出，"要坚持把高质量发展作为各级各类教育的生命线，加快建设高质量教育体系。"[1]加强高校党建的根本目的就是为党育人、为国育才，因此，推动院系党建工作高质量发展，必须围绕立德树人这一根本目标推进，以人才培养质量为最终检验标准。院系党建工作是否在实际运行中发挥作用，需要从有效性维

---

[*]　王家启，中国政法大学法学院辅导员，副教授；孙文亭，中国政法大学法学院 2023 级硕士研究生；王毅彬，中国政法大学法学院 2022 级硕士研究生。

[1]　《加快建设高质量教育体系——四论学习贯彻习近平总书记在中共中央政治局第五次集体学习时的重要讲话精神》，载《中国教育报》2023 年 6 月 3 日，第 1 版。

度进行检验，以党建工作是否落实了上级党组织要求，是否切合本院系实际情况，是否提高了学生的思想理论水平和实践能力为具体的考察标准。

大学生是国家重要的战略人才储备和自然科学、社会科学创新发展的主力军，也是实施教育强国战略和建设社会主义现代化强国的重要引擎。在新的历史节点上，做好高校院系党建工作，引导大学生坚定理想信念，把大学生培养成为德才兼备、思想政治方向正确、堪当民族振兴重任的时代新人，是当前高校教育工作领域的重要课题之一。本文主要以Z大学法学院研究生党建工作为研究对象，通过梳理总结研究生党建工作，提出创建高校院系党建高质量发展的实践路径。

一、Z大学法学院研究生党建工作现状分析

Z大学法学院作为Z大学的骨干学院，是党建工作贯彻落实的排头兵和重要阵地，现共有学生党支部44个，学生党员924名，其中研究生党支部30个，研究生党员598名。本文选取法学院研究生党支部的党建工作作为研究对象，具有典型性与代表性。

（一）研究生党建工作组织建设完备、工作保障有力

法学院学生党建工作由法学院党委统一领导，学院党务秘书、法学院党委各年级研究生兼职组织员（由辅导员担任）、各年级研究生学生组织员、各班（或以专业组建）学生党支部共同开展和完成学院学生党建工作。为适应新形势下党建工作高质量发展的需要，2021年法学院党委成立了法学院党委宣传中心，2023年9月，法学院党委成立了法学院党委组织工作办公室，两个组织均由各年级选拔的研究生和本科生党员骨干组成，直接由院党委领导，助力实现学院培养卓越法治人才的高质量发展目标。

法学院研究生党员人数多且组织机构完备，是保证上级党委工作快速落实到位，各项工作得以高质量完成的保障。法学院党委根据学院党建工作特点，不断健全完善组织机构，有效地增强了党的组织性和纪律性，提高了党的组织性和战斗力。

（二）研究生党建活动规范、丰富，且在形式和内容上不断予以创新

"先锋法苑"是法学院党委创立的研究生党员公众号，用于传播党的知识、

收录宣传法学院研究生各党支部和研究生党员的学习实践活动及优秀党员故事。以法学院党委创立的研究生党员公众号"先锋法苑"为样本进行统计，自 2020 年 11 月起至今"先锋法苑"收录了法学院研究生各支部举办的典型党建活动 80 余期，其中包括专题党日活动（33 期）、朋辈导师传帮带活动（20 期）、专题党课（8 期）、理论知识学习会（6 期）、校际支部共建活动（5 期）、纪念馆参观活动（5 期）、主题观影活动（3 期）、民主评议会（2 期）、学生党支部书记培训交流会（1 期）等。从活动数量和内容上看，各党支部认真落实"三会一课"制度，定期开展组织生活会，严格党员教育和管理；党建活动基本实现了从政治理论学习到实习实践再到社会文化生活各领域全覆盖，活动形式较为多样且质量较高。

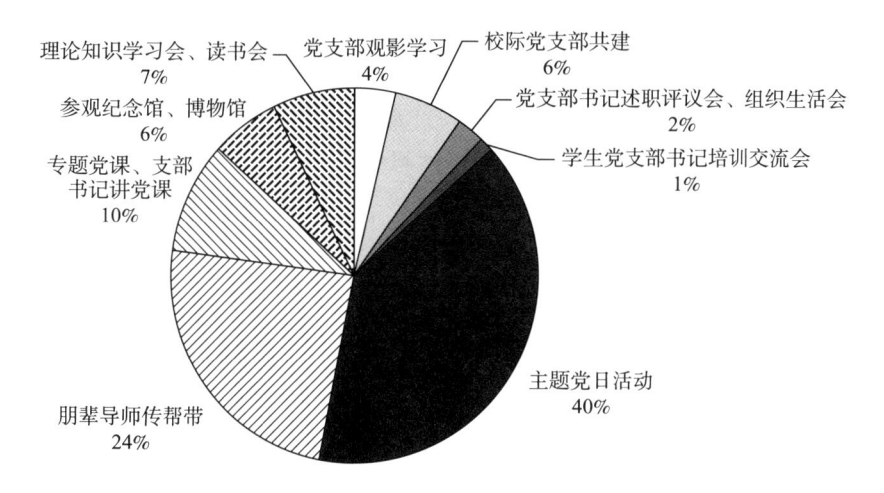

图 8 "先锋法苑"平台收录各类型党建活动占比图示

2023 级博士党支部发挥法学院博士党支部理论功底扎实的优势，将党员的思想政治教育与专业结合，多次开展以讲座交流为活动载体的学习习近平新时代中国特色社会主义思想主题教育，不断探索高质量党建引领高质量人才培养的模式。

2020 级宪行一班硕士党支部与北京航空航天大学能源与动力工程学院委员会 SY20041 党支部分别于 2021 年 5 月 15 日、2021 年 11 月 21 日、2022 年 5 月 11 日 3 次联合开展支部共建活动，基层党支部成员之间相互学习，不同专业思维得以交流碰撞，初步构建起 Z 大学法学院与北京航空航天大学动力工程学院之间的常态化党建合作机制，成为高校间党建活动联动开展的典型案例。

(三) 研究生党建工作宣传有平台、有力度、有效果

随着互联网技术和数字化技术的发展和普及，微信公众号成为面向大学生开展思想政治教育、引导舆论宣传的重要阵地，"互联网+"在基层党建工作中实现了实时传播的特点，利用新媒体运营有效加强党组织与学生党员、普通同学以及外部社会之间的联系和互动，并扩大宣传效果和宣传范围，促进党建宣传工作提质增效。法学院党委顺应信息化发展潮流，于2020年11月注册微信公众号"先锋法苑"，开创"互联网+党建"的新模式，建立法学院研究生党员专有的信息发布平台。根据研究生党建的特点，公众号目前分为三个板块，收录研究生党支部的各项活动报道，截至目前共收录党建动态76篇，主题党日活动报道25篇，朋辈导师传帮带活动报道22篇。活动内容受到广大同学、特别是研究生党员的广泛关注，成为研究生党员日常关注度较高的公众号之一。此外，通过活动报道，研究生党支部之间互相学习借鉴活动经验，相互启发，不断创新，取得了良好的效果。

(四) 不断提高大学生党员发展质量、完善党员教育管理的实施办法

加强高校学生党员的教育和管理是保证学生党员质量、提高大学生党员素质的重要环节，也是高校党建工作的重要工作。为确保党员质量，法学院严格执行党员发展程序，始终坚持把政治标准放在首位，根据学院党委发展党员的总体要求，由年级组织员组织党支部书记共同讨论制定本年级发展党员的评价标准，对入党积极分子的综合素质和思想品德进行全面考察，在听取导师、辅导员、培养联系人、党员和群众等意见的基础上统合客观评分加主观评分初步排出名次，确定发展对象人选并予以公示。为了保证发展党员的考察评价标准科学、规范，能够得到入党积极分子的认可，学院党委经常性组织学生党支部书记对发展党员评价标准进行研讨和完善，坚持慎重发展，严把党员发展"入口端"。

在学生党员教育管理方面，注重对党员和入党积极分子的理论学习和实践锻炼两手抓。除了党支部坚持"三会一课"制度，对党员进行经常性的教育管理，法学院党委还定期举办高水准的理论学习活动——"学思享"大讲堂，参加学习的人员涵盖了学院所有学生党员和积极分子。大讲堂以服务高水平的法

治中国建设为目标,教育和引导广大党员和入党积极分子自觉把个人命运与国家民族的命运紧密相连,在实现中华民族伟大复兴的新征程上实现人生价值。同时,法学院党委重视党员骨干的教育管理,每学期组织多种形式的党员干部培训和交流活动,如党员骨干培训会、"先锋传帮带"党员骨干朋辈导师聘任及培训会、党支部书记学习交流活动等,不断完善学生党员的培育机制,以学增智、以学正风、以学促干,提高党员干部的素质和履职能力,更好地促进党员干部发挥先锋模范和带头引领作用。

(五)研究生党建、团建工作协同发展,以党建带动团建

在法学院党委的坚强领导下,法学院研究生各党支部深入学习贯彻习近平总书记关于青年工作的重要思想,"用党的科学理论武装青年,用党的初心使命感召青年"[1]。在过去几年的党建实践中,各支部与团支部和班委会建立起"三位一体"协同工作机制,以党建和团建为抓手,推动建立了党支书、团支书、班长为主要成员的党团班负责人联系群。以党建为中心和重点,以团建为载体,以班级为对象,充分发挥学生组织的自我管理、自我教育、自我服务功能,组织好学生工作,提升集体活动参与度。

以2023年研究生各党支部实践活动为例,研究生党支部以"追寻历史足迹,感受红色记忆""不忘初心、牢记使命"等主题为指引开展系列党日活动,这些活动都是党支部牵头,联动团支部和班委会,通过协同合作的方式,将主题教育活动覆盖班级所有同学,充分发挥了党支部的思想引领和党员的先锋模范作用,实现了全体同学共同进步的目标。各支部充分发挥组织优势和党员主力军的作用,通过组织形式多样的活动,促进党建带动团建、联学共建、联合发力,有效增强党支部、团支部和班级内部凝聚力。

(六)研究生党建工作品牌建设意识强

1. 博士生党支部不断探索党建和思政、专业特色三者深度融合的品牌活动。2023年,根据新入校2023级博士生的实际情况,法学院首次尝试该年级三个博士班联合成立一个党支部。2023级博士班党支部由三个班的党员共同组成,专

---

[1] 习近平:《高举中国特色社会主义伟大旗帜为全面建设社会主义现代化国家而团结奋斗——在中国共产党第二十次全国代表大会上的报告》,载《奋斗》2022年第20期。

业多样性显著，涵盖法学理论、法律史、宪法与行政法学、法律职业伦理等专业，其中包括习近平法治思想和党内法规两个研究方向。支部的博士党员同学法学功底扎实、理论研究能力强。党支部书记紧抓这一特点，结合学科专业关联的思政元素，根据专业特点策划党建活动，并以此为契机推动法学专业特色与党建工作相融合。在去年的党建活动中，2023级博士生党支部在活动内容和活动形式上进行了创新，内容上，改革了传统的纯粹以政治理论学习为内容的党建形式，转而将党建活动、思想政治教育以及支部成员的专业研究方向相结合，多次开展学习贯彻习近平新时代中国特色社会主义思想主题教育，使支部成员的专业学习更有目标性，以专业学习和实践应用践行初心和使命。形式上，以党支部牵头开展小型常态化交流讲座，每期由博士生做主讲人和评议人，邀请领域内的老师进行点评，计划打造成为支部特色品牌活动，在人才培养中实现高质量党建引领高质量发展。

2. "先锋传帮带"朋辈导师系列活动持续发挥示范引领和辐射带动作用。为进一步加强法学院硕士研究生基层党组织的建设活力，营造"新老相携、朋辈互助"的良好氛围，法学院党委自2020年11月起组织开展"先锋传帮带"专项活动。活动坚持"团队教育"的人才培养模式，通过在研究生二年级各党支部与研究生一年级对应党支部之间搭建"支部1+1"互助平台，切实发挥高年级学生党员的先锋模范作用，为低年级同学提供常态化教育指导活动。

截至目前，"先锋传帮带"朋辈导师系列活动已成功开展四年，作为朋辈导师的优秀党员们结合个人经验就政治素质、专业学习、科研实践、实习就业、导学关系适应及心理疏导等与校园学习和实践生活休戚相关的问题为低年级同学提供个性化的建议和指导。此外，学院配套设置了激励政策，在每学年末评选出有突出表现的"朋辈导师"党员进行表彰，为其颁发奖励，以提高党员的工作积极性，取得了良好反响和丰硕成果。

二、法学院学生党建工作的困境

（一）学生党员人数庞大，学生党建工作队伍人员力量不足逐年凸显

高校院系从事学生党建工作的基本上是党委书记、副书记、专职组织员和辅导员，随着学生党员和入党积极分子人数剧增，党建工作日益繁重。辅导员

工作头绪多，党建工作精力投入不够，再加上有的人对党建业务不精，工作往往做得不够仔细深入全面。在学生党员发展上就会出现政治把关不严，或者重前期发展、轻后期教育管理的现象。目前，法学院有学生党员924名，学生党支部44个，但学院专职党务干部和思想政治工作队伍人员基本停留在原有规模，党建工作队伍人员数量不足，学生党员教育管理工作不能达到最佳效果。

（二）学生党员发展和教育管理存在不足

1. 发展大学生党员的评价标准不健全。尽管有中共中央和学校、学院党委关于发展学生党员的相关文件和指导意见作为指引，但是由于不同的党支部成员对发展学生党员的精神理解领会程度不同，导致部分党支部在发展党员时的评价标准不科学不规范。有的党支部制定的标准过于看重学习成绩和学术能力，忽略了学生的理想信念，只考虑了才而没有考虑德；有的标准过于侧重学生工作，忽视了学生的成绩和学术科研，偏离了研究生的任务主线和高校教育的根本目的。

2. 党员发展与教育存在脱离现象。发展党员的过程，同时也是教育培养学生的过程。党支部要对具有入党积极性的学生进行引导、教育、考察，最终将部分优秀学生培养成为合格的共产党员。然而，在实践中，部分党支部存在对积极分子考察多教育少、重发展程序轻培养过程的问题，发展党员与教育学生相脱离，不利于党员质量的提升。

3. 理论学习内容的系统性欠缺。党支部组织党员理论学习缺少系统性计划，党员理论学习的系统性不强，对学习内容理解不深。此外，支部未能将抽象的思想政治教育载体化、具象化、生动化，党员灵活运用理论的能力不足。因此，在培养过程中，各支部对党员政治素质、知识养成、能力锻炼一体化培养的实效性存在不足。党支部的理论学习并没有将培养过程真正融入培养对象的日常学习和生活中，党员学习的主动自觉性存在差异，支部未形成浓厚的学习氛围。

（三）学生党支部品牌活动少，影响力不够

打造和创建高质量的党建品牌，总结凝练党建工作的亮点、特色、成果和经验，进而发挥示范带动作用，对于扩大党组织在广大学生群体中的认知度、影响力和号召力，持续推动党建工作具有重要意义，同时也是提高党建工作质量的有效方法路径。但是，现实中，一方面学生党支部书记党龄短，工作经验少，品牌活动建设的意识和能力不足；另一方面学生党员繁重的专业学习挤压了党员学生在党建方面的时间和精力投入，多种原因共同导致学生党建品牌活动较少且缺乏延续性。

三、创建高校院系高质量学生党建工作的探索

（一）以学院高质量顶层设计统领学生党建工作

新时代高校院系学生党建工作要坚持高质量引领的根本遵循，准确把握院系党建工作的体系性、协同性、一致性、有效性，注重发挥院系党委统领全局的作用，围绕中心工作和学科专业和不同学历层次的学生特点，做到"党组织领导和运行机制到位、政治把关作用到位、思想政治工作到位、基层组织制度执行到位、党建工作与事业发展融合到位"，通过抓政治引领、抓制度建设、抓队伍建设、抓责任落实、抓品牌建设等方面，助推"全国党建工作标杆院系"创建培育工作。建设起执行有力的党组织，切实发挥基层党组织战斗堡垒的作用，在教育强国建设中示范引领、担当有为。

（二）打造党建品牌活动，强化示范引领作用，扩大党建活动的影响力

对已成熟党建活动要进行总结、宣传，在各支部中进行推广效仿。对创新的活动在发展中不断完善，边建设边总结边推广，最终形成品牌和标杆。建立党建品牌活动应当注意以下几点：第一，要不断深耕，久久为功。长期、稳定、影响力大的组织活动本身就是最好的宣传。第二，要与高校党员学生、积极分子贴近，了解当代青年人的思想、志趣、疑惑等或积极、或消极、或需要引导的诸多状况，设计符合青年党员参与的党建活动形式，回应他们遇到的问题。第三，密切结合学生专业和人才培养特点，创建有院系特色的党建品牌活动。第四，要关注国内外大事、把握热点，积极引导。大学生党员作为有思想有抱负的青年群体，更容易受社会热点话题的影响。青年党员在大是大非前的政治立场对青年人和社会其他群体都会产生很大的影响。因此，通过有影响力的品牌活动，把握时代脉搏，及时引导教育好学生党员，对于培养在时代风云激荡中能够顾全大局，有理想能实干的优秀党员尤为重要。第五，注重宣传和交流。

整合学院宣传资源，有组织地策划重大宣传报道选题，努力向学校、向校外主流媒体推介宣传党建成果，扩大党建活动的影响力。此外，通过党建活动经验交流、案例展示等活动，在交流总结中不断发现优秀成果，推出品牌活动。

（三）坚持走党建和专业融合的特色道路

学科专业是高校人才培养的重要载体，在学生教育中发挥着重要作用。在开展院系学生党建工作的过程中，专业知识的应用和实践为党建活动提供了独特且丰富的路径选择。熟练掌握专业知识和专业技能不仅是高校学生完善个人发展的必然要求，也是提高人才培养质量、推动教育强国战略实施的必要举措。在院系党组织开展党建工作的过程中坚持走党建和专业融合的特色道路，应当注重打造理论学习与专业学习"双引擎"，推动学习型党支部建设。在具体实践中，应充分重视党建和专业融合的路径和方法，结合学科专业关联的思政元素，根据专业特点策划党建活动，使学生的专业学习更有目标性，将专业学习和党的建设紧密联系起来，以专业学习和实践应用践行初心和使命，做有知识、有理想、有担当的时代新人。[1]

（四）创新党建方法提升党建实效

当今时代，是一个新情况、新问题、新矛盾层出不穷的时代。针对高校院系学生党建中长期存在的问题，院系党组织唯有坚持改革创新，唯有坚持马克思主义的思想路线，以改革创新精神提高和完善自己，才能始终保持先进性、不断增强战斗力，更好地担当起为党育人为国育才的历史使命。

第一，健全学生党建工作的规章管理制度，完善监督评价体系。指导学生党支部科学规范高效地开展党建工作，实现工作提质增效；建立起对基层党支部组织生活质量和党员先锋模范带头作用的科学评估标准，扎实推进院系学生党建工作高质量发展。第二，推陈出新，丰富党建活动内容，关注所有党员的培养教育，实现党员教育管理全覆盖。第三，与时俱进，完善党建活动开展形式。在互联网快速发展的时代，积极探索和创新党建工作的新模式，继续利用和发挥好互联网和新媒体平台开展党员学习互动，建立党员信息数据库，实现

---

[1] 参见亓彦伟、权灿、张贝思：《研究生党建"双创"工作的实践探索及启示》，载《学校党建与思想教育》2023年第20期。

对党员的信息化管理，为党建活动提供技术支持。

  高校院系是党建工作的重要阵地，为中华民族伟大复兴培养优秀人才是高校院系学生党建工作的重要目标。以创建高水平标杆院系为目标，院系党组织要坚持做到"五到位"，院系党建工作要坚持高水平谋划、高标准推进，以高质量的党建引领实现高校院系为党育人为国育才的高质量发展。

思政育人视域下新时代高校基层团支部的困境与对策研究

——以南京财经大学财政与税务学院为例*

张周驰**

摘　要：《共青团中央改革方案》的下发对高校基层团支部开展日常支部工作带来了机遇和挑战，对高校思想政治教育工作和培养新时代"四有青年"也提出了新的要求。在笔者担任南京财经大学财政与税务学院团委书记的过程至今，切实感受到高校基层团支部在整体向阳发展的同时也确实存在一定的问题和不足，亟须对策。南京财经大学财政与税务学院共有22个团支部，团员千人，但在日常开展团学活动中存在团支部和班级概念区别模糊、团员意识不够强烈、团干部成长体系不够完善、团支书流动性较大、互联网的新"挑战"五大问题，而笔者也以思想引领、组织动员、团干成长、服务学生和信息宣传"五力"出发为以南京财经大学财政与税务学院为例的高校二级学院基层团支部建设的优化提出一定的对策和方案。

关键词：共青团改革；基层团支部；团干部

2022年是党的二十大胜利召开之年，也是中国共产主义青年团成立100周年。在党的领导下，共青团一百年来坚定理想信念，投身民族复兴，扎根广大青年，始终是引领中国青年思想进步的政治学校，始终是组织中国青年永续奋斗的先锋力量，始终是党联系青年最为牢固的桥梁纽带，始终是紧跟党走在时

---

* 本文为南京财经大学2022年度党建思想政治工作课题研究成果（项目编号：DJ202248）。

** 张周驰（1995-），男，汉族，江苏南京人，中共党员，法学硕士，目前担任南京财经大学财政与税务学院团委书记，硕士毕业于河海大学马克思主义中国化研究专业，研究方向为思想政治教育、人类命运共同体。

代前列的先进组织。习近平总书记说过："青春孕育无限希望，青年创造美好明天。一个民族只有寄望青春、永葆青春，才能兴旺发达。"[1]中国的未来离不开新一代的团员青年，共青团的活力离不开每一位团员青年。如今的高校已经成为"00后"的"地盘"，"00后"们在大学里拼搏理想，激荡青春，这一切都离不开共青团的帮助和支持，也离不开高校每一个基层团支部工作人员的凝心聚力、倾情奉献。"00后"已成为高校共青团的主力军，也意味着高校各团支部的与时俱进已箭在弦上，无论是工作内容还是工作方法都必然进行与之相对应的调整与改进，以更好地贴近青年团员的实际生活，为团的工作添砖加瓦。

一、南京财经大学财政与税务学院共青团工作现状

《中共中央、国务院关于进一步加强和改进大学生思想政治教育的意见》中明确表示，共青团是党领导下的先进青年的群众组织，是党的助手和后备军，在大学生思想政治教育中具有重要作用。《共青团中央改革方案》下发后，当前团组织工作重心向基层团支部下移成为必然趋势。基层团支部是高校开展思想政治教育工作的基本单位，在当前"班团一体化"运行机制下，基层团支部的有序发展成为高校思政教育能否取得"育人"成效的关键所在。2020年新冠肺炎疫情暴发至今已有三年时间，后疫情时代对高校基层团支部开展日常支部工作带来了新的机遇和挑战，也对高校思想政治教育工作和培养新时代"四有青年"提出了新的要求。自笔者担任南京财经大学财政与税务学院分团委负责书记以来，切实感受到高校基层团支部在整体向阳发展的同时也确实存在一定的问题和不足，亟须对策。

南京财经大学财政与税务学院截至2022年6月30日，共有团员1000名，团员占学生总人数超过90%，共22个团支部，其中包括20个本科生团支部和2个研究生团支部。学院团委工作较为出色，曾获评"2018年江苏省五四红旗分团委"，近三年校级共青团工作考核等均为优秀，多次获评校级"五四红旗分团委"、校级"暑期社会实践宣传成果奖"、校级"青年大学习优秀组织奖"，多名团学干部获评省级"魅力团支书"、校级"优秀共青团干部""优秀团支部"

---

[1]《习近平：在庆祝中国共产主义青年团成立100周年大会上的讲话》，载https://china.huanqiu.com/article/47x8DlLU66p，最后访问日期：2024年7月12日。

等荣誉，积极参与"团干部思政技能大比武"等比赛，多个团支部入选江苏省"活力团支部"、校级"活力团支部"，学院团委组织的两项志愿项目分别于2018年和2021年获得"江苏省优秀青年志愿服务项目"。

二、南京财经大学财政与税务学院基层团支部建设困境分析

（一）团支部和班级概念混淆模糊

超过半数的受访团员青年表示对团支部的概念不够清晰，尤其是无法厘清团支部和班级之间的联系与区别。团支部应由共青团员及保留团籍的党员组成，群众不属于团支部的一员，不参与民主评议，也没有相应的投票权，但现实中开展团日活动及相关理论学习宣讲活动等团内生活，群众也同样是参与者，因此部分群众对自己的定位感到模糊，如何权衡班级群众和团支部日常工作的进行也成为一大难题。

此外，团支书和班长的岗位性质和工作责任也存在一定交叉。不仅如此，团支书、组织委员、宣传委员属于团学干部领域，拥有参评"优秀共青团干部"的资格，而班长、学习委员却没有参评"优秀共青团干部"的资格；拥有参评"优秀共青团干部"资格的团支书、组织委员、宣传委员却可以同样参评"优秀学生干部"的奖项。

在实际工作中，由于团支部和班级间、团干部与班干部间界定得模糊不清，不仅高校二级学院基层团支部和班级的现实区分并不大，多数活动均不加以区分地同时开展，同时部分同样为团支部活动出力的班委会成员感到无奈，身份无法被认同，认为存在有失公允的问题。

（二）团员身份意识不够强烈

由于在中学时期发展成为共青团员较为容易，部分团员缺乏良好的团员意识，在日常学习和生活中没有团员的身份认同感，不能够在团内生活和社会活动中发挥先锋模范作用。甚至存在极少量团员不愿意配合参与团支部日常开展的团日活动，不仅给其他团员带来不好的影响，也影响了团支部的内部团结。如某班A同学身为共青团员，却不愿意按时完成每周的"青年大学习"，导致团支部的学习率永远不能达到100%，落后于其他团支部，给其他团员造成

极大困扰。

总体而言，学院团员的团员意识呈现"橄榄型"结构，即大部分团员能清晰地认识到自己共青团员的身份，区别于一般青年；也有极少部分团员因为入团教育不到位、中学时期发展团员不够谨慎等原因对自己的团员身份无动于衷，甚至弄丢"团员证"。对此，学院团委老师和团学干部们也感到十分焦急。

"橄榄型"结构下，团日活动的展开一定程度上借力于来自集体的压力。由于班级中绝大多数同学均是共青团员，因此即便存在个别团员意识不够强烈、参与兴趣不高，但也能很好地完成团内生活，参与团日活动，积极配合团支部和学院团委各项工作的开展。

（三）团干部成长体系不够完善

南京财经大学财政与税务学院共有60余名团干部，团干部的重要性对于学院团委不言而喻。团干部们均表示，自己加入到团干部队伍中来，一开始是出于对这项工作的向往和热情。但现实与理想存在的差异，导致一部分人不能迅速适应团干部的工作。再者，团干部自身素质也存在参差，因此一部分人无法完全胜任这份工作。客观而言，由于每个团支部所面临的具体问题不同，没有统一的标准答案来解决，团干部面对新问题无所适从的情况屡屡发生。很显然，当下培养团干部的成长体系尚不完善，因而不能很好地为团的工作提供相应的保障。

20级的团干部B同学表示，基层团的工作主要涉及的是人与人之间的交流，因此会出现很多意想不到的问题，尽管自己尝试通过向上一届的团干部和团委老师交流等方式"取经"，但间接的沟通不能解决所有的问题，仍然有一些同学无法理解。如何提炼实际工作中的典型案例、汲取其中的宝贵经验加以利用，成为了改善团支部和学院团委工作的一大重点。学院也尝试举办"团支书沙龙""团学干部培训会"等相关活动，但由于各年级各班级空闲时间有出入等原因，几乎都收效甚微。缺乏畅通交流和成长的平台，使得实际的团学工作存在难以跨越的壁垒。此外，选拔、管理培育、激励机制、监督方式都需要进一步完善和明确，团干部队伍的忠诚度和凝聚力才能进一步提高。

（四）团干部岗位"留不住人"

南京财经大学财政与税务学院共有22名团支书。面对包罗万象、压力空前的团支部工作，团干部尤其是团支书等岗位"留不住人"。

各个团支部的运转离不开每一位团支书的辛勤付出，团支书是最为重要的团干部，除去每周督促团员们完成"青年大学习"、定期开展团支部专题学习活动、组织团员民主评议等常规工作外，团支书及团干部面临着更多的工作挑战，例如参与团务知识竞赛、思政技能比武等团干部专项比赛、"团团微就业"就业专项帮扶活动、"智慧团建"系统的录入等操作。超过半数的团支书表示申请过辞职或有过辞职的念头。2019级本科生五位团支书在任期满一年后均选择不再担任团支书一职。团支书工作的高压性、突发性甚至导致极个别团支书产生一定的抵触情绪和心理问题，而面对此种情况，团干部成长体系却未能良好地建立起来。许多团员青年乐于担任团支书，是希望可以向党组织靠拢，目标较为明确。但实际工作带来的巨大压力消磨了他们的工作热情，转而寻求其他方式为团支部和学院服务。曾经在大一学年担任过团支书的C同学表示，自己在大二学年伊始便不再参选新一届团支书，因为这项工作压力巨大，不仅需要照顾到方方面面，还要面临很多突发状况，繁重的压力甚至影响到自己的学习成绩，因此她选择相对压力较小的学院分团委实践部工作，继续为同学们服务。然而，团支书工作实际上需要一定时间的工作经验，门槛较高，需要一定的熟练度，频繁更换团干部将直接导致部分团支部凝聚力和向心力下降。

（五）来自互联网的挑战

成长于信息时代的"00后"们从小就对互联网十分熟悉，互联网的普及也给高校各学院分团委书记带来一定的"挑战"。南京财经大学各学院分团委书记不约而同地提到了互联网的"双刃剑"作用，一方面它为团工作带来了便利，另一方面也导致团工作开展困难重重。

网络信息纷繁复杂，团员青年的三观还不够成熟，极易受到网络不良信息的危害。而偏好手机、网游等互联网娱乐方式的团员也更愿意"宅"在宿舍中冲浪，对团日活动等团内日常生活的开展意兴阑珊，参与兴趣大幅度下降。互联网的日新月异，网络热词的层出不穷不仅令部分年纪较长的学院分团委书记难以跟上，连刚毕业不久的"95后"分团委书记甚至都苦不堪言。传统共青团工作模式也受到极大的挑战，需要为此做出一定的调整和改变。如何利用积极的新潮事物唤起团员们的参与热情，成为团支部改进工作的一大课题。

三、南京财经大学财政与税务学院基层团支部建设优化方案及对策

针对在调研过程中发现的系列问题，结合两年来的工作经验，笔者以思想引领、组织动员、团干成长、服务学生和信息宣传"五力"出发为以南京财经大学财政与税务学院为例的高校二级学院基层团支部建设的优化提出一定的对策和方案。

（一）思想引领"着力"

共青团作为党联系青年最为牢固的桥梁纽带，始终紧紧跟随着党走在时代的前列，承担着为党和国家输送德才兼备的新时代社会主义接班人的重任。随着2022年4月《新时代加强和改进共青团思想政治引领工作实施纲要》的公布施行，思想引领工作成为共青团工作的重点所在。

作为团的一线工作队伍必须牢牢掌握《新时代加强和改进共青团思想政治引领工作实施纲要》（以下简称《纲要》）的全部内容，以《纲要》为准，传道者自己要受道，学院分团委书记及团学干部需通过专题学习、读书分享等形式多样的活动共同学习《纲要》，确保全面掌握，以此推进具体工作的实践。

面对部分团员青年团员意识淡薄的问题必须从根本上"对症下药"，端正其思想，树立起新时代团员青年从我做起、担当民族复兴大任的时代责任感。通过以团支部为单位开展各类主题教育活动，结合建团百年等重要历史节点开展相对应的理论宣讲活动，带领团员及有意向团组织靠拢的群众学习党团知识，巩固党史学习教育成果。强化团员意识，严格大学生入团的程序，成熟一个、培养一个，宁缺毋滥，确保经手发展的每一位共青团员切实符合各方面要求，接受广大师生的监督。持续推进爱国主义教育和理想信念教育，将其融入"思政育人"的每一个环节之中，确保相关教育活动的针对性和实效性，创新活动形式和方法，激发团员青年参与活动的主动性，依托"爱国主义教育基地"、传统节日等方式"沉浸式"进行爱国主义教育，不断探索贴合"00后"团员青年的创新模式，真正从思想引领上实现全方位的"着力"。

（二）组织动员"发力"

高校学院团委及各团支部的良好运行少不了各类活动的举行，需要所有团员同

心同向，拧成一股绳，这也对学院团委、团支部和团学干部的号召动员能力提出了更高的要求，真正地和团员们"泡"在一起，才能更好地在组织动员方面"发力"。

建立"线上+线下"全方位覆盖工作网络，充分利用各种宣传渠道，下课时间进班级、课余时间进宿舍、假期时间用网络，全渠道宣传各类团的活动的举办，确保每一位团员了解学院团委和所属团支部的下一步动态，培养每一位团员的集体归属感，切实令"团支部"成为团员们心理意义上的"支部之家"。建立师生交流平台，畅通交流渠道，学院团委办公室的大门常打开，开展"你的山楂岛"限时饮料店、"万能墙"信箱投稿等活动，欢迎各位同学前来坐一坐，畅所欲言生活中的各种烦恼，为团员们提供一个安心舒适的倾诉空间。建立完备的志愿者队伍，确保校院内各项志愿活动有序推进，疫情期间做好"志愿者突击队"储备工作，随时准备投入战斗之中，平日里寄托南京财经大学财政与税务学院的志愿项目，如"爱心税""天使行动""税月初心"税法普法青年宣传行动等，与所学专业知识相结合，走上街头、走进企事业单位，在校团委和学院团委的带领下充分展现新时代财税团员青年的精神面貌，承担起"财政助民生，税收家国情"的远大抱负和情怀。强化激励机制，积极参与团内各项活动，不仅可以得到"第二课堂"相应学分及"志愿学时"，更应常态化举办如志愿活动先进个人、魅力团员展示大赛等评比活动，激励所有团员投入到学院的团日活动中来，展现属于自己独一无二的魅力和风采，起到正向宣传作用。

（三）团干成长"聚力"

团干部是高校学院团委及各个团支部正常运行和发展必不可少的重要角色，既是老师们的得力助手，承担起师生沟通的桥梁一职，也是团支部中的"主心骨"，是团员们的好朋友，开展团内生活的"主力军"，因此团干部配套成长体系的完备关系到整个学院团干部大家庭的状态和发展。

严格团干部任人标准，团支部团支书、组织委员、宣传委员及学院分团委副书记、各部门部长和部员原则上任期为一学年，每学年九月伊始进行新一轮的选拔，通过公开选举、一人一票的方式任命团干部，同等条件下，有想法留任的团干部具有优先权。设置团干部试用期，选举成为团干部后设置半个月到一个月的"试用期"，期限内学院团委老师考察其工作表现，团支部团员们进行匿名反馈，团干部自身自我评价，若"试用期"内发生任何情况均可以根据自我意愿选择不再继续，始终将团干部个人意愿放在第一位。完善成长体系，通过设立"青春担当·团支书沙龙""团学干部交流会"的形式，邀请学院老师及专家进行团干部培训班课程，充分落实基层团建"磐石行动"，以团建促进党建，助推团支部建设标准化、规范化发展，进一步拉近了学生干部和老师、学院间的距离，用更加饱满的热情和实际行动践行团委的工作精神，为广大团员搭建一个展示自我的舞台。格外关注团干部心理健康教育，与校心理教育中心和学院心理辅导员合作，结合"5·25"全国大学生心理健康日等节日开展针对团干部的专题心理教育系列活动，引导团干部们劳逸结合，以更健康合理的方式来看待团学工作，学院分团委书记也要善于观察，成为团干部们的"真心朋友"和"垃圾桶"，常态化与团干部们进行交流，缓解其不良情绪，带领学院团干部队伍向着更坚定的方向前进，共同助力学院及学校的各项工作有序开展。

（四）服务学生"用力"

全心全意为青年服务，始终反映青年的意愿和呼声是共青团服务职能的直观体现，服务能力的建设更是共青团建设的战略性任务。对于高校的团员青年们而言，高校学院团委和团支部更应该适应当代"00后"大学生发展的需要，巩固党执政的青年群众基础，增强共青团组织对大学生们的吸引力和凝聚力，真正做到服务学生"用力"。

服务目的需明确，学院团委和团支部服务能力建设目的即增强其对"00后"大学生的吸引力和凝聚力，服务大学生们成长成才，更好地适应大学生活，为将来毕业步入社会打下坚实的基础。集中精力开展一系列有益于大学生的活动，如落实"团团微就业"就业帮扶行动、广泛宣传"西部计划""苏北计划"及征兵政策，服务大学生青年，也服务于社会。服务途径需科学，高校共青团作为党的助手和后备军，要坚持为党育人，在日常工作中保持和党保持联系和互动。坚持"党建带团建"，从制度和机制上抓党建带团建的责任机制问题，充分发挥团支部中保留团籍的党员的模范作用，紧跟党走。学院团委要定期向学院党委汇报相关工作，也应积极邀请学院领导班子参与到学院团工作中，如担任"青马导师""团务知识竞赛"评审等，从而提升学院团委的地位，获得更多支持。服务手段需丰富，学院团委和团支部开展团工作时，要遵循规律，紧密贴合"00后"大学生的思维习惯，个性化定制专属于"00后"大学生的团学活动，保证每一位团员参与其中。过去传统的理论宣讲、专题讲座形式仍可适当保留，但更应融入新的时代元素，结合当下热点进行创新，切实提高团员青年的学习和生活能力，精准定位团组织的服务职能，履行用心、用力服务学生的职责，成为团员青年真心热爱的组织。

（五）信息宣传"助力"

互联网时代下，酒香也怕巷子深，传统共青团工作的思路也应随着新媒体技术和手段的崛起产生相应的调整，充分利用新媒体的媒介，将新技术与传统工作优势相结合，才能助力共青团工作取得成效，更好地适应"00后"大学生的思政育人过程。

打造共青团网络阵地，"00后"大学生几乎一日离不开网络，大学生们在哪里，学院团委和团支部的工作就要触及到哪里，无论是微信公众号、抖音、哔哩哔哩，主动占领网络阵地，牢牢把握网络话语权，是当下做好大学生共青团工作的必需步骤。南京财经大学财政与税务学院微信公众号"NUFE财情税意"拥有超过3000名粉丝，一周三至四次的更新频率，内容推送包括学风建设、团学活动、读书笔记、社会实践、心理教育等方方面面，第一时间报道学院的各项新闻，被财税团员青年亲切称为"财小税"。2021年母亲节前夕，一封写给母亲的情书刷爆南京财经大学财政与税务学院师生的朋友圈。学院研究生党支部书记周立新老师将对母亲说不尽道不完的爱化作万字情书，引发师生共情。其原文首先发布于学院微信公众号"NUFE财情税意"，随后被《扬子晚报》报道、被"中国青年报"微博转载。将传统美德教育融入"网络育人"环节，通过学院共青团的正向宣传，唱响属于当代青年的动人旋律，是巧用互联网助力共青团工作的典范。打造共青团网络品牌体系，碎片化、偏好图片是"00后"大学生的阅读特点，因此适应这种变化，成为共青团网络工作的重要方法。通过持续开展"与春书"云阅览室、建设"青年之声"品牌栏目，举办"云打卡春天"摄影大赛等活动，为大学生们提供了有温度、有味道、有内涵的网络文化盛宴，收效显著。

南京财经大学财政与税务学院共青团工作所面临的困境是所有高校二级学院的缩影，既有共性，也有个性，如今学院团委也正通过"五力"积极改进，奋发向上，也已取得了一定的成果。笔者从事高校学院共青团工作已有两年，也将继续从事下去，作此研究也是希望不断加强团的基层组织建设，将观点和方法凝练成文字，形成具有借鉴和传播意义的团支部工作手册，更好地为团员青年服务。

党的二十大精神的青年化阐释

邱 然[*]

摘 要：青年是标志时代最灵的晴雨表，青年工作也是党重中之重的战略性工作，做好党的二十大精神的青年化阐释，既是促进党的二十大精神走深走实的重要举措，更在引导和带领青年跟党走、跟党干两方面具有至关重要的意义。其着力点有三：阐释内容，讲清党的十八大以来党的伟大成就、创新理论和中心任务；阐释主体，让青年成为阐释党的二十大精神的主力军；阐释方式，用青年喜欢的方式生动阐释党的二十大精神。要采用青年易于感知的方式、让青年讲出自己身上的故事、引领青年积极探索解决问题，才能推动党的二十大精神在青年群体中走深、走实。

关键词：党的二十大精神；青年化阐释

青年是党的事业后备军，是祖国的未来，是民族的希望，党始终把青年工作放在至关重要的位置来做。习近平总书记在党的二十大报告中指出：全党要把青年工作作为战略性工作来抓，用党的科学理论武装青年，用党的初心使命感召青年，做青年朋友的知心人、青年工作的热心人、青年群众的引路人[1]。习近平总书记的讲话对青年工作寄予殷切厚望，更是对抓好青年工作提出了明确要求。这不仅为高校思想政治工作者锚定了新时代背景下青年工作的战略定位，更精确道出了新时代青年工作的情义底色和道义密码，也为高校思想政治工作者推动青年工作不断发展完善提供了方法论的指导和实践道路的引领。根

---

[*] 邱然，现任中国政法大学人文学院团委书记，辅导员，讲师。
[1] 习近平：《高举中国特色社会主义伟大旗帜 为全面建设社会主义现代化国家而团结奋斗——在中国共产党第二十次全国代表大会上的报告》，载《人民日报》2022年10月26日，第1版。

据新时代青年群体的思想和行为特点，面向第二个百年奋斗目标的新征程上，持续加强党的二十大精神的青年化阐释，是深入贯彻落实党的二十大精神的重要举措和关键做法。如何向青年阐释好、宣传好党的二十大精神更是一项关乎民族根本基业和国家长远未来的战略性工作。

一、党的二十大精神青年化阐释的意义

做好党的二十大精神的青年化阐释有利于引导青年跟党走，其中最为关键的在于在思想上带动、引领青年，只有真正牢牢抓住青年的思想导向，才能让广大青年自觉听党话、跟党走。近一个世纪以来，中华民族实现了站起来、富起来、强起来的三步飞跃，这些成就都依靠于包括青年群体在内的广大人民群众。目前高校在校学生的年龄都是20岁左右，到2035年进入党的第二个百年奋斗目标第一阶段时，大部分人处在30岁左右，正是人生的黄金时期；到本世纪中叶进入党的第二个百年奋斗目标第二阶段时，大部分人还不到60岁。可以说当代青年的人生发展脚步与新征程的发展脚步是极其吻合的。今后党要实现奋斗目标还需要依靠青年。当前只有把党的二十大精神"青年化"，让党的二十大精神入脑入心入魂，才能有效引导青年跟党走，引领他们坚定地走在中国特色社会主义道路上。

做好党的二十大精神的青年化阐释有利于动员青年为党干，就是动员他们始终"围绕中心，服务大局"，团结带领广大青年在全面建设社会主义现代化国家中建功立业。建党百年以来的宝贵经验和光荣传统就是持续动员青年围绕党的中心任务而奋斗。过去一个世纪以来青年的运动史就是一部青年人的奋斗史。未来，社会主义现代化强国的实现、中华民族伟大复兴的实现，最终还是要回归到靠无数青年人的坚持不懈和矢志奋斗。中国共产党第二十次全国代表大会明确了党和国家未来的中心任务，这也为当代青年指明了奋斗的方向和目标。面向青年做好党的二十大精神的阐释工作，有利于引导青年为全面建设社会主义现代化而接续奋斗，为实现中华民族伟大复兴持续贡献青春力量。

二、党的二十大精神青年化阐释的着力点

首先是要讲清过去十年和过去五年以来党的主要成就，党的创新理论和中

心任务。绝大多数青年都是党的十八大以来发生的伟大变革和取得的历史性成就的见证者、参与者、经历者、建设者，这些伟大成就是鼓舞和激励青年群体矢志不渝奋斗的力量之泉和丰富资源库。要不断深入挖掘与青年群体密切相关的各领域、各方面的素材，不仅讲清这十年的成就，更阐明背后蕴含的深刻道理。阐明当前实现第二个百年奋斗目标所具有的实践基础和风险挑战，以及党为实现宏伟目标而绘制的广阔蓝图和精细规划，激励青年把党的初心使命作为自己的立业根本，自觉将目光和重心聚焦于党和国家的中心任务，围绕中心任务，树立远大理想，培养过硬本领，陶冶道德情操，成就伟大梦想。

其次应让青年成为阐释党的二十大精神的生力军。党的二十大精神要想真正走入青年之中，贴近青年心声，最关键是要让青年本身成为党的二十大精神阐释的主力。做好党的二十大精神宣讲，青年重任在肩，各行各业的优秀青年代表和积极分子都应该被广泛吸收。承担宣讲任务的青年讲师群体首要是加强理论学习，先学一步、学深一步，确保对党的二十大精神有全面而深刻的认识和理解，通过深入学习增强青年对党的二十大精神的情感认同。建立长效宣讲机制，持续跟进青年的学习进展和实践成效，确保不断深化。鼓励青年将学习成果转化为实际行动，将党的二十大精神落到实处，发挥青年榜样的示范作用。

最后应该注重用青年人喜欢的方式阐释党的二十大精神。用"青年话语"阐释党的二十大精神，持续深入了解青年的所思、所想，不断更新话语体系、创新话语方式，把抽象的理论原理转化为实际生活中的事例，用生活中通俗易懂的语言阐释党的理论和党的二十大精神，先让青年走进来，再让青年学进去。当前青少年中网民群体庞大，他们被称为"网络时代的原住民"，互联网的快速发展导致网络平台已经成为影响青少年思维方式的重要阵地，B站、抖音等视频网站也已经成为青年群体获取信息的重要途径。做好党的二十大精神的青年化阐释应主动利用青年群体接受新鲜事物能力强、掌握新兴技术速度快的优势，坚持网上网下相统一，去有青年的地方阐释党的二十大精神，青年在哪里，党的二十大精神的阐释就发生在哪里。运用"融媒体"理念和新媒体技术，使党的二十大精神在青年喜闻乐见的平台上广泛传播，始终掌握网络时代背景下青年思想政治领导的主动权。

三、党的二十大精神青年化阐释的实践路径

（一）采用青年能感知的方式深入解读党的二十大精神

青年人由于社会实践体验不足，对党的二十大精神从何而来、为何形成和如何实践的理解还缺乏一定的深入性，因此一方面要采用传统的理论讲授方式，另一方面也要善于采用青年易于感知的方式来解读，用青年喜闻乐见的方式引导青年、带动青年、影响青年。

青年群体对党的二十大精神的认同始终都建立在真实的获得感、幸福感的基础之上，针对青年情感充沛、感知能力强的特点，辅之以仪式感强且沉浸式的方式阐释理论，带领青年亲身经历、实地考察、实地调研，用实际成绩阐释理论，让青年真实感受到社会美好生活现状，有效提高青年对党的认同感和归属感，实现事半功倍的实际效果，从而达到青年对党的二十大精神有较为清晰认知的目标。

（二）邀请青年讲自己的故事，积极传递强大精神力量

为了能讲好党的二十大精神的深刻内涵，要选取最生动的事件、最突出的人物、最鲜明的标志、最典型的案例，让最有说服力的人用最贴近青年的语言说话，讲述新时代党和国家取得的辉煌成就，描绘国家的未来发展蓝图，引导青年从过往中获得启迪，从榜样中汲取力量。

真实的故事可以让一张张图片、一串串数字变得更有温度和概念，青年受众群体也不再是被动地接收，而是在无数优秀青年的故事中找到共鸣、看到发展方向，发现未来的自己。优秀青年代表讲出自己的故事，激励更多的青年成长为有理想、敢担当、能吃苦、肯奋斗的时代新人，让党的二十大精神在青年心中生根发芽。

（三）引领青年探索解决问题，有效培养理论思维能力

中央苏区时期毛主席在江西进行寻乌调查就曾得出结论"调查就是解决问题""没有调查，没有发言权"[1]，他在《实践论》一文中也提出："真理的标

---

[1] 毛泽东：《毛泽东选集》（第1卷），人民出版社1991年版，第109-110页。

准只能是社会的实践"[1]。调查和实践永远是至关重要的法宝，检验真理的标准也永远不能仅在理论范围和主观领域内寻找，一定要和客观世界相联系，能把理论和客观世界联系在一起的正是实践，也唯有实践。只有引领青年在实践中运用党的创新理论探索解决问题，建立起理论思维能力，才能确保青年在理论学习中学清楚、在日常生活中做出来。

促进青年在实践中真正看到新时代十年的巨大成就，立足于社会主义现代化建设的实际情况，强化时代认知，坚定历史自信，增强理论思维。在帮助青年做好自身职业生涯规划的同时，促进青年与民族的发展方向和祖国的前进道路同呼吸、共命运，更好实现自身价值，贡献青春力量。

习近平总书记指出："青年是常为新的，最具创新热情，最具创新动力。""只有当青春同党和人民事业高度契合时，青春的光谱才会更广阔，青春的能量才能充分迸发。"[2]正因如此，在新的伟大征程上，我们更需要因时而进、因事而立，不断推进党的二十大精神"青年化"。

---

[1] 《实践论（一九三七年七月）》，载 https://www.chinacourt.org/article/detail/2003/09/id/80179.shtml，最后访问日期：2024年7月12日。

[2] 习近平：《在庆祝中国共产主义青年团成立100周年大会上的讲话》，载《人民日报》2022年5月11日，第2版。

高校师德监督体系中的信任理论、制度及重构方案

任国征[*]

摘　要：高校师德监督体系中的信任理论、制度和重构既是我国高校师德监督体系的重要组成部分，也是我国社会诚信体系和金融征信体系的主要建设方向。高校师德监督体系中的信任在很大程度上受到了主流媒体宣传以及公众对治理过程、政治经济形势以及公共服务评价的影响。从"不完全契约"或"不完全合同"的讨论中概括出高校师德监督体系中的"不完全"的含义，然后阐述高校师德监督体系中的不完全信任与权力寻租的相互关系。高校师德监督体系失信行为是当前高校师德监督体系事业长期存在的顽疾，部分申请人违规骗取救济的做法严重干扰了高校师德监督体系机制的顺利运行。规范高校师德监督体系失信行为和信任重构，对高校师德监督体系事业的顺利开展至关重要。如何看待寻租滋生和信任重构在高校师德监督体系中的意义，仍有待进一步研究。

关键词：高校师德监督体系；信任理论；制度解析；信任重构

高校师德监督体系中的信任理论、制度和重构既是我国高校师德监督体系的重要组成部分，也是我国社会诚信体系和金融征信体系的主要建设方向。在诚信理论构建中，信任理论对高校师德监督体系诚信体系起着基础支撑的作用。因为市场经济作为信用经济，其对"信用"或"信任"的设定是"完全理性主义"，实际上，"信任"作为一种预防不确定的先设条件并非"完全理性"，而是"不完全"的。基于以上理论设定，本文提出以下假设：正是由于经济运行

---

[*] 任国征（1975-），男，中央财经大学绿色金融国际研究院，研究员，健康金融实验室主任。

过程中的高校师德监督体系诚信体系中的"信任不完全性"催生了高校师德监督体系诚信体系中的"制度"建构的必要性,而高校师德监督体系诚信体系中"制度"作为防备不确定的"后设"条件自身同时也呈现出"不完全性"特征,高校师德监督体系诚信体系中制度的不完全性或有限理性,促使权力寻租的发生。因此,高校师德监督体系诚信体系中信任与权力寻租之间并非完全对立的关系,而是有着复杂的逻辑演化进路。

一、高校师德监督体系中的信任理论分析

对于信任的研究,除了心理学、社会学、经济学等学科外,还涉及到了政治学、哲学、文化学[1]等学科。综观来看,现代信任研究发源于西方,并呈现出流派众多、异彩纷呈的现象,而且在不同的时期,其理论预设、理论重心、理论创见也各有不同,比如信任具有悠久的思想文化传统,作为一种背景性因素而存[2],人们日用而不觉。直到20世纪50年代,信任才受到学界的重视,它反映了两大背景:"一是学者们在学理上越来越想搞清楚它的含义和运行机制是什么;二是社会生活自身的变化开始使信任问题不再被视为理所当然。"根本性的问题则是"缘自人类自身追求的现代化生活",[3]"不确定性"是现代化生活的常态。

(一)西方信任研究概述

社会学家西美尔在其1900年出版的《货币哲学》中指出:"离开了人们之间的一般性信任,社会自身将变成一盘散沙,因为几乎很少有什么关系能够建立在对他人确切的认知之上。如果信任不能像理性证据或个人经验那样强或更强,则很少有什么关系能够持续下来。"[4]20世纪50年代以来,"信任"被视为一种心理现象而首先受到心理学家的重视,信任心理学的开创者是美国的多伊奇(Deutsch),他从解决"冲突"问题入手,通过囚徒困境实验得出信任是

---

[1] [波兰]皮奥特·斯托姆卡、闫健:《信任、不信任与民主制的悖论》,载《经济社会体制比较》2007年第5期。

[2] 郭慧云:《论信任》,浙江大学2013年博士学位论文。

[3] 翟学伟:《信任的本质及其文化》,载《社会》2014年第1期。

[4] [德]西美尔:《货币哲学》,陈戎女、耿开君、文聘元译,华夏出版社2002年版,第178-179页。

对环境刺激的反应，此外，信任是一个人对未来的可信期待，当期待落空后，将给当事者带来严重的负面心理影响。此后，心理学家罗特（J. Rotter）、赖兹曼（L. Wrightsman）、霍斯莫尔（Hosmer）等人借助于心理学测量，循着人际信任理路探究了信任，并得出结论："信任就是个人人格特质的表现，是一种经过社会学习逐渐形成的相对稳定的人格特点"[1]。社会心理学家 Lewis，Weigert 等人则把理性、情感视为信任心理学的两个重要维度。

信任心理学的"人际关系"视角，提出了"社会关系""社会制度"等视角，也即从一种更宏观的视域来界定和阐释信任。其代表人物分别为：韦伯（Weber）、卢曼（Luhmann）、巴伯（B. Barber）、爱森斯塔德（S. N. Eisenstadt）、迪尔凯姆、帕森斯（Parsons）、祖克尔（Zucker）、科尔曼（Coleman）、吉登斯（Giddens）、什托姆普卡（Sztompk）、Earle &Cvetkovich 等人。卢曼将信任视为简化复杂性的机制之一，将其视为嵌入社会结构和制度的机制之一，并提出了人际信任和制度信任的区分。巴伯将信任视为一种"期待"，并以期待为基础区分了三种信任："①对自然及道德秩序的预期而形成的一般性信任；②对与自己有人际关系及社会角色往来的人能够称职表现的预期而形成的技能信任；③对他人能彻底承担其被托付的责任并不惜牺牲自身利益的预期而形成的义务信任。"[2] 吉登斯区分了传统的信任和现代的信任；祖克尔从发生学的角度区分了基于交往经验的信任、基于社会文化特性的信任、基于制度的信任；齐美尔、科尔曼、什托姆普卡等人则从功能论的角度阐述了信任。

在经济学的视域中，信任起初被视为一种规避风险的理性计算，比如：经济学家阿罗（K. Arrow）、赫希（F. Hirsch）、科尔曼（Coleman）、威廉姆森（Williamson）等人认为，信任被视为一种稀有的社会资本，能够帮助人们规避交易过程中间的违规、违约等行为，在这种理论视野下的"信任"应该被视为一种"前设条件"或"事前效率"。但随着经济学理论的继续发展，古典经济学的"理性人"假设逐渐受到质疑，学者们发现人们在日常生活中不但存在着理性的算计，而且还存在着很多非理性的行为，由此推导出"文化因素"对经济生活存在着重要的影响，此一结论的结果是使信任的理性研究延伸到政治学、

---

[1] 岳瑨、田海平：《信任研究的学术理路——对信任研究的若干路径的考查》，载《南京社会科学》2004 年第 6 期。

[2] 郭慧云：《论信任》，浙江大学 2013 年博士学位论文。

伦理学、文化学等学科，代表人物是福山（Fukuyama）。福山将信任的本质归结为"源于人性基础之上的社会资本"，"人们自发组织社群并进行各种互惠合作的天性和争取被认可的本性是形成信任的主要源泉和基础，"[1]因此，"福山的信任概念，是和传统、习俗、伦理道德、文化交织在一起的，是介于理性与非理性、全知与无知之间，它与经济学理性选择理论所认为的'信任是一种理性'是很不一样的"[2]。由福山开创的信任研究打破了以往单一学科的研究视角，而是取综合多学科视角，从而开创了信任研究的交叉学科先河，而其最新发展则是组织信任的研究。

总之，西方关于信任理论可以概括如下：①在概念方面，由早期心理学的单向性人际信任到社会学双向性特殊信任与一般信任；社会信任与系统信任及其人际信任和制度信任；再到经济学的计算信任、制度信任和个人信任。②在研究层次方面，研究重点从心理学微观个体的心理认知及行为，转变为社会学及经济学的宏观社会关系。③在信任的来源和基础方面，从个人特质到社会环境（制度文化等非经济因素）再到理性计算的认识轨迹。④在人性的假设方面，存在着经济学的"理性"和其他社会科学的"非理性"之争。[3]其理论创见也呈现出鲜明的西方特色，翟学伟将西方信任归结为五个不同的方向："①对他人善良所抱有的信念或一种健康的心理特质；②对他人特点的反应；③对他人行为的期待；④一种有待证实的冒险行为；⑤对社会系统正常运作的某种期待"。它们背后的价值体系就是个人主义。[4]崔巍认为西方信任理论研究主要存在四种取向：①将信任理解为对情境的反应，是由情境刺激决定的个体心理和行为。②将信任理解为个人人格特质的表现，是一种经过社会学习而形成的相对稳定的人格特点。③信任是人际关系的产物，是由人际关系中的理性算计和情感关联决定的人际态度。④将信任理解为社会制度和文化规范的产物，是建立在法理或伦理基础上的一种社会现象。[5]

（二）中国信任研究概述

自 20 世纪 80 年代信任研究传入中国以来，围绕中国的信任文化、信任状

---

[1] 郑小鸣：《信任：基于人性的社会资本——福山信任观述评》，载《求索》2005 年第 7 期。

[2] 岳瑨、田海平：《信任研究的学术理路——对信任研究的若干路径的考查》，载《南京社会科学》2004 年第 6 期。

[3] 汪戎、顾江洪：《信任及其经济意义：研究现状与趋势》，载《思想战线》2011 年第 6 期。

[4] 翟学伟：《信任的本质及其文化》，载《社会》2014 年第 1 期。

[5] 崔巍：《社会信任及其经济意义》，载《社会科学辑刊》2010 年第 6 期。

况、信任建构等取得了丰硕的成果。相比于西方社会科学对信任的多学科、宽领域的研究状况，中国信任研究早期局限于"诚信"研究，直到90年代后，"信任"才受到众多学者的关注，尤其是郑也夫、彭泗清、高兆明、张康之等学者将研究重心集中于"信任"。当前，中国信任研究中心为：

其一，中国信任理论。马克斯·韦伯认为中国人的信任建立在血缘共同体基础上，是一种难以普遍化的特殊信任，其内含着两个方面的含义："第一，在中国社会，家族亲属关系或准亲属关系所构成的网络是一种封闭性的网络；第二，由这种封闭性网络所建立的特殊信任是无法普遍化的"[1]。韦伯所论阐述了特殊信任与普遍信任的区别，但韦伯对中国信任文化的界定是否确当则是存在争议的，如果韦伯所论确为中国实际，那么中国信任文化便面临着推倒重建，也即由特殊信任转变为普遍信任的挑战，如果韦伯所论不够确当，那么中国信任文化具体为何则又有待进一步澄清。陈伟平认为中国网络式信任的维持依赖于两个因素：差序格局结构和拟亲化过程。[2]而翟学伟则认为"中国人的信任特点不在于是特殊信任还是普遍信任，而在于是借助于网络化的方式制约，还是制度化的方式制约。"[3]周怡认为传统中国是"家本位—关系信任"。[4]高玉林、杨洲认为"中国社会信任呈现为桩式和圈式结构，西方社会信任表现为网式结构"。[5]

其二，中国信任危机。改革开放以来，中国社会信任状况越来越受到社会的关注，很多学者认为中国的信任状况正遭遇着"信任危机"。[6]徐贲认为中国目前的信任匮乏是信任处在一种正在转化、有待充分形成的时期，导致信任匮乏的根源涉及两个方面：社会大环境中的制度可信性大幅下降，中层制度失去效力；社会腐败严重。此外，当前中国，过分从"功用"角度考虑信任，而忽视信任背后的"自由、平等"等价值意义。[7]李艳霞在对政治信任研究后指出，"以主流媒体宣传为基础的政治信任是一种风险最高，而且也是最不稳定的信任，以治理绩效为基础的政治信任次之，而以存在惩罚失信行为的制度为基础的信任风险最低，也最为稳固。"

---

[1] 陈福平：《市场社会中社会参与的路径问题 关系信任还是普遍信任》，载《社会》2012年第2期。
[2] 陈福平：《市场社会中社会参与的路径问题 关系信任还是普遍信任》，载《社会》2012年第2期。
[3] 翟学伟：《信任的本质及其文化》，载《社会》2014年第1期。
[4] 周怡：《信任模式与市场经济秩序——制度主义的解释路径》，载《社会科学》2013年第6期。
[5] 高玉林、杨洲：《中西社会信任结构之比较》，载《河北学刊》2006年第4期。
[6] 马得勇：《信任、信任的起源与信任的变迁》，载《开放时代》2008年第4期。
[7] 徐贲：《承诺、信任和制度秩序》，载《社会科学论坛》2005年第2期。

其三，中国信任理论建设。

（三）高校师德监督体系中的信任研究概述

中国公众对于高校师德监督体系中的信任在很大程度上受到了主流媒体宣传以及公众对治理过程、政治经济形势以及公共服务评价的影响。此外，高校师德监督体系中的信任存在着"中央-地方"以及"能力-意愿"的"双重差序信任"格局。[1]王刚指出转型国家制度供给的非规范性造成这些国家正式规则合法性程度降低，从而导致高校师德监督体系中的"信任危机"普遍存在。[2]张维迎认为中国的低信任度源于人们缺乏重复交往和参与重复博弈的机会，以及实施必要的双边和多边惩罚机制。[3]周怡认为中国社会信任危机的实质是普遍主义取向的"社会本位—制度信任"模式的缺失。[4]除了以上四位学者关注的这些领域以外，中国学者还致力于提出具有中国特色的高校师德监督体系中的信任理论，建构信任模型，比如，张康之认为对应于农业社会、工业社会和后工业社会这样三个历史阶段，不存在着习俗型信任、契约型信任和合作型信任等三种信任类型。[5]胡荣对我国城市居民政治信任度进行了调查研究。[6]

综合来看，高校师德监督体系中的信任研究一方面在大量吸收、借鉴西方信任理论、信任模型的基础之上提出了新的理论创见和模型设计。另一方面，高校师德监督体系中的信任研究逐渐由理论引介与阐释发展为紧扣中国经济、社会、政治发展实际，通过调查、走访、问卷等方式研究中国社会信任现状，从而具有很强的现实针对性。高校师德监督体系中的信任研究在取得丰硕成果的同时，也存在一些不足：第一，理论创新能力不强，当前中国信任理论、模型研究依然是以承袭西方信任理论为主，而西方信任学术话语是否契合中国实际则是有待商榷的。第二，中国信任文化传统有待进一步地发掘，中国独特的文化传统也孕育出中国人独特的思维方式、行事风格、人际关系，其间就包括

---

[1] 孟天广：《转型期的中国政治信任：实证测量与全貌概览》，载《华中师范大学学报（人文社会科学版）》2014年第3期。

[2] 王刚：《经济转型中的"信任危机"和市场秩序建立》，载《俄罗斯中亚东欧研究》2007年第1期。

[3] 张维迎、柯荣住：《信任及其解释：来自中国的跨省调查分析》，载《经济研究》2002年第10期。

[4] 周怡：《信任模式与市场经济秩序》，载《社会科学》2013年第6期。

[5] 张康之：《论信任的衰落与重建》，载《湖南社会科学》2008年第1期。

[6] 胡荣、胡康、温莹莹：《社会资本、政府绩效与城市居民对政府的信任》，载《社会学研究》2011年第1期。

东方式的独特信任观,而这有待进一步地发掘。第三,解释现实问题能力不够强,当前的高校师德监督体系中的信任研究仍然过多地停留在理论分析层面,针对当前中国社会、经济、政治的信任现实有待进一步确认和提出有针对性的长期、短期对策。

毋庸置疑,与信任理论紧密相关的学术元素是寻租理论,高校师德监督体系中的寻租理论是由垄断成本的经验计量研究孕育而来的,寻租理论的重大意义在于"把经济学的研究领域从资源在生产领域的配置问题扩展到资源在生产和非生产领域之间的配置问题,把人们追求新增经济利益的行为(生产性的寻利活动)和追求既得经济利益的行为(非生产性的寻租活动)区分开来,增强了经济学对于现实生活的解释能力"。寻租理论的发展使其最终超越经济领域而进入政治、社会等领域,成为解读"腐败"的一个重要视角。早期寻租理论的一个重要支撑点是探讨政府或公权力对经济领域的干预,而随着经济理论的发展,寻租除了导致消极性后果以外,寻租在某些状况下也会催生出积极性后果,而其背后是对"政治与经济"或"权力与权利"关系认识更加深入的结果。对于中国来说,转型的历史大背景决定了政府在经济、社会、政治等领域中的积极主动角色,但政府在运行过程中的寻租腐败现象又不得不引起我们的警惕,因此,如何建构出契合当下中国实际的高校师德监督体系中的寻租抑制和信任重构模型是一件迫切的工作。

二、高校师德监督体系中的信任制度解析

高校师德监督体系中的信任的来源存在着两种理论:其一,理性计算为基础的理性主义框架,也即把信任视为人们理性选择中的规避风险的机制;其二,文化主义框架,也即把信任视为文化传统塑造出来的心理、习俗与模式。不论是理性主义模式或者文化主义模式,都对信任有一个前提预设,也即信任的完全性,比如,相信人的完全理性、确信文化对人的行事方式的全方位影响等。实际上,古典经济学"完全理性"的假设已经在各个方面受到挑战,比如,"有限理性""不完全契约""不完全合同"的讨论等。本文认为信任在现实生活中也具有"不完全性",这里的核心问题在于阐明何谓"不完全"?本文从"不完全契约"或"不完全合同"的讨论中概括出高校师德监督体系中的"不完全"的含义,然后阐述高校师德监督体系中的不完全信任与权力寻租的相互关系。

(一) 高校师德监督体系中的不完全契约中的"不完全"

高校师德监督体系中的"不完全契约"是基于"完全契约"（委托—代理）实践的不可能性而提出来的，奥利弗·哈特（Oliver Hart）和其合作者合写的两篇论文奠定了不完全契约的基石。契约不完全一般有两种理解：责任、义务的不完全或不明确，或无法充分缔结状态依赖的合同。[1]第一代不完全契约或合同主要是 GHM 模型（Grossman、Hart、Moore），契约双方当事人不可能在事前完全预见到未来的或然状况，或者难以向第三方证实这些或然状况，因此事前签署的契约是不完全的，黄凯南认为第一代不完全契约将"不完全性"视为"外生的"。[2]聂辉华认为第一代不完全契约理论的缺陷在于：理论基础不坚实，过于依赖专用性投资，难以解释授权问题。[3]第一代不完全契约（合同）提出后，遭到了埃里克·马斯金（Eric S. Maskin）和让·梯若尔（Jean Tirole）的批评，为了回应马斯金-梯若尔批评，第二代不完全契约不再依赖于资产专用性假设，并且向分析复杂组织迈开了探索性的一步。[4]而黄凯南认为经历过第一代不完全契约后，近年来学者们关注的重点是提出了合同（契约）的不完全性内生化，又可以分为两类：其一，坚持完全理性假设，但在模型中引入更多的环境复杂性，或者通过放松参与者对博弈非均衡路径中的共同信念等，或者通过引入缔结合同和执行合同的成本，来论证不完全合同是参与者理性选择的结果。其二，尝试放松完全理性的假设，建立基于有限理性的不完全合同模型。总体来看，当前流行的不完全合同理论本质上都是基于新古典经济学的理性选择范式。[5]

高校师德监督体系中的契约不完全性一般源于两个方面的原因：其一，签约人的理性认知程度；其二，外部环境的可控性。黄凯南认为契约的不完全性根源于"知识不完全性"或"认知有限"。[6]艾伦·施瓦茨（Allen Schwartz）

---

[1] 蒋士成、费方域：《从事前效率问题到事后效率问题——不完全合同理论的几类经典模型比较》，载《经济研究》2008 年第 8 期。

[2] 黄凯南：《不完全合同理论的新视角——基于演化经济学的分析》，载《经济研究》2012 年第 2 期。

[3] 聂辉华：《不完全契约理论的转变》，载《教学与研究》2011 年第 1 期。

[4] 聂辉华：《不完全契约理论的转变》，载《教学与研究》2011 年第 1 期。

[5] 黄凯南：《不完全合同理论的新视角——基于演化经济学的分析》，载《经济研究》2012 年第 2 期。

[6] 黄凯南：《不完全合同理论的新视角——基于演化经济学的分析》，载《经济研究》2012 年第 2 期。

认为契约不完全性有五个方面原因：语言的限制、疏忽、解决契约纠纷的高成本、不对称信息引起的弱的或强的不可缔约、喜欢合作的倾向。[1]威廉姆森（Williamson）认为契约的不完全性主要是由于不确定性和人的有限理性。[2]梯若尔则将契约不完全性归结于三个方面的成本问题：预见成本、缔约成本、证实成本。[3]人的认知有限性和外部世界的不确定性使得完全契约的达成只存在于理论上的可能性，不完全契约的提出使完全契约的事后监督研究发展至对事前权利的机制设计和制度安排。不完全契约研究提供了一种制度安排，使人们对契约或合同的认识更加深刻。但不完全契约也存在着难以克服的问题，比如，"一直没有在理论逻辑上圆满解答'合同为什么不完全？'其理论基础存在很大的争议，这也导致其研究范式存在内在的逻辑矛盾和冲突，大量有关不完全合同的研究本质上却是关注完全合同。"[4]经典不完全契约模型假定当事人之间的博弈是一次性的，而实际上博弈是多次重复的；假定缔约双方关于投资的所有信息是对称但不可证实的，实际上一个人的投资水平受其能力限制，能力通常是私人信息；假定权力主要来源于当事人拥有的物质资产，而真实的权力可以来源于多种因素（例如，信息、关系网络等）。[5]

通过以上对"不完全契约"的简单回顾，可以发现，"不完全"是对认知有限性、外部不确定性所导致结果的一种状况描述，它区分于"理性人"与"经济人"的完美理性假设，使"契约"的理论描述更加契合现实生活状态，也是由侧重于事后监督的体制机制建设推衍至侧重事前缔约或事前效率的研究。本文意不在于探讨高校师德监督体系中的不完全契约的理论价值及现实效应，而是期望通过对不完全契约的研究概括出"不完全"的具体意指，同时探究它的现实价值和理论不足。

（二）高校师德监督体系中信任的不完全性

不论是作为理性计算的"信任"，还是作为制度文化主义的"信任"，"信

---

[1] [美]科斯·哈特·斯蒂格利茨等著，[瑞典]拉斯·沃因、汉斯·韦坎德编：《契约经济学》，李风圣主译，经济科学出版社1999年版，第96-134页。

[2] 陈赤平：《论契约的不完全性及其经济影响》，载《教学与研究》2005年第7期。

[3] 杨瑞龙、聂辉华：《不完全契约理论：一个综述》，载《经济研究》2006年第2期。

[4] 黄凯南：《不完全合同理论的新视角——基于演化经济学的分析》，载《经济研究》2012年第2期。

[5] 聂辉华：《契约不完全一定导致投资无效率吗？——一个带有不对称信息的敲竹杠模型》，载《经济研究》2008年第2期。

任"从本质上都体现出一种"关系式"的存在,而"信任"正体现出对"关系"的"预期回报性"与"依赖性"。此外,"信任"研究的指向具有两个向度:未来与当下[1],它是从时间意义上的考察。当前的高校师德监督体系中的信任研究往往侧重于空间意义上的区分,而忽略了时间意义上的区分,实际上,空间意义上的区分只是把"信任"研究停留在一个暂时的时间节点上,方便于考察当前的社会信任状况,然后探讨它的来龙去脉及其社会影响,而"信任"作为一种关系式的存在,它往往表达的是一种对未来的期待与回报预期,因此,从时间维度研究高校师德监督体系中的信任才更能呈现出其社会影响意义。高校师德监督体系中的信任作为一种时间意义上的关系式存在,其本质上是对"人与人关系"的一种呈现。郭慧云指出"行动、托付和不确定性"高度概括了信任的内涵,"行动"体现了信任的实践本质,"托付"体现了信任的现代性特质,"不确定性"为信任的本体论研究提供了铺垫。郭慧云认为信任通过"悬置"或"跨越"来应付人类生活中的"不确定性","悬置"和"跨越"除了体现为心理作用外,还体现为实践。在现代社会,信任越来越成为我们生活的环境和氛围。从一个层面来看,"契约"也是作为预防"不确定性"的"关系式"表达,契约作为一种理论假设(合同则是具有严格程式的现代契约),其目的是型构出社会组织,以防"人与人的关系像狼一样",高校师德监督体系中的信任从另一个角度看其实就是"契约",只不过作为契约的信任不存在具体的条文、仪式、程序,从而更多地体现在心理、行为层面。

把高校师德监督体系中的信任视同为一种类型的契约,本文目的不在于探究信任的契约形态,而是为了阐述信任与契约一样也具有"不完全性",如前所论,由于内外两方面的原因,契约具有不完全性,而具有与契约同质性的"信任"同时也存在着"完全性"的理论假设与"不完全性"的现实样态。高校师德监督体系中的信任的完全性体现在以下理论假设上:其一,信任主体的理性假设,信任达成被视为经过计算后的理性选择,或将信任视为文化、习俗、制度塑造出来的一种心理状态,这里忽视了人性的复杂性。其二,信任关系一经达成所具有的稳固性,信任研究往往将一次信任关系视为具有持久性的存在,而实际上,信任关系体现出持续的变动性,它不是一次性的,更不是一经达成便固化不变的。其三,信任与不信任的二分法,信任研究往往将信任与不信任

---

[1] 陈健:《社会资本结构分析》,载《经济研究》2007年第11期。

视为二元对立状态,而实际上从不信任到信任之间是一个光谱系,存在着多个中间样态。[1]信任的不完全性是对介于不信任和信任的光谱中间地带的描述,它体现出高校师德监督体系中的信任的以下特征:第一,信任达成的多次性,信任的达成其实质是人际关系的博弈过程,正如不完全契约所引发人们思考的,契约的达成是多次博弈的过程,因此,信任的达成也不是一次性的,而是呈现出多次性、复杂性。第二,信任主体的有限理性,基于人们认知的有限性,才提出了信任的必要性,信任是对不可预知未来的一种补救或保障措施。第三,信任的外部环境性,文化学、社会学强调外部环境(传统文化、既有制度、习俗、惯例,等)对信任形成的重要意义,但环境与信任的关系体现出一定的复杂性:一方面,环境影响信任的形成,信任也会成为环境生成的外在条件;另一方面,环境与信任又体现出某些不相对性,比如,民主制度往往被视为信任生成的重要外部条件,但信任与民主又不存在必然的相关性,某些非民主制度往往具有高度的信任,某些民主制度则长期存在着低信任度状况。此外,东西方信任生发的历史文化传统、内在机制完全不同,因此,提出一种具有普适性的信任理论是困难的,有时是无法完成的。

综合来看,高校师德监督体系中的信任是一个复杂的社会现象,它既具有内在的心理因素,同时又体现出相应的外部性,从预防不确定性、预期保障方面来看,它与合同、契约具有相同的功效,但信任毕竟不是契约,信任很多时候又扮演着契约的先在条件功能,因此,从契约的不完全性去推导信任的不完全性不代表着信任是契约的一种或契约是信任的一种。当前对高校师德监督体系中的信任的研究,已经突破早期局限于某一学科的特征,而发展出交叉学科研究,此外,信任研究的具体化也成为一个热点问题,尤其是中国信任状况考察等。高校师德监督体系中的信任理论所呈现出来的理想性、完备性,其价值在于理论预设与模型建构,将信任从理论回归到现实社会,必须从完全性回归到不完全性,只有从信任的不完全性出发才能把高校师德监督体系中的信任研究落到实处。

(三)高校师德监督体系中不完全信任、制度与寻租

高校师德监督体系中信任的不完全性,也即主体的有限理性、环境不可预

---

[1] 翟学伟:《信任的本质及其文化》,载《社会》2014年第1期。

知性、过程的长期性使得信任效能的发挥会呈现出软约束、短期等特征,因此,需要相应的规约机制与信任相配套,而这也就是"制度"。何谓制度?诺思认为制度提供了人类相互关联影响的框架,确定了构成一个社会或更确切地讲,一种经济秩序的合作与竞争关系。制度是个人与资本存量、物品与劳动产出及收入分配之间的过滤器。如前所论,高校师德监督体系中的信任与制度之间是一种复杂的关系,比如:翟学伟认为"一个社会建立了一套发达的约束机制,那么其中所发生的信任关系并不能证明该社会具备信任,只能证明很难发生不信任;我们还需要懂得,一个社会也不一定非得具备信任,它可以有信任,也可以没有信任,因为只要有约束机制存在,社会依赖性就在;社会依赖性在,即使缺少信任,也不至于解体,只不过社会运行的成本会不断增加罢了。"[1]纽顿指出"个体的社会信任有助于建立合作性的社会关系,有效率的社会组织和政治组织是建立在这种社会关系之上的,这是一个从下到上的过程。有效率的社会组织和政治组织有助于建立有效率的和合法的政府,这样的政府又有助于建立高水平的社会资本和发展良好的公民社会所需要的社会条件——这是一个从上到下的过程"。[2]斯托姆卡指出"民主秩序是孕育信任的重要力量。假如其他因素相同,那么,信任文化最有可能在民主制下萌发。这是一种充满悖论的机理,即信任文化的出现恰恰得益于民主建构中的制度化的不信任。制度化的不信任程度越高,自发信任的水平就越高。我将这称为民主制的悖论"。[3]在肯定信任与制度关系复杂性的同时,还必须关注到制度的一个特征:制度的不完全性。

作为规范社会中个人和集体行为的规则框架,高校师德监督体系中的制度调整的是对利益的分配,制度效力的发挥一方面依赖于民众的认可与服从,这也可以被称为制度信任,也即制度的合法性来源;另一方面依赖于强力的保障,在现实生活中,以公共权力的形式表现出来。制度作为人为构造出来的一套规则框架,它既承载了人们对社会价值的看法,同时也是维持社会秩序的有效手段,但制度从来不是完美无缺的,制度的设计与实施都有赖于人的理性认知,

---

[1] 翟学伟:《信任的本质及其文化》,载《社会》2014年第1期。

[2] [美]肯尼斯·纽顿:《信任、社会资本、公民社会与民主》,于宝英、索娟娟译,载《理论视野》2012年第12期。

[3] [波兰]皮奥特·斯托姆卡:《信任、不信任与民主制的悖论》,闫健译,载《经济社会体制比较》2007年第5期。

而人的理性认知能力是具有有限性的，因此，制度也具有一定的不完全性。高校师德监督体系中的制度的不完全性在实际运作中的表现为制度效能的有限性，从而为寻租留下了空间，比如，刘欣从权力衍生论的角度阐释中国社会阶层分化问题，他指出"权力衍生论特别指出，在当前中国社会主义市场经济的制度安排下，公共权力除了表现为再分配权力外，还在分权让利的改革和市场化过程中衍生成寻租能力。"[1]里·贝尔辛格、小罗伯特·B.埃克隆德、罗伯特·D.托里森等人在论述寻租活动的兴衰时指出"①专制政体乃是寻租活动原因的原因，即垄断的根源。②从君主专制到民主政体的嬗变转换，正是寻租活动由兴至衰的一个历史软迹。"此外，按照西方早期寻租理论的预设，寻租的发生就是由于政府（权力）介入了经济领域，政府（权力）具有主动设租、创租的动力等，这也是现代学者取得共识的一种观点。经过以上对高校师德监督体系中的信任、制度、寻租的逻辑推衍之后，我们可以简略地勾画出三者的关系图：

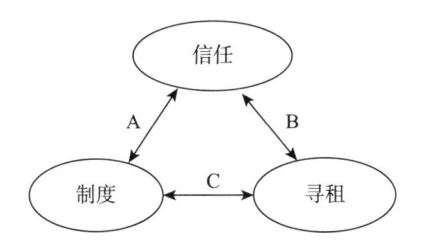

图9 信任、制度、寻租关系图

资料来源：作者绘制

由此可见高校师德监督体系中的信任、制度、寻租三者之间形成了三对关系，这三对关系中信任与制度的关系以A代表，制度与寻租的关系以C代表，信任与寻租的关系以B代表，下面本文将提出三者关系的假设：

1. 信任与制度（A）：

（A1）信任是制度构建的先在社会条件，信任度影响制度实施的效能。

（A2）制度差异决定着一个社会的信任类型、信任水平。

2. 信任与寻租（B）：

（B1）不同的信任对寻租起着不同作用。信任与寻租的关系是复杂的。

---

[1] 刘欣：《当前中国社会阶层分化的多元动力基础——一种权力衍生论的解释》，载《中国社会科学》2005年第4期。

(B2）寻租抑制了普遍信任，助长了特殊信任。

3. 制度与寻租（C）：

(C1）制度可能助长寻租，也会抑制寻租。

(C2）寻租可能是制度的产物，也会成为制度合法性基础。

通过以上对 A、B、C 三种关系的简单阐释，我们可以发现高校师德监督体系中的制度、信任、寻租三者之间并不是简单的决定与被决定关系，而是一种相互影响的复杂关系。对于不同的社会来说，高校师德监督体系中的信任、制度、寻租三者的排列组合会呈现出不同的面貌，比如对于自由主义学派来说，他们对于三者关系的选择会是：民主制度是社会信任的基石，国家应不干预经济，由此也就抑制了社会寻租（主要是权力寻租）的发生。

三、我国高校师德监督体系中的信任重构方案

高校师德监督体系中的失信行为和信任重构不论是作为理性计算的"信任"，还是作为制度文化主义的"信任"，"信任"从本质上都体现出一种"关系式"的存在，而"信任"正体现出对"关系"的"预期回报性"与"依赖性"。此外，高校师德监督体系中"信任"研究的指向具有两个向度：未来与当下[1]，它是从时间意义上的考察。当前的高校师德监督体系诚信体系中信任研究往往侧重于空间意义上的区分，而忽略了时间意义上的区分。实际上，空间意义上的区分只是把"信任"研究停留在一个暂时的时间节点上，方便于考察当前的社会信任状况，然后探讨它的来龙去脉及其社会影响，而"信任"作为一种关系式的存在，它往往表达的是一种对未来的期待与回报预期。我国高校师德监督体系的信任重构中存在不完全性，比如：渐进式改革下的双轨制、权力界限的不清晰等，由于高校师德监督体系制度自身的不完全性导致的寻租发生，或者是在大规模寻租发生的背景下，高校师德监督体系依然可以表面平稳运行，这也就是所谓的"寻租悖论"。除此之外，我们也可以发现高校师德监督体系诚信体系内部存在的一种独特的信任文化，如前所论，信任是对未来不确定性的一种保障，是一种无具体形式的契约形态，信任使双方当事人对未来的状况具有了可预测性，从而降低了交易成本，增加了社会公共利益，但信任的

---

〔1〕 陈健：《社会资本结构分析》，载《经济研究》2007 年第 11 期。

种类众多，不同的信任所起到的社会效果各有不同，也即在国家利益、地方利益、集体利益、个人利益并不完全一致的背景下，高校师德监督体系中信任在增加社会公共利益方面存在着偏颇性，这也能够从中国传统至现代的信任结构变迁中得以解读，如下表：

表1 中国社会信任关系变迁一览表

	传统	建国后	改革开放至今
经济体制	简单物质生活时代	再分配经济时代	市场经济时代
信任模式	家本位—关系信任	国本位—机构信任	社会本位—制度信任模式的缺失
市场秩序	礼俗的格局秩序	再支配权力的统治秩序	（初期）扩展了的关系市场经济秩序 （深化期）将由关系秩序向法治市场经济秩序过渡

资料来源：作者绘制

　　我国传统信任结构一直是家本位的关系式信任，"改革以来，中国社会出现的'扩展了的关系市场经济秩序'说到底是传统'家本位—关系信任'与'国本位—再分配权力关系'的延续及其叠加效应，是制度信任空缺所导播的市场秩序的替代品；""深埋在中国人心灵深处的特殊主义取向的家本位—关系信任模式、国本位—机构依附信任模式，作为一种本土的文化结构力量抵制和挤压了顺应市场经济发展的、富有普遍主义价值取向的社会本位—制度信任模式。"[1]规范高校师德监督体系失信行为和信任重构，提高国民诚信水平，对高校师德监督体系事业的顺利开展至关重要。为了确保高校师德监督体系事业顺利开展，加强针对高校师德监督体系的诚信建设工作势在必行，现针对高校师德监督体系诚信体系重构提出如下建议：

　　1. 明确高校师德监督体系失信行为认定标准。高校师德监督体系失信行为的认定标准应该从主观、客观、主体、客体四方面出发，而又由于不同个体之间存在着家庭情况、经济条件、价值观等多方面的区别，故建立认定标准不能简单采取列举型的方法。前文中提到的失信行为在设立认定标准时可从以下两个角度出发：一是从资本违规的必需性上出发，即该违规是否出于满足主体经营的需要，不应进行过于严苛的限定；二是从具体的资本违规行为出发，违规

---

[1] 周怡：《信任模式与市场经济秩序——制度主义的解释路径》，载《社会科学》2013年第6期。

金额不能达到所设定的上限，该金额上限可参考刑法或经济法中界定的市场平均价格等设定。

2. 探索建立高校师德监督体系信用评价奖惩机制。根据高校师德监督体系特点建立信用评价指标体系与评估办法，鼓励信息服务组织依法依规采集、处理与使用高校师德监督体系诚信数据，并采用科学的信用评价模型对高校师德监督体系诚信进行考核与评价，逐步形成高校师德监督体系诚信评估制度，搭建诚信数据运用体系。推动信用信息数据产品在资本市场主体的广泛使用，在保障信息安全的情况下，依法依规开展信用数据的查询使用工作。对守信失信行为进行联奖联罚，加大对守信单位与个人的表彰与奖励，建立健全守信者"红名单"管理制度，对守信者在高校师德监督体系领域提出精简程序、"绿灯通行"和特别扶持等的鼓励优惠政策，强化对失信主体的限制与处罚，从行政监管性惩戒、司法性惩戒、行业性惩戒、市场性惩戒与社会性惩戒等维度全方位限制失信行为，公示失信者"黑名单"及违法违规行为的惩处后果，以期加强诚信文化的宣传普及。

3. 加大高校师德监督体系信用信息系统建设力度。靠互联网平台优势，借助已有的行业信息系统，遵循统一数据规范和技术标准、整体规划、不重复建立的原则，整合优化有关信息基础设施，依据国家信用信息数据标准、技术标准、信用数据类别等级要求，推进完善高校师德监督体系业务领域的信用信息系统，实现信用数据数字化保存和使用。优化各地已有的资源共享系统，推动形成全国高校师德监督体系信用数据资源共享体系，形成全国范围内的高校师德监督体系信用数据归集、共享与更新体系，实现全国高校师德监督体系领域的信用数据互联共用。促进社会保障及救助信用信息系统与市场资本监管信用系统的有效衔接，鼓励高校师德监督体系领域信用信息数据与公众信用信息数据的统一归集，为公众信用信息数据系统建立先行的信用数据基础，开拓试点与其他行业领域之间的互联互通。

4. 引入高校师德监督体系第三方专业社会机构。引入第三方社会力量辅助高校师德监督体系工作已在各项文件中得到明确支持，通过引进专业化的第三方社会机构，依靠社工专业化的工作解决高校师德监督体系排查统计核查难的困境，不仅缓解了当前面临的人手不足、专业技能储备不全的问题，还改善了相关业务的独立性，为高校师德监督体系调查工作保驾护航。

5. 建立高校师德监督体系特殊市场资本监管报批制度。以国家各项文件精神为导向，构建特殊报批制度或将成为高校师德监督体系诚信体系建设的重点。以我国香港地区的市场资本监管为借鉴，参考我国香港地区，对市场资本监管等大方向进行详细划分，并针对具体事项设立相关案例释法，并可采取复核机制，要求事后提交银行流水、发票等单据作为留档材料，防止挪作他用并以备后期抽查。

四、总结与讨论

现代市场经济一般被视为信用经济，信任在现代经济社会生活中的基础性作用也是学界基本共识。寻租往往被归结于政府权力干预经济，是一种人为操控经济导致的非生产性经济行为。那么，高校师德监督体系中的信任与寻租之间有有何关联性？信任重构在多大程度上受制于寻租行为？本文认为高校师德监督体系中的信任具有不完全特性，这种不完全性并不反映现代信任的缺陷，而是反映了信任在现实世界中的一种正常状态。信任的不完全性及信任在规范社会秩序中的软约束、短期性等特征使其无法有效规范很多破坏社会秩序的行为，当然包括社会救济中的失信行为和寻租行为。由此提出了高校师德监督体系制度建构和信任重构的必要性，高校师德监督体系制度作为规范个人行为的框架、规则具有强制性、长期性等特征。由于在理论上任何制度也形塑社会信任形态，而信任也是制度维持的背景基础，制度作为一种理论建构产物，它也不是完美无缺的，因而，制度也体现出不完全性，制度的不完全性的现实表现是权力的缺位、越位、失位等。高校师德监督体系制度的管控漏洞使得在救济环节中滋生出寻租现象，权力寻租一方面反映了权力尤其是基层权力的商品化；另一方面也是社会救济在社会秩序中的客观运行反应。在信任与寻租二者之间，特殊信任、人格化的信任不但无法削减寻租，反而会助长寻租，并使寻租者构建起一个利益共同体，普遍化的信任、制度化的信任则能够有效削减寻租，但反过来，寻租的发生有时正是扮演了一个构建信任的过程，因此，社会救济中的寻租也是预防不确定性的一种方式，它体现的是一种独特的信任建构过程。但从另一个角度来看，寻租最终导致的终将是利益化的、短期化的特殊信任模式，它无法生发出能够为全民信奉、具有长远效能的高校师德监督体系信任模式。

本文从不完全性这一视角对高校师德监督体系中的信任、制度、寻租三者关系的建构分析，对于我国现代化转型中的高校师德监督体系失信行为和信任重构具有一定的阐释力。信任、制度、寻租三者之间不是简单的决定与被决定关系，而是一个复杂的、多元的博弈过程，现代社会的健康发展离不开高水平的信任，高效的制度和相机性寻租，但三者之间的具体关系如何作用于高校师德监督体系仍有待进一步的厘清，本文只是从"不完全"这一视角提出了自己的假说，其中仍有许多问题有待进一步地发展与完善。比如，高校师德监督体系中信任何为不完全？完全契约的理论学者在批评不完全契约理论时便指出其核心问题是没有交代清楚何为不完全。另外，在现实社会中，不完全是否存在着一个向完全的发展趋势？这一趋势又是什么样的？对于高校师德监督体系中的信任状况，学者们提出了建设制度化的、普遍式的信任重构模式，但中国传统的信任模式在现代信任建构中扮演什么样的角色？中国传统的信任模式是否就是人格化的、特殊的，对于现代信任模式毫无价值的废弃物？

  要思考和回答以上诸多问题，有必要将学术视线放远。推而广之，除了本文谈及的高校师德监督体系中的失信以外，存在于社会保障领域的垄断、老年诈骗、食品安全等问题都涉及到中国社会的信任、制度、寻租关系问题。如何破解转型期中国社会中存在的信任危机、制度不完备、寻租腐败等问题？突破点何在？众多学者将突破点确定为"制度建设"[1]，但问题在于：有没有完美的制度？每个制度不论民主还是专制都存在创租可能性，因此，思考的重点应该是一方面如何减少无益的租，另一方面如何激发有益的租。当前的很多寻租对策，在摆脱古典经济学"完全理性人"缺陷假设的同时，是否已经陷入"完美制度论"的假设？此外，制度已经成为现代政治的基础，制度化的结果是制度与道德的分离，但制度能否脱离价值的支撑？脱离价值支撑的制度很容易落入技术工具主义的官僚化体制困局，而且无法证成自身的正当合法性。对于寻租抑制和信任重构，以公共选择学派为代表的西方经济理论批评了政府对经济社会的干预，但2008年经济危机的发生再一次验证了市场存在着失灵的可能，宏观调控是经济健康发展的必备因素，政府权力对经济的调控又可能催生寻租腐败和诚信缺失，因此，如何看待寻租滋生和信任重构在高校师德监督体系中的意义，仍有待进一步研究。

---

 [1] 刘岩：《寻租理论与政府行为的分析》，载《生产力研究》2004年第9期。

习近平总书记关于师德师风建设重要论述探析

徐 茂[*]

摘 要：党的二十大报告指出："人才是第一资源、创新是第一动力，深入实施科教兴国战略、人才强国战略……"[1]而学校担负着为党育才、为国育人的重任，更是思想政治教育的主阵地。党的十八大以来，习近平总书记特别重视师德师风建设工作，并对此发表了一系列新论述、新举措，深刻阐明了新时代师德师风建设的科学内涵、师德师风建设的重要性以及如何加强师德师风建设的问题，形成了其关于师德师风建设重要论述，为我们做好师德师风建设工作指明了前进方向、提供了根本遵循。

关键词：习近平总书记；师德师风；重要论述

1985年9月10日我国正式确立了第一个教师节，此后，每年9月10日前后庆祝教师节的活动多种多样，无论是国家层面、社会层面、学校层面、还是个人层面，都表达了对教师的崇敬和感恩之情。随之而来，教师这份职业在广大老百姓心中的地位不断增高。但是，随着经济社会的发展，部分教师存在着诸如理想信念薄弱、道德情操淡化、专业知识不扎实、缺乏仁爱之心等一系列违反师德师风的问题。针对这些问题，党的十八大以来，习近平总书记先后多次赴高校与广大师生开展座谈会或在重大会议上发表一系列重要讲话，表达了党和国家对教师队伍的高度重视以及对师德师风建设的殷切希望。习近平总书记关于人民教师的神圣使命和师德师风建设做出深刻而又精辟的论断，形成了

---

[*] 徐茂（1992-），男，汉族，马克思主义中国化研究，助教。
[1] 《习近平：高举中国特色社会主义伟大旗帜 为全面建设社会主义现代化国家而团结奋斗——在中国共产党第二十次全国代表大会上的报告》，载https://www.chinacourt.org/article/detail/2022/10/id/6979112.shtml，最后访问日期：2024年7月15日。

习近平总书记关于师德师风建设重要论述。

一、习近平总书记关于师德师风建设重要论述的科学内涵

何为师德，全称叫作教师职业道德，是社会职业道德的重要组成部分；师风，指的是教师这个行业所形成的职业氛围与风气。师德师风可以说是广大教师的灵魂。具体来说包含以下几个方面：

（一）加强教师理想信念教育

习近平总书记强调，"教师是人类灵魂的工程师，承担着神圣使命。传道者自己首先要明道、信道。"[1]这里的道应该是一种价值标准和价值取向，应该是处理各种事件和关系中的一种价值判断。我们要传道，传的是马克思主义，传的是习近平新时代中国特色社会主义思想、传的是党的理论创新成果。做到坚定道路自信、理论自信、制度自信和文化自信。但现实中却存在不尽如人意的一系列问题，比如，部分教师没有坚定对马克思主义的理想信念，对党的路线、方针、政策随意指责，不论在私下还是在课堂上，没有深刻地认识到他们这种做法所带来的严重后果，他们对时政热点问题没有采取客观公正的态度，缺乏正确的政治立场，观点偏激，甚至向学生们主张指导思想的多元化等一系列不符合中国时代发展潮流的错误观念，他们把课堂变成了宣扬自己价值主张的场所，将自己的不满随意宣泄，发表一些完全不负责任的言语。正是由于这些教师缺乏正确的世界观、价值观和人生观，不仅对自身的发展产生了局限性，而且还在一定程度上影响着社会主义接班人的人才培养质量。习近平总书记在哲学社会科学工作座谈会上指出："坚持以马克思主义为指导，首先要解决真懂真信的问题……"[2]教师作为一名辛勤的园丁，要明确怎么更好的去浇灌呵护祖国的花朵，前提就是自己要保持思想上的先进性和纯洁性，要把自己正确的思想观念带给每一位学生，努力做一名具有共产主义信仰的好教师。

---

[1]　《把思想政治工作贯穿教育教学全过程 开创我国高等教育事业发展新局面》，载 http://politics.people.com.cn/n1/2016/1209/c1001-28936072.html，最后访问日期：2024年7月15日。

[2]　《结合中国特色社会主义伟大实践 加快构建中国特色哲学社会科学》，载《人民日报》2016年5月18日，第1版。

（二）提升教师道德情操

所谓道德情操其实指的是教师的一种职业道德，它是教书育人的必要条件。"学高为师，身正为范"，一位教师道德情操会对一位学生产生潜移默化、深远持久的影响，教师道德情操是否高尚甚至会直接影响一位学生的未来发展状况。"一个道德情操高尚的教师，他的学生也会是道德楷模；反之，老师道德滑坡，学生的思想自然正不了。"[1]现今，改革开放已经40多年，在市场经济条件下，一些功利主义、享乐主义等错误的价值观愈发明显。部分教师师德师风出现了弱化现象，他们过分强调个人利益，计较个人得失，在学术上不严谨、不规范，甚至抄袭弄虚作假，这种不良习气严重助长了学术界的腐败问题；有的见利忘义，在接收到任务还未完成的时候，就想着这个有没有报酬或者报酬是多少；有的把自己的本职工作放在副业上面，而把副业当作了自己的本职工作，在校外兼职讲座，还乐此不疲；有的为了评奖评优，随意造谣生事，中伤自己的竞争者；有的在生活上比这比那，吃穿住行本是人类的基本需求，却显得极度庸俗；还有的教师把自己的小情绪带到课堂，上课迟到早退，上课接听电话，照本宣科，没有极大地鼓舞学生，激发学生的求知欲望等。这些道德情操淡化的行为可以说在一定程度上损害了教师崇高而伟大的职业形象，不仅在学校还是在社会上都产生了不良的负面效应。因此，要在全社会形成尊师重道的氛围，增强教师的职业荣誉感，彰显教师的生活情趣。践行"百行以德为首"的古人智慧在当今社会尤为重要。

（三）夯实教师的学识基础

习近平总书记强调，"扎实的知识功底、过硬的教学能力、勤勉的教学态度、科学的教学方法是老师的基本素质，其中知识是根本基础。"[2]自古以来，教师就被看作是"智者"的代表。在新时代，更要对教师的职业道德提出新挑战和新要求，他们教出来的学生在物质和精神层面上都要给社会带来具有实用价值的东西，成为推动社会进步发展的力量。只有德才兼备的教师才能教出德

---

[1] 于鹏飞：《习近平"四有"教师指向"四个导向"》，载 https://cpc.people.com.cn/pinglun/n/2014/0911/c241220-25644462.html，最后访问日期：2024年6月27日。

[2] 《习近平：做党和人民满意的好老师——同北京师范大学师生代表座谈时的讲话》，载 https://www.gov.cn/xinwen/2014-09/10/content_2747765.htm，最后访问日期：2024年7月15日。

才兼备的学生，一个没有才能和学识的教师不能视为具有高尚的师德。现如今，部分教师对自己的学科知识不精深、学科领域模糊不清，在教育教学方面比较死板呆板，没有达到一个"传道"者应该有的基本学识，这也就与我国自古以来"学高为师"的古训相背离，尤其在当今信息化大背景下，各种新知识层出不穷。习近平总书记强调，"过去讲，要给学生一碗水，教师要有一桶水，现在看，这个要求已经不够了，应该是要有一潭水。"[1]如果一位教师不能牢牢把握时代的脉搏，没有树立时刻学习、终身学习的理念，不断与时俱进开阔自身的知识面，那么他就有可能脱离时代的队伍，不能站在知识的前沿，更别提能够展现学科魅力，从而限制自身的长远发展以及促进学生学业水平的提升。因此，知识爆炸性的时代背景下，教师要放低自己的姿态，要和他所教的学生一样，带着满满的求知欲，继续补短板，强优势，努力夯实自身，面向世界、面向未来、面向现代化。

（四）强化教师的仁爱之心

习近平总书记强调，"好老师应该是仁师，没有爱心的人不可能成为好老师。"[2]从这个意义上来说，仁义之心是师德的基本要求，也是一位好教师的标配。而"仁""义"作为儒家伦理当中首要的两个基本概念，"仁者爱人"，要求人与人交往联系中要互爱互助，老师对待学生更要爱护有加；"义者，宜也"在这里就要求老师在处理与学生的关系中，要公平正义。它们在华夏 2000 多年文明的历史长河中，不仅发挥了中华民族的核心道德功能，还辐射和影响了中国古代社会的道德体系。学校作为传播这种道德文化的主要阵地，老师作为这种道德文化的主要传播者和践行者，他们的仁义之心往往对学生成长成才产生重大影响。可现实生活中，部分教师没有理解、尊重和宽容学生，过分偏爱自己喜欢的学生，而对调皮捣蛋看不顺眼的学生冷淡排斥，甚至把学生的表现按级划分等，成绩好的学生安排坐在一起，成绩差的学生往往安排在后面，听之任之纵之，没有采取因材施教的教学方式，没有理解学生个体的差异性，没有用放大镜看到每个学生的长处，而片面地用显微镜照大学生的短处等等，这些

---

[1]《习近平：做党和人民满意的好老师——同北京师范大学师生代表座谈时的讲话》，载 https://www.gov.cn/xinwen/2014-09/10/content_2747765.htm，最后访问日期：2024 年 7 月 15 日。

[2]《习近平：做党和人民满意的好老师——同北京师范大学师生代表座谈时的讲话》，载 https://www.gov.cn/xinwen/2014-09/10/content_2747765.htm，最后访问日期：2024 年 7 月 15 日。

做法都会给教师的仁义之心大打折扣。因此，教师队伍的建设任重道远，教师与学生的和谐相处，前提需要教师有仁爱之心，把学生当作自己的孩子一样，亲力亲为，诚心诚意，不辞劳苦弘扬中华民族的传统美德。

二、习近平总书记关于师德师风建设重要论述的价值意蕴

师德师风是评判高素质教师队伍的首要标准，而教育强国的建设、教育教学质量的提高、办好人民满意教育的关键又离不开高素质的师资队伍。进入21世纪以来，党和国家对教育越来越重视，对师德师风建设也极为关注。百年大计，教育为本；教育大计，教师为本；教师为本，师德为先。可见，师德师风建设的重大意义不言而喻。习近平总书记对于师德师风建设有着自己的论断。

（一）师德师风建设是培养担当民族复兴大任的时代新人的迫切需要

习近平总书记强调，"经济建设是党的中心工作，意识形态工作是党的一项极端重要的工作。"[1]进入21世纪以来，世界走进了一个不平凡的时代。这是一个经济全球化、社会多元化、信息网络化、政治多极化的时代。自新中国诞生以来，美国以及西方资本主义国家长期不间断地对我国实施"分裂""西化""颜色革命"的图谋，特别是在改革开放后市场经济条件下，各种不良价值观暗流涌动。说到底，这是一种意识形态的渗透，我们绝不能掉以轻心，听之任之。关于社会主义事业建设者和接班人的问题，我们必须重视起来。教师更是社会主义事业建设者和接班人的重要环节，我们必须从师德师风入手，不断提高教师思想水平、政治觉悟、道德品质、文化素养，让他们自觉抵制西方敌对势力和不良思潮的诱惑。只有他们本身拥有了这个抗体，才能把这种免疫细胞带给一届又一届的学生。要实现"四个全面"战略布局，实现建设社会主义现代化强国的宏伟目标，必须看到科学技术对经济社会发展的巨大推动作用。不管在哪个时代，科学技术的掌握与传播都离不开高素质高水平的教师队伍。比如，优秀教师代表黄大年同志，他心系祖国的发展进步，毅然决然舍弃了国外的薪资优厚待遇，几十年如一日，刻苦钻研，敢于创新，

---

[1]《习近平：意识形态工作是党的一项极端重要的工作》，载 http://www.xinhuanet.com/politics/2013-08/20/c_117021464.htm，最后访问日期：2024年7月15日。

取得了丰硕的科技成果，鞠躬尽瘁、死而后已。习近平总书记强调要以黄大年同志为榜样，学习他的爱国情怀、敬业精神和高尚情操。[1]因此，广大教师应以高尚的师德师风，引领广大学生把爱国之情报国之志融入到社会主义现代建设的伟大事业当中，为实现中华民族伟大复兴提供力量之源和智力支持。

（二）师德师风建设是传递教师教书育人神圣使命的迫切需要

一个时代有一个时代的问题，一代教师有一代教师的使命。2014年5月4日，习近平总书记在北京大学师生座谈会上指出，"教师要时刻铭记教书育人的使命，甘当人梯，甘当铺路石，以人格魅力引导学生心灵，以学术造诣开启学生的智慧之门。"[2]教师的本职工作就是"传道、授业、解惑"，这要求教师要具有强烈的责任感，对国家、社会和人民负责，而其中最基本的就是对学生高度负责。教师是学校教书育人的中坚力量，思想政治教育和精神文明建设都离不开教师。教书育人是教师的天职，应该被教师视为终身事业，通过字面意思，我们可以把"教书"看作是传播知识和技能，而"育人"看作是培育学生的人格，激发创新精神，促进学生的全面发展，既要授之以鱼，也要授之以渔。教书育人特别强调把科学文化素质和思想道德素质有机统一起来，这也是考验一个教师师德师风的重要组成部分。只有师德好的教师，才能既教得好，也育得好。很难想象如果一位教师师德不好，能够成为一名好教师？能培养出"德智体美劳"样样全面发展的好学生？学生处在一个善于模仿的年纪，他们更愿意从受社会尊敬的老师那获取知识与答案，并试图效仿他们，因为他们的言行很大程度上可能引起学生的强烈共鸣。2014年习近平总书记在北京师范大学强调全国广大教师要做"要有理想信念""要有道德情操""要有扎实学识""要有仁爱之心"的好老师。[3]这个"四有"标准就对新时期的师德建设提出了新要求，它是一种从泛化到具体化的一个过程，是一个全新的行动指南。虽然有着诸多挑战性问题，但它的历史使命不能动摇，我们的师德师风建设也要永远在路上。

---

[1]《以黄大年为榜样，习近平强调3个"学习"》，载 https://www.rmzxb.com.cn/c/2017-05-26/1559095.shtml，最后访问日期：2024年7月15日。

[2] 习近平：《青年要自觉践行社会主义核心价值观与祖国和人民同行努力创造精彩人生》，载《人民日报》2014年5月5日，第1版。

[3]《习近平：做党和人民满意的好老师——同北京师范大学师生代表座谈时的讲话》，载 https://www.gov.cn/xinwen/2014-09/10/content_2747765.htm，最后访问日期：2024年7月15日。

（三）师德师风建设是促进我国教育事业内涵性发展的迫切需要

习近平总书记指出，"当今世界的综合国力竞争，说到底是人才竞争，人才越来越成为推动经济社会发展的战略性资源，教育的基础性、先导性、全局性地位和作用更加突显。"[1] 从这个意义上可以说，我国综合国力的提升需要人才队伍的壮大，而这就需要推动我国教育事业的发展，而教师是教育事业发展的依靠力量，师德师风又是教师的里子和根本。他们必须面对"培养什么样的人、如何培养人、为谁培养人"这个重大课题，成为推动我国教育事业内涵性发展的中坚力量，"万世师表"不仅是一位老师的荣誉，也是一所学校所要秉承的一种价值理念。只有充分认识到"德是师之魂"，老师才能提高自身，学校的办学实力和办学标准也才能提高，只有加强师德师风建设，打造高水平的教师队伍，才能促进我国教育事业的内涵性发展，从而提高我国当前整体的教育水平，使我国从教育大国逐步向教育强国迈进。

三、习近平总书记关于师德师风建设重要论述的路径选择

（一）用社会主义核心价值体系武装教师

习近平总书记强调，"理想信念就是共产党人精神上的'钙'。"[2] 这个比喻对于教师来说同样适用。在国家思想道德建设层面，社会主义核心价值体系发挥着重要作用，师德师风的培育培养更需要坚持该体系的主导地位，只有做到这些，才能营造理想信念教育的良好氛围。《中共中央关于构建社会主义和谐社会若干重大问题的决定》中指出："把社会主义核心价值体系融入国民教育和精神文明建设全过程、贯穿现代化建设各方面。"正因如此，我们对社会主义核心价值体系的宣传力度更要不断加大，引导广大教师对其高度重视，不断深入学习。要充分运用各种传播媒介，通过移动互联网等载体，营造学校建设社会主义核心价值体系的良好环境。首先，要在学校中进行先进个人和先进集体的

---

[1]《育才造士，为国之本》，载 http://theory.people.com.cn/n1/2019/0319/c40531-30982639.htm，最后访问日期：2024 年 7 月 15 日。

[2] 习近平：《坚定理想信念 补足精神之钙》，载《奋斗》2021 年第 21 期。

评比,然后进行表彰,最终通过宣传报道从学校走出社会,以此来增强社会主义核心价值体系的凝聚力、感召力和吸引力。其次,学校党委要在各机关、各部门广泛开展马克思主义的理论教育学习,紧跟党中央步伐,及时学习、讨论、研究国家政策及发展形势。党的二十大胜利召开后,我们更要不断增强对马克思主义中国化最新理论成果的信心。特别是拥有党员政治面貌的教师带头做好先锋模范作用,增强社会主义核心价值体系在校园乃至全社会的影响力。最后,教师要深入学习社会主义核心价值体系的理论,可以通过开展多种学习形式,比如座谈会、演讲、辩论赛、主题影片观看、学术报告、专题培训等。随着新媒体的普及,还可以通过网络直播让广大教师实时互动,以此方式增强社会主义核心价值体系在教师心中的认同感。这样,广大教师才能在内心深处拥护社会主义核心价值体系,并实实在在地去践行社会主义核心价值体系。

(二) 激发广大教师的内在道德修养

康德说过:"道德的行为不是产生于强制,而是产生于自觉,达到自律道德,才算真正具有了道德意义。"[1]任何事物的发展都是内外因素相互作用的结果,但对事物的发展起决定性作用的一定是内部因素。因此,师德师风的建设需要充分发挥教师的主观能动性。面对社会的各种诱惑和不良思潮,广大教师在坚定社会主义核心价值体系的理想信念的同时,还要不断提升自身的道德修养水平。虽然教师处在学校的时间比较多,但是他与社会的联系是紧密的。他们在工作中的各种表现都会对学生产生示范带动作用,有一定的权威性和渗透性,但是这种表现有积极的和消极的两个方面,积极的就会更好地引导学生从而直接影响社会风气的改善,而消极的只会让社会风气更加恶化。国家有梦,学校同样有梦,这个教师梦需要广大教师自觉地强化师德意识,不断提升职业道德修养。比如,政治素养、心理素养、教学素养、专业素养。这是每一位教师必须履行的义务,也是每一位学生的权利。中国梦的实现靠人民,教师梦的实现主要靠广大战斗在一线的人民教师。因此,把学生、学校和社会对教师的道德期待转换为自身的践行需要,做到他律与自律的统一,是每一位教师的责任。其中,在自律方面,需要广大教师需要有"慎独"的内在修养,从字面上理解,"慎独"就是要求一个人独处的时候需要有坚定的理想信念和道德情操,

---

[1] [德] 康德:《道德形而上学原理》,苗力田译,上海人民出版社1986年版,第19页。

遵循符合社会规范的道德品质，它的核心是坚持、第一要义也是坚持。因此，广大教师在工作学习中需要经常自省，用更高的"慎独"标准要求自己，发展自己，超越自己。

（三）用"四个统一"统领师德师风建设

习近平总书记强调，要加强师德师风建设，坚持教书和育人相统一，坚持言传和身教相统一，坚持潜心问道和关注社会相统一，坚持学术自由和学术规范相统一。尤其是习近平总书记讲到的第一个统一。首先，它们是教育主体和教育客体的统一，可以说，教育是人类社会生活中的一种对象性活动，教师这个主体通过书本这个媒介向受教育者即学生这个客体传播知识；其次，它们也是职业与责任的统一，教师经常自嘲自己是一名"教书匠"，教书则是他们的一种职业行为方式，育人是他们的责任。教书质量的优劣就要看育人的成效如何；最后，它们是知识传授与人才培育的统一，教书育人就是通过传播知识和技能，培养学生健全的人格，教会他们"做人"与"做事"的统一。对于言传和身教相统一，顾名思义就是教师言行要一致。第一，言行一致是健全人格的重要体现，说多做少，说少做多，只要在一定合理范围内，都是正常的表现。但如果反差太大，言行始终不能一致，那么就不具有健全的人格；第二，言行一致还是检验高尚品德的一个重要标准，唱的好听不如做的实在。我们如何正确全面地看待一个人，需要关注他们是否说话实、做人实、做事实。对于潜心问道和关注社会相统一，就是要求广大人民教师，尤其是高校教师，在专心从事学术研究，追求真理的同时也不要闭门造车，需要把握社会现实，用自己的研究服务于国家经济和社会的发展。对于学术自由和学术规范相统一，就需要给广大专家学者提供一个能沉静下来的学术氛围和空间，而不受到各种死板的条条框框的限制和约束，但是这种自由也是有限度的、有条件的。社会中每一个行业都有一套属于自己的职业道德规范，科研学术领域也不例外，也有自己的一套标准和规范，但它的目的并不是为了限制学术研究，而是为了保障学术研究活动的有序进行。倘若没有了这个规范，学术界必然一片混乱，也会影响相关行业专家学者从事学术研究的积极性，从而不利于社会经济的发展。

习近平总书记提出的这"四个统一"，前两个统一着重强调教书育人，后两个统一着重则强调科学研究。所以，广大教师要认真学习这"四个统一"，深刻领会并一以贯之把握教学与科研的动态平衡，这也是师德师风建设的一个重要着力点。

（四）完善师德师风建设长效机制

师德师风建设并不可能一蹴而就，是一项长期任务，还需要用相关体制机制来支撑。第一，着力加强师德监督。其一，要建立由社会、学校、师生、家长等群体构成的多元师德监督体系，畅通投诉举报渠道，使师德失范行为曝光于阳光之下。同时，对于师德失范举报投诉事件要及时查实、处理与反馈，降低其负面影响。还要建立师德失范情况通报制度，定期向上级主管部门报告师德失范情况。其二，要通过加强师德监督常态化，将师德失范风险降低，营造良好的师德规范自律环境。第二，优化师德考核评价机制。其一，要建立完善的师德考核体系，优化师德考核评价指标，通过科学制定考核程序、考核周期，突出多元主体评价，真正发挥师德考核工作对高校教师队伍师德素养提高的督促、激励作用。其二，要合理运用师德考核结果，将这个结果存入教师个人人事档案，在教师入职选聘、职称评审、评优评先、项目申报、科研奖励等工作中将师德考核结果作为重要的考核指标。第三，严格执行师德失范处罚制度。在师德师风建设中坚持高位引导和底线管控相结合，严格执行"一票否决制"，使制度约束作用得到有力彰显。同时要健全责任追究机制，坚持失责必问、问责必严，根据职责权限和责任划分，对监管不力、履责不力的相关单位和责任人依纪依规问责。四是师德师风制度建设要与其他政策相结合。在实践过程中，教育培训和教师自觉自律在师德师风建设中独立发挥作用的效果是有限的，只有从高校全局发展的高度，将师德师风制度建设与职称评审、岗位聘任、科研奖励、导师资格等政策制度建设统筹发展，形成合力，才能使各项措施发挥更大效用。

四、思政教育篇

新时代高校思政教育工作创新发展路径研究
——以学习党的二十大精神思政教育工作体系为例

刘彦君[*]

摘　要：近年来，高校及其学工系统在思政教育方面取得了很大成就。尽管如此，在社会快速发展的背景下，此领域内不断出现新的挑战与问题。本文着眼于创新发展新时代高校思政教育工作路径，以宣传和贯彻党的二十大精神为切入点，将其与新时代高校思政教育工作创新发展相融合，在实践中探索、在探索中研究，采用理论与实际相结合的学习和研究手段，打造全方面、多层面、纵深式、沉浸化的党的二十大精神学习热潮，使习近平新时代中国特色社会主义思想在当代青年心中生根发芽，扎实推进高校思想政治工作改革创新。

关键词：新时代；高校思政教育工作；创新发展；党的二十大精神

　　当前中国特色社会主义建设进入了新时代，用习近平新时代中国特色社会主义思想铸魂育人，贯彻党的教育方针，落实立德树人根本任务，这不仅是实现中华民族伟大复兴的必然要求，也是高校思政教育工作的根本目标，更是学工系统工作的重中之重。多年来，高校及其学生管理部门在思想政治教育方面成效显著，然而也面临着许多新挑战和变化，例如，思想政治教育方式固化且缺乏影响力，个别学生在抵御错误思潮方面缺乏坚定政治信念等问题。为实现立德树人的基本目标，对高校思想教育工作进行创新发展是至关重要且刻不容缓的任务。

---

* 刘彦君，中国政法大学法学院团委副书记、辅导员。

一、高校思政教育工作发展现状及困境

自全国高校思政工作会议召开以来,学界对高校思政教育方面的探讨持续加深。随着党的二十大开幕,各高校更是纷纷掀起了热烈学习和宣传党的二十大精神的热潮。高校思政教育发展路径研究既是具有指导价值的思想政治工作理念,也是机制、体制尚待建构的思想政治工作格局。目前研究显示新时代高校学工系统思政教育的实践路径既要从系统性出发做出育人规划,也要适时做出创新,善于采用多学科理论解决高校思想政治教育的困境,善于利用网络与新媒体,打开育人思路。[1]

但现有高校思政教育工作路径研究仍存在一定问题。一方面,研究多侧重新时代高校思政工作的内涵与意义分析,注重分析新时代高校思政教育的现有不足,欠缺实践推进层面的长效机制研究,缺乏思政教育构建路径探讨。另一方面,新时代高校思政教育工作相关课程与宣传仍存在较大进步空间。[2] 教学内容上,思想政治课程的整合协调、融合度有待提升;教学方法上,创新性、实用性有待加强;课程体系上,全面性、深度性有待进一步。[3] 在宣传层面,面临着思想多元复杂交错、新媒体迅速崛起、网络舆论频繁爆发等诸多现实挑战。[4]

二、高校思政教育工作发展创新意义

(一)理论意义:丰富新时代高校思政教育领域理论研究

高校思政教育不是孤立的思想政治理论课教育,而是主张高校校内多方共同参与的协同育人。在协同育人的工作过程中,就要考虑顶层设计、工作机制、队伍建设等各个方面的问题,这就需要从高校育人规划、教育内容和方法等方

---

[1] 蒋华:《新时代高校思政教育工作的思考与探索》,载《山西财经大学学报》2022年第S2期。
[2] 张爱梅:《浅析课程思政建设的困境和着力点》,载《学校党建与思想教育》2022年第20期。
[3] 李大健:《高校善用"大思政课"铸魂育人的三大保障》,载《思想教育研究》2022年第9期。
[4] 叶正芳、曹鹏:《新时代高校宣传思想工作创新发展路径探析》,载《学校党建与思想教育》2022年第12期。

面进行系统分析。[1]从这个方面来说，创新新时代高校思政教育工作路径有利于从学工系统推动对前期思想政治教育理论成果的系统性整合，从理论层面推动高校大思政教育的建设和发展。

（二）实践意义：改进新时代高校思政教育工作的方式方法

通过构建新时代高校思政教育的实践路径，一方面能够推进高校各相关部门间协同育人体系建设，另一方面也对高校思政教师、辅导员等育人水平和能力提出更高层次的要求，促进思政教育形式拓展和创新。建立起协同合作、共同发力、发展创新的高校内部的协同，有利于改进思想政治教育工作的方式方法，推动高校思想政治教育深化和发展。[2]

（三）时代意义：引导广大青年学生全面学习领会和落实党的二十大精神

通过此次研究与实践，深入学习贯彻党的二十大精神，通过创立有特色的学习体系，搭建思想政治教育的强力组合，在学习教育活动的覆盖度、深度、持续度上发力，以广泛性、深入性及持久性强化学习与教育的实效，努力使思政工作朝着激发青年学子价值共振、情感共鸣、整体同步进展的目标迈进，引导青年学生将深入学习党的二十大精神的成果转化为在新时代迈步向前、建设伟业的实际行动，在新的赶考路上书写更加优异的答卷。

三、高校思政教育工作发展创新方向

（一）遵循理论逻辑，形成理论合力，落实权威，宣传思想工作主体

学工系统思政教育是实现立德树人任务的主渠道，通过研究，开发兼具逻辑价值的思政教育理论教学体系和话语体系，积极发挥理论学习的引领作用，由上及下，以点带面，以党的二十大精神作为中心组学习的核心内容，同时着

---

[1] 姚静仪：《"思政教育+专业教育"深度融合的大思政教育探索》，载《学校党建与思想教育》2022年第16期。

[2] 李才俊、李渝萱：《思政教育"八维一体"合力育人模式探究》，载《中学政治教学参考》2022年第36期。

力创新改进思政教育形式与方法，不断增强思政教育的感染力，充分运用"主题报告""青春思政课"等模式实现校园弘扬"奋进新征程，建功新时代"主旋律的氛围。[1]

推进新时代高校思政教育，做到惊涛拍岸与润物无声相结合。所谓惊涛拍岸，就是要坚定地、旗帜鲜明地讲好思政课程，学习宣传党的二十大精神，传递正能量。用习近平新时代中国特色社会主义思想指导好、教育好青年学生，用社会主义核心价值观引领好、培育好青年学生，用党百年来发扬光大的信念与理想将青年学生凝聚起来，用实现我们中华民族伟大复兴的历史使命激励青年学生，深化对中国发展道路的阐释，广泛传播中国文化，生动诠释中国故事，传递中国精神。

让思政课程动起来、燃起来，以惊涛拍岸的浩大声势实现铸魂育人的目标。所谓润物无声，就是要通过思政教育体系建设，用好隐性教育渠道，挖掘各类教育方式中蕴含的思政教育元素，全员、全时、全方位地产生铸魂育人的化学反应。[2]

（二）牢牢掌握意识形态工作领导权，构建新时代高校思政教育合力育人机制

高校作为思想传播与文明交流的关键阵地，在多元文化融合的背景下，更应在主流意识形态宣传中，强化意识形态话语体系。在校党委的统筹指导下，以学工系统为代表的学校各级部门要严格执行相关部署，优化制度框架，加强责任执行，起到积极的正向示范作用。同时，创新思想引领的方式方法，占领主动权，做好舆论的正向引领作用。

关于加强高校思政工作的意见指出，高校思想政治工作要形成教书、科研、管理合力育人的长效机制，高校学工系统应牵头与其他部门共同实现合力育人机制，健全管理育人体制，创新教书育人方式，完善服务育人机制。利用班主任、辅导员、导师等角色在日常的学习与辅导中开展思政引导，构建健全的思政教育领导架构，加强学生事务协作平台的互动与协同作用；创新思政教育方式，激励

---

[1] 叶正芳、曹鹏：《新时代高校宣传思想工作创新发展路径探析》，载《学校党建与思想教育》2022年第12期。

[2] 张锅红：《全媒体时代高校宣传思想工作的创新理路》，载《人民论坛》2020年第23期。

学生深刻理解政治理论知识的学习重要性，精进教育内容与手法，让青年学生作为受教育者充分发挥主动性，努力做到师生共同参与、积极互动，让思想政治教育的效果加倍提升。同时，将思想政治教育融入到学生的校园日常服务中，如食堂和宿舍等，让青年学生在尽情享受校园服务的同时接受精神洗礼。[1]

（三）丰富文化自信载体，打造接地气的全媒体网络阵列

学工系统积极探索构建文化引领策略，最大程度地激发中华优秀传统文化、红色文化与校园文化的集聚力、指导力和影响力，培养具备红色文化烙印的优秀社会主义建设者和接班人，增强文化认同感，让广大青年学生自发地、积极地、自觉主动地学习党的二十大精神，融会贯通地运用党的二十大精神。

在此基础上，秉承文化自信的理念，打造全媒体网络阵列，形成跨平台、全方位的工作新机制。探索符合师生偏好的思政教育宣传呈现手法，创作出栩栩如生、饱含朝气、渗透人心的作品。通过精彩的故事叙述，让党的二十大精神并不只是高悬于顶，而是落实在学习中、应用于日常生活中，增强党的二十大精神的感染力和传播力。

（四）理论融于实践，建立健全社会实践

增加红色实践育人体系，走进家乡红色景区，走进基层党建工作，倾听身边红色故事，在实习工作中体会党的精神，结合党的二十大精神学习，形成系统性的实践育人课程体系，将理论的抽象变为实践的具象，培养应用型复合型人才，将思政教育落到实处。

通过各方面实践推进，引导高校青年学子切实学思悟践党的二十大精神，在学与悟中提神振气迈向新的征程。激励青年学子变身为主动互动的参与者，在有效的聆听与表达、学习、实践中，把宏观的形势与方针政策转化为个人思考和具体作为，在学习贯彻党的二十大精神上走前列、作先锋；激励青年学生攻坚克难、开拓奋进，深刻体会"两个确立"的重大意义，始终提升"四个意识"，坚持"四个自信"，并付诸"两个维护"的实际行动，切实激发青年人向第二个百年奋斗目标奋勇前进的斗志。

---

[1] 刘大卫、周辉：《凝聚力量守正创新——2019年高校宣传思想工作研讨会综述》，载《中国高等教育》2019年第17期。

习近平法治思想融入法科学生职业伦理教育的有机路径

黄天浩*

摘 要：习近平法治思想有机融入法科学生职业伦理教育，是新时代高素质法治人才培养的应有之义。科学提取职业伦理教育元素，在社会融入的关键环节有机介入，能够充分激活习近平法治思想的育人活力，为"德法兼修、明法笃行"的时代新人培养提供有力支撑。

关键词：习近平法治思想；职业伦理教育；法科学生

高校是法治人才培养的第一阵地，法科学生要"德法兼修、明法笃行，打牢法学知识功底，加强道德养成，培养法治精神，而且一辈子都坚守，努力用一生来追求自己的理想。"[1]在高等教育阶段，对法科学生的培养不仅要注重理论知识储备与实践经验累积，更要注重正确价值观树立与良好职业道德养成。[2]在充分挖掘习近平法治思想中蕴含的职业伦理教育元素的基础上，要大力开展青年化阐释工作，寻找有机融入路径，在深化高等法学教育改革的同时，创新法治人才培养模式，提升育人实效。

一、习近平法治思想融入法科学生职业伦理教育的价值导向

一是要在实践逻辑的基础上探索有机融入。习近平法治思想是根源于实践、

---

* 黄天浩，现任中国政法大学校团委综合办公室副主任，助教。
[1] 参见习近平：《论坚持全面依法治国》，中央文献出版社2020年版，第180页。
[2] 胡明：《创新法学教育模式 培养德法兼修的高素质法治人才》，载《中国高等教育》2018年第9期。

运用于实践,在实践中经受检验、在实践中创新发展的科学理论。[1]是习近平新时代中国特色社会主义思想的重要组成部分。将习近平法治思想有机融入职业伦理教育的过程中,需要牢固树立实践性的价值导向,清晰准确地梳理与阐明该理论的形成过程,着重加强对习近平法治思想中有关法治建设与中国实际相结合的内容解读,尤其讲好在把握新发展阶段,贯彻新发展理念,构建新发展格局的时代背景下,我国法治建设面临的现实问题与有效回应,解读其在实践中不断丰富和发展的时代内涵,充分彰显习近平法治思想的实践生命力,为职业伦理教育提供极为有力的价值支撑。

二是要在理论逻辑的基础上探索有机融入。习近平法治思想是马克思主义法治理论中国化时代化的理论精髓,深刻阐述的"十一个坚持"不仅为基于中国实际的法治建设提供了行动指南,更深刻推动了中国特色社会主义法治理论的创新与发展。在习近平法治思想有机融入法学学生职业伦理教育的过程中,要准确把握该思想的核心要义,更要正确解读各部分内容间的理论逻辑,尤其要借助实践场景对法治国家、法治政府、法治社会的一体推进进行理论凝练,形成法治实践与理论阐释的良性互动,产生良性外溢育人成效,不能将职业伦理教育局限于宏观的理论意义阐释,更要善于从理论体系的解构中增强青年学生对"十一个坚持"的感知能力与价值认同,在教育内容的建构中强化青年学生的制度自信与情感共鸣。

三是要在历史逻辑的基础上探索有机融入。习近平法治思想蕴含着丰富的中华优秀法治文明经验与中式治理智慧,对于德治与法治的继承与弘扬充分展现了其中的人文情怀与治国哲学,在治理能力现代化的进程中极大提升了民族自信。在法科学生职业伦理教育中,要正确阐明习近平法治思想中与中华优秀传统文化相结合的历史取向,[2]更要引导青年学生自觉抵制历史虚无主义,要运用马克思主义历史观与方法论科学理解习近平法治思想对传统法治观念的创造性转化与创新性发展。同时,也要加强青年学生对法治观念、法治伦理的价值判断力,在未来执业过程中兼顾人文关怀与条法律理、兼顾程序正当与实质正义,正确处理理想与现实的关系,正确处理继承与发展的关系,正确处理道

---

[1] 参见《习近平法治思想概论》编写组编:《习近平法治思想概论》,高等教育出版社2021年版,第4页。

[2] 许身健、张涛:《认真对待法律职业伦理教育——我国法律职业伦理教育的双重挑战及克服》,载《探索与争鸣》2023年第12期。

德与法律的关系。

二、习近平法治思想融入法科学生职业伦理教育的元素提取

一是从重大意义的维度提取教育元素。习近平法治思想坚持历史与现实相贯通、国际与国内相关联、理论与实际相结合，具有极为重要的政治意义、理论意义、实践意义和世界意义，也蕴含着职业伦理教育的丰富元素。习近平法治思想深刻阐述了坚持党的领导对于中国社会主义法治建设的决定性作用，也生动体现了中国特色社会主义法治的巨大优势。法科学生职业伦理教育要用好习近平法治思想的理论优势，讲好马克思主义法治理论中国化的历史进程，用党的十八大以来的法治建设成果做好说理，解读国家治理水平提升与治理能力现代化的实践根基，展现习近平法治思想化解国内外重大风险危机的生动案例，同时讲好其共商共建共享的全球治理观，[1]为青年学生投身法治建设一线、致力国际争端解决提供强大助推。

二是从核心要义的维度提取教育元素。习近平法治思想内涵丰富、体系完备，其核心要义集中体现为"十一个坚持"，这不仅是习近平法治思想的具象化呈现，也是法科学生了解中国法治建设进程、领悟中国治理智慧的有效指引。[2]在开展职业伦理教育的过程中，不仅要提高学生对法学理论的认知水平与运用能力，更要引导学生深刻领悟其中蕴含的价值导向，尤其要正确解读党对全面依法治国的领导、以人民为中心、统筹推进国内法治和涉外法治等目标要求的价值逻辑，讲好法治国家、法治政府、法治社会一体化建设的内在要求，讲好立法、执法、司法、守法的有机衔接。同时，还要着重加强对青年学生的历史责任感与使命感培育，在充分了解国家法治建设的重要领域与重点内容的基础上，充分发挥主观能动性，在法治建设的生动实践中彰显个人价值。

三是从科学方法的维度提取教育元素。习近平法治思想充分体现了辩证唯物主义与历史唯物主义，无论是对法治建设成果的总结、法治理论发展的凝练，还是对法治建设实践的指导，都始终坚持用马克思主义的立场、观点和方法分

---

[1] 李树忠：《坚持改革调整创新立中国法学教育 德法兼修明法笃行塑世界法治文明》，载《中国大学教学》2018年第4期。

[2] 许身健：《完善法学教育：路径与方法》，载《中国法律评论》2017年第3期。

析问题。在开展法科学生职业伦理教育的过程中，要细分法治建设的领域与场景，教育学生正确处理政治与法治的关系、依法治国与依规治党的关系，在中国特色社会主义法治体系建设的过程中，要在政治上看法治、在法治中讲政治，为执业行为提供政治武装。就司法实践而言，要引导学生正确处理改革和法治的关系、正确处理发展和安全的关系，坚持以德治国与依法治国相统一，在总体国家安全观的背景下，运用多种工具统筹好改革和法治、发展和安全，有效维护社会和谐安定。

三、习近平法治思想融入法科学生职业伦理教育的现实选择

一是扎实做好第一课堂教学。在课堂场域，习近平法治思想融入法科学生职业伦理教育要以第一课堂为主阵地，制定法学专业理论教育与思想政治教育教师集体备课制度，充分挖掘习近平法治思想中的职业伦理教育元素，统筹"思政课程"与"课程思政"建设，形成以习近平法治思想为引领，以法学专业素养提升为载体，以职业伦理教育为内核的课程体系，[1]大力开展习近平法治思想中职业伦理教育元素提取与解析工作，做好课程内容研发与体系建设。在课程实施方面，要以习近平法治思想的重要意义、核心要义、科学方法为讲授主线，配套开展研讨课程，从青年视角讲好中国法治建设故事，弄通习近平法治思想，供给"接地气、有朝气、冒热气"的职业伦理教育课。

二是创新开展第二课堂活动。在校园场域内，要做好第一课堂教学内容延展，充分搭建青年学生的职业感悟与职业体验平台，配套开展形式多样的第二课堂活动，以青年化导学、组织化共学、项目化研学为基本思路，着眼于法科学生就业的全领域与全过程，坚持思政引领、密切结合需求、着力做好保障，开展全方位的职业场景体验活动，在服务与支持就业的过程中，构建职业伦理教育的常态化学习机制，潜移默化地影响青年学生的职业价值观形成与职业生涯规划，将青年个人的成长追求融入党和国家事业发展的建设之中。同时，要广泛挖掘基层法治建设工作者、涉外法治工作者、社区治理服务者等多元化的典型模范，运用青年喜闻乐见的融媒体互动方式，打造内容鲜活的职业伦理教

---

[1] 刘坤轮：《我国法学类专业本科课程体系改革的现状与未来——以五大政法院校类院校为例》，载《中国政法大学学报》2017年第4期。

育产品，提升育人实效性。

三是多元赋能第三课堂实践。在社会场域，要在习近平法治思想的引领下，着力探索职业伦理教育与社会实践深度融合的思政育人场景，广泛拓展社会资源，大力搭建基于就业择业观念树立的法学学生实践基地。法学是一门实践性很强的学科，基于学科特色与优势，要动员广大青年积极参与法治文化弘扬、法律知识普及、法律咨询服务等法科专业性社会实践工作，在引导青年感受学有所用、知行合一的同时，能够有效搭建青年学生了解社会真实情况的桥梁平台，为青年学生服务社会提供窗口，有效提升青年的社会责任感。同时，要鼓励青年学生走入基层一线开展社会调研活动，引导青年在实践中学习贯彻习近平法治思想，在了解国家基层治理中树立正确价值观念，感悟我国社会制度的优越性。

法学实验班班主任工作的实践与思考*

姜晓敏**

摘　要：《中国政法大学本科生班主任管理办法》已公布施行10年，法学院实验班班主任也设置了多年，这一工作岗位运转状况如何？对于学生培养发挥了怎样的作用？本人结合担任班主任4年的亲身实践，总结自己的收获和缺憾，提出个人的心得和建议，以期有利于更好地推进班主任工作的开展。

关键词：实验班；班主任；实践；思考；改进

本人在自1988年进入法大的30周年之际，很想尽自己所能为母校多做些工作，于是主动向院里申请担任班主任，希望能有更多的机会和学生在一起，了解他们的所思所想，促进自己的教学工作。庆幸那时候学校尚未把班主任工作列为青年教师职称评聘的条件之一，感谢法学院很重视我的这一请求，安排我在2019年秋季学期担任法学实验班4班的班主任，满足了我的心愿。在这近四年的工作中，真的是有困惑和遗憾，也有喜悦和收获。

一、班主任的困惑

自2019年9月2日上午接到辅导员管晓立老师的通知，正式担任法学院2019级法学实验班4班班主任以来，我深感做好一名班主任并非易事。虽然组

---

* 本文的写作缘起于2020年6月申请获批的法学院教育教学改革立项项目，已于2022年9月结项，项目名称："发挥班主任作用，促进实验班人才培养"。

** 姜晓敏（1970-），女，黑龙江人，中国政法大学教授，任教于法学院法律史研究所，兼任中国法律史学会理事、北京市法学会中国法律文化研究会副会长，瑞士弗里堡大学、美利坚大学华盛顿法学院、中国台北政治大学访问学者。

织并参加了几次班上的集体活动，和大部分同学见过面、聊过天、吃过饭，以多种形式送去鼓励和温暖，但是仍然很难真正走进学生的内心、成为他们愿意推心置腹交谈的对象；尽管我想了不少办法，希望尽快扭转这一局面，可是师生关系虽有改善，却远未达到我所期盼的目标。

怎样挖掘专任教师担任班主任的优势，在思想政治教育以及专业知识培养等多个方面，进一步发挥班主任的作用？如何当好班主任，成为学生成长的引路人、陪伴者，成为学生信赖的良师益友，成为辅导员和其他老师完成班级工作的好帮手？这可能并非我一个班主任的困惑，工作中存在的不少问题应该是具有共性的。因此我觉得梳理和总结自己的真实体会、提出具体的改进建议，还是有必要的。虽然这方面我的思考还不够深入，工作效果仍不理想，就班主任工作而言我自觉仍是一个新手，还在摸索着前进，诸多困惑依然存在，近四年的亲身实践尚难以给出让自己满意而有说服力的结论；但是我觉着把自己的工作感受客观记录下来，哪怕只是一个失败的样本，仍然有其警示意义和镜鉴价值。于是我不揣浅陋，怀着忐忑的心情写下这些不成熟的文字，如实向各位同仁汇报。

二、大学阶段班主任的作用依然重要

在每个人的成长过程中，班主任曾是陪伴在我们身边、有着重要影响的关键角色。在我们从小到大的各种毕业照中，班主任一定是除了校领导以外必不可缺的重要人物。当我们回忆学生时代的那些时光，对班主任的印象往往要比其他老师更深刻，情感也更深厚。

可是毋庸讳言，进入大学阶段以后，相比于过去的中小学时代，班主任的作用明显削弱了很多。对于已经成年的大学生来说，班主任好像并不是高校学生管理的重要一环，似乎已成了可有可无的存在，所以目前不少大学甚至并没有为学生设置班主任。

法学院为了促进实验班的人才培养，遵照学生处的要求，在入学之初就为每个班级设定了由专任教师担任的班主任，并邀请班主任参加开学典礼等活动，以密切师生关系，形成良好的师生互动。多年以来我院不少老师在班主任的岗位上辛勤付出，积累了丰富的经验，发挥了很好的作用。

比如我们法律史所的郭逸豪老师，经常和他所带班上的学生一起读书、打球等等，俨然成了他们的大朋友、好朋友。我们所的李富鹏老师和郭逸豪老师一样，本科就读于法大，后来又出国留学，他在担任班主任后也常和学生交流谈心，分享学习和人生的种种体验，也成了学生的知心大哥和学长楷模。我的另一位同事王世柱老师，虽然不是法大的毕业生，但是他和学生分享了他在中南财经政法大学的求学经历，给学生带来不一样的人生感悟。特别是他亲自到课堂和学生一起听"中国法律史"专业课，随时掌握学生的学习和思想动态，为学生付出了很多。以上种种，都是我需要向这些充满活力的青年班主任学习的地方。

但是白璧微瑕，关于班主任工作，仍有不少问题值得进一步探讨。比如班主任的角色定位和任务指标是什么？班主任和辅导员之间存在哪些工作联系？应如何进行分工与合作？由专任教师担任班主任，在哪些方面更有工作优势？班主任和班委会、班团委应该怎样有效沟通、密切合作？大学生对于班主任有着怎样的期待？班主任在工作中有哪些误区和禁忌？在与学生的接触中，如何避免画蛇添足、事与愿违甚至适得其反？怎样才能进一步充分发挥班主任的作用？等等。下面我将结合自己担任班主任以来的工作经历，说一说我的喜悦、遗憾以及希望学校和院里能够帮忙改进的地方。

三、我担任班主任的喜悦

我是法大法律系88级本科生，2018年恰好是我来到法大的第30个年头，我很想为母校的发展多尽一份力。尽管我已是有着20多年教龄的老教师，但是我深感平时和学生的交流不多，特别是本科生，除了课堂授课，其他时间几乎难有面对面的接触。我十分怀念中小学阶段和老师之间的那种亲密关系，希望在退休之前还有机会弥补，能和本科生有更多的相处时间，构建更加友善的师生关系。于是我主动向院里申请担任班主任，获得批准。但是因为2018年秋天我要去中国台北政治大学访学3个月，于是推迟到2019年9月上岗。

那时我女儿已经出国留学，坦率地讲，我也希望通过担任班主任，多一些和青年学生接触的机会，也能更好地了解自己女儿这一代年轻人的想法，以便更好地和他们沟通。当我在2019年9月2日上午，接到辅导员管晓立老师邀请我担任4班班主任的电话时，我的心里满怀喜悦。而在接下来的班主任工作中，我的收获不小，带给我很多全新的体验，获得很大的心理满足感，让我的精神世界充盈了许多。

比如2019年9月4日下午，我平生第一次以班主任的身份参加法学院新生开学典礼，和焦洪昌院长、刘大炜书记、辅导员管晓立老师以及其他几位班主任坐上了主席台，还给新生代表佩戴校徽[1]。之后通过自我介绍，我认识了48位00后师弟师妹，感受到了他们的青春飞扬。那天还和4班同学一起拍了第一张全班合影，当然我在"C位"。

通过班级微信群，我了解到同学们去盛华基地进行军训、参加新生运动会、参与征文比赛、进入各个社团、排演剧目、一起过中秋节、参加各种体育赛事和评优推选的情况，及时送上鼓励和祝福，以及我认为适合大一新生阅读的材料，比如王涌老师所著《写给十八岁的法学少年卡尔》等系列文章。10月27日班级团委围绕《万古江河》一书开展经典阅读活动，特别邀请我一起参加，我非常高兴地参与了班级讨论。

那个学期同学们有"中国法律史"必修课，尽管我不教这个班，但是我发挥自己的专业特长，在教材选择、重点梳理、复习考试等方面给出建议，努力帮助大家学好这门课。由此我也感受到了，由任课教师担任班主任，可以在专业学习上给予同学们更便捷、更有针对性的指导，有利于更好地加强老师和学生的了解和信任，这一优势是非任课老师所不能相比的。

记得4班同学大一下学期的"中通论衡"活动，他们选取的题目是"唐代平民的服饰"，邀请我担任评委嘉宾。我很开心地给大家讲解了唐代法律史上对平民服饰的规范要求，以具体实例展现了礼与法的紧密融合，感觉自己在学生面前有了更多的自信，获得了更多的信赖。

后来在4班同学于大二学年进入第一篇学年论文写作时，我在班级群里给出了具体细致的详尽指导，提醒同学们应该注意格式体例、参考文献等学术规范以及与指导老师沟通的基本礼仪等各种细节，帮助他们了解不可触碰的一些学术"禁忌"，分享与他们的专业学习和论文写作相关的学术论著和讲座信息等等。

在大四学年开学初他们参加研究生推免面试的前一天，我在给其他班级担任面试评委时，发现一些同学的表现并不理想，担心4班同学也会表现不佳，

---

[1] 两年以后一位女生告诉我，她就是当年由我帮忙戴上校徽的那位新生代表，因了这一缘分，特意选了我的法律史研讨课。

加之在朋友圈发现有不少同学都很焦虑，赶紧根据自己的经验，匆匆在手机上写下一千多字的"班主任的唠叨"，从着装礼仪、眼神交流、肢体语言、自我介绍的内容设计到如何化被动为主动、展现出自己的优点和风采等等，把能想到的都不厌其烦地叮嘱一遍，让我又一次感受到了由任课老师担任班主任的专业优势。

2019年那一年的寒假春节前，我收到了一份来自1904班的新年祝福，也是完全专属于我的新年祝福。同学们在班级公众号"法四有头发"里专门做了推送，他们以宿舍为单位，通过小视频、祝福语等形式，表达了4班同学对我这位班主任的美好祝愿。想想自己何德何能，不过是偶然当了一回班主任，做了一点儿分内事而已，就收到这么厚重的新年大礼，真的很感动。

同学们对我工作的支持以及带给我的喜悦，远不止此。2020年也就是大二学年新年前，班长张泽坤邀我参加班级聚餐，我因为和会议时间冲突而无法到场，为表歉意和祝福，赶紧买了16桶小熊曲奇快递给分住8个宿舍的同学们，他们还在聚餐后发来专门录制的小视频，那一幕至今回想起来依然很暖心。

2020年寒假里为了配合法律史的学习，4班同学开展了《寻找法律史上的失踪者》集体读书活动，我联系作者和出版社，以优惠的价格为全班每位同学购买了这本书。同学们用阅读感悟人生，用经典品味历史，多位同学提交了阅读笔记，进行了比较深入的交流和讨论。鉴于活动效果不错，第二年的寒假，我们又推出了王人博老师的《业余者说》读书活动。

2021年是特别值得纪念的一年，因为在疫情的压力之下，我们仍然组织了一次春游和一次秋游，还有一次讲座活动。4月10日春游圆明园，是第一次班级集体户外活动，我和同学们都比较兴奋。班委张泽坤和龚河会还提前去公园踩点儿探路，选了一个很适合露营野餐的地点。不少同学都说，没想到大学阶段还有春游，好像回到了中小学阶段，着实让其他班的同学羡慕。

4月16日专门邀请清华大学陈新宇副教授来昌平校区学生活动中心，参加"薪火·问道·法律人的成长"对谈交流会。陈老师是法大本科校友[1]，对母校有很深的情感。他为同学们讲了红色法学家施滉的故事，并和同学们面对面交流学习和成长心得，还带来了48本《楼邦彦法政文集》送给4班的每一位同

---

[1] 陈新宇老师是中国政法大学1995级本科生，现为清华大学法学院长聘教授、博士生导师，青年长江学者，曾连续两届获得清华大学"良师益友"及优秀班主任一等奖等多项荣誉。

学。陈新宇老师祝愿同学们都能像施滉等老一代法学家那样，永葆"纯白之心"，不断问道求索，描绘出壮美的法律人生，让薪火代代相传！法大学报的陈夏红老师也来捧场，讲了他自己的成长感悟和编辑体会。现场的同学们提问踊跃，气氛很热烈。

10月10日班级秋游去了昌平滨河公园，又是龚河会等班委提前设计游戏路线、购买抽奖奖品和矿泉水等，我则重点介绍了侯欣一老师所著《百年法治进程中的人和事》一书。疫情之下，难得放松一下，那天抽到奖和没抽到奖的同学都很开心，笑得同样灿烂。

可能因为上述活动的加持，2021年12月，我们班被评为校级优秀班集体，那一天我特地发了一条朋友圈来炫耀4班的这一荣誉。

当然，最让我欣慰的，是4班同学自身的成长。2021年，张相如同学所写的文章——《追溯我国第一部民事法律草案中的"民事行为能力"》，经我推荐，在北京市高级人民法院主办的《法庭内外》杂志2021年第2期上正式发表。接下来的2022年，张泽坤同学所写的《秦人离婚不冷静》及蒋晓茨同学所写的《从"乌台诗案"走近御史台》，前者发表在2022年第1期，后者发表在第2期。这三篇与法律史相关的论文，我都用心修改过，可能也是这三位同学平生正式发表的第一篇法学文章、第一次因为发表法学文章而拿到稿费，我作为班主任的那份高兴和欣喜是无以言表的。

四、我担任班主任的遗憾

自从担任班主任以来，我的确收获良多，但是也留下诸多遗憾。且不说因为疫情影响，我原本设想的和4班同学一起参观清华校园、欣赏荷塘月色的计划，以及带领4班同学参观燕郊中央监狱等活动，却一直找不到机会付诸行动；原来畅想的每年进行一次爬山、参观博物馆、聚餐等班级集体活动项目，也无法开展。此外，我仍有不少的遗憾之处。

2022年8月18日下午，在法学院党务工作群里收到刘书记关于班主任工作安排的通知后，我第一次看到了《中国政法大学本科生班主任管理办法》这一学校的正式文件。该文件是"法大发〔2013〕41号"，经2012年11月21日第14次校长办公会审议通过，于2013年5月10日在校内公开印发，并自发布之日起施行，《中国政法大学学生辅导员、班主任工作条例》同时废止。也就是说早在 2012 年之前，学校就有关于班主任工作的规范要求，可是我这个已上任三年的班主任竟然从不知晓。即便在接手班主任工作之后，也没有去查找学校或院里关于班主任工作的规范要求，这是我的重大疏漏，也是特别需要检讨和反省的地方；同时这也暴露了一大问题，那就是我个人对班主任工作相关信息的了解，极不到位、很不充分。

我看到在刘书记转发的资料中，2021-2022 学年，我校聘任的由专任教师担任的本科生班主任有 222 名，其中法学院 16 人。我不清楚其他班主任是否了解《中国政法大学本科生班主任管理办法》这个文件，是不是只是因为我个人的疏懒而不得而知。不管情况如何，这一文件无疑是班主任工作最直接的指导性规范，值得每一位班主任老师关注和重视。我非常羡慕去年上任的新一届班主任，能够在就任之初就看到并了解这些规范。如果我也能早一些掌握学校对班主任的相关规范要求，一定可以更有针对性地进行相应的工作部署。

我是 2019 年 9 月 2 日收到担任新生班主任的邀请，那时同学们已经完成入学报到环节。如果能早一点儿得到消息，我更希望自己能站在法学院的迎新展台前，笑容满面地欢迎 4 班的每一位同学，让他们在进入法大的第一时间就能感受到我这位班主任的存在。甚至可能在他们入学之前，我就愿意发出班主任的第一封信，以我的方式欢迎他们加盟法大，并向他们介绍我眼中的这所大学。接下来，我还希望能和他们一起参加军训，或者至少在军训期间去盛华基地看望大家，适时表达班主任的关心和问候。我还希望我能看到每一位同学的学生档案，了解他们的成长轨迹，在第一次见面的时候就能叫得出每一位同学的名字，就像我当年的辅导员许向阳老师能够叫出我的名字一样。我更希望我能看到他们的期末考试成绩，了解他们的学习情况，能对需要特殊关照的同学送上一份关心、提供一份帮助，切实解决他们在生活和学习中所遇到的困难和问题。

总之，作为班主任，我不愿缺席 4 班同学成长中的重要时刻，我希望在他们需要的时候，我一直都在，能够亲眼见证每一位同学的成长。可遗憾的是，至今我仍不明白，作为班主任，我是否有权调阅学生档案和查看他们的学习成绩？也不清楚，我的这些想法是否已经僭越了辅导员的职权和职责？直到 2022 年 8 月我看到了《中国政法大学本科生班主任管理办法》，才知道学校会为班主任"提供在教务系统查询所负责学生的学习情况等工作便利"[1]，但是我不知

---

[1] 参见《中国政法大学本科生班主任管理办法》第 11 条。

道这一渠道是否通畅？

尽管每个学期，我都会在微信群告知4班同学我在昌平校区的上课时间，并预留出专门时段欢迎大家来找我聊天；虽然我自己总是满怀期待，可是事实上应者寥寥。我特别遗憾在大一学年的第一学期，没有安排我这个班主任为4班同学讲"中国法律史"课，以致让我错过了和本班同学最好的沟通了解机会。

尤其让我难过的是，在我最初担任班主任的时候，我以为可以陪伴学生们6年，可是去年我才得知，只有本科阶段才设置班主任，而研究生阶段并无这一安排。想想经过这3年多的时光，我好不容易刚刚和4班的同学逐渐熟悉起来，却又不得不在大四之后卸任班主任。即便之后的两年同学们仍然生活在法大校园，但是我却不能再以班主任的身份来和他们相处，来不及好好弥补之前因为疫情以及我个人的原因而留下的种种缺憾，无法在他们离开法大前以现任班主任的身份参加他们的毕业典礼、出现在他们的毕业合影之中，与每一位同学依依惜别。每当我想起这些，心里真的好难过！

还有一点遗憾，就是虽然《中国政法大学本科生班主任管理办法》明确规定了要对班主任进行激励和考核，但是我本人除了在2022年10月接到通知要填写《班主任年度考核登记表》和《班主任聘任情况统计表》，几乎没有得到过组织上对我班主任工作的其他关注和评价，也未听说过有关班主任考评的任何消息，尽管学校每年都在表彰优秀班主任。我想有些工作很可能是好心的同事帮我代劳了，我感恩组织上几乎没有加给我任何来自班主任方面的工作压力，让我可以率性而为；但是我也希望能及时了解到相应的意见反馈，和其他班主任多交流，取长补短，开阔工作思路，而不是干或不干一个样，仿佛根本没有人在意。

五、我作为班主任的心得和建议

自从担任班主任以来，我的工作得到了法学院党委、法学院团委的大力支持，给刘大炜书记、王文英书记、杨婷婷老师、管晓立老师，特别是负责琐碎报销事务的韩萌萌老师、刘彦君老师以及负责院务管理和宣传报道的李玲慧老师、徐宝国老师等人，增添了许多额外的麻烦，在此我衷心表示感谢！我查了一下账单，这三年多来我作为班主任的个人支出，总计是13 016.24元（大一学年是3382.78元，大二学年是3787.44元，大三学年是3202.68元，大四学年目前是 2643.34 元），主要用于补助贫困生、看望生病或受伤的同学、慰问身处河南水灾和上海疫区的同学以及新冠阳性的同学、奖励在各种评优竞赛中获奖的同学以及辛苦付出支持班级工作的同学等等，此外院党委和院团委也帮助报销了部分组织班级集体活动的交通费、购书费等费用。可以说没有组织的大力支持和同事的热情相助，班主任的工作是无法开展的。此外，与辅导员老师的良好合作、精干的班委和团委的鼎力协助，也是班主任工作不可或缺的重要保障。

除了上述体会，本人在此还想提出以下几点意见：

第一，建议尽量安排班主任老师为所带班级讲授相应的专业课，增加接触机会，更好地促进师生之间的沟通和了解，建立起基本的信赖关系；

第二，建议在新生入学前就确定班主任人选，并告知班主任相关工作的各项规范要求，以便班主任熟悉情况、尽早做出工作部署；

第三，为班主任了解本班学生的思想和学习情况，开展各项工作，在力所能及的情况下，尽量提供切实有效的便利条件；

第四，及时反馈学生对班主任工作的评价以及学院、学校对班主任工作的考核情况，尊重班主任的工作成果，保护他们的工作积极性；

第五，目前法学院的班主任只在本科阶段设置，这完全符合学校的要求，可是据我所知法律硕士学院的研究生仍然设立班主任，而法学院法学实验班的学制是六年，能否针对这一特殊情况做出相应调整，尝试让那些受到组织上和本班同学肯定的实验班的班主任也任期六年，在研究生阶段依然发挥作用？

坦率地讲，担任班主任是我自觉自愿的选择，甘苦自知，我无怨无悔，并特别感谢法学院给我这个宝贵的机会，让我在退休前圆了这个班主任梦。我知道学校和学院目前主要是安排新近入职的青年教师担任班主任，这自然有它的道理，也完全理解青年学生可能更喜欢和充满激情与活力的青年教师打交道；但是倘若班主任的工作岗位还有余额，希望院里仍能为我这样的老教师保留一些机会，在我们愿意奉献爱心的时候帮忙提供一条通道。

纸短情长，啰里啰唆已经写了一万字，感觉还有许多话没有说完。本文主要是我本人基于近 4 年班主任工作的亲身实践所给出的总结、思考和建议，不是深入的理论研究和学术探讨，缺乏具体的调查数据和实证支撑，免不了带有个体的认知偏差和情感偏向，因此不具有典型性和代表性，其中的错误和不足之处，完全由本人负责，敬请各位同仁批评指正！

参考文献：

[1]《中国政法大学本科生班主任管理办法》。

[2] 姜晓敏：《班主任工作日志》（2019年9月2日-2023年3月31日）。

[3] 蔡乐渭：《法学实验班学生期待学业导师吗？——对法学人才培养模式改革实验班"学业导师制"的调查与思考》，载《中国法学教育研究》2022年第2期。

附录：

中国政法大学本科生班主任管理办法

发布时间：2013-05-24

索引号：10053-05-2013-0007

第一章 总 则

第一条 为帮助学生健康成长成才，发挥专任教师的育人作用，加强学校本科生班主任队伍建设，根据《中共中央、国务院关于进一步加强和改进大学生思想政治教育的意见》和《教育部关于加强高等学校辅导员、班主任队伍建设的意见》精神，结合学校实际，制定本办法。

第二条 班主任是学校从专任教师队伍中聘任的，帮助学生健康成长成才，关心学生的思想、学习和生活，对学生进行品德教育、学业指导和能力培养的教师。

第三条 学校和学院鼓励专任教师担任班主任，为其开展工作提供便利，创造条件。

第四条 班主任工作由学校统一领导，学生工作部（处）组织落实，学院具体负责实施。

第五条 学院应当重视班主任工作，班主任工作开展情况是对院长、分党委（党总支）书记进行年度考核的依据之一。

第二章 聘 任

第六条 班主任实行聘任制，从学校正式在编专任教师和退休教师中聘任。

每个行政班级配备一位班主任，聘期一般为两年，聘期内需要调整的，学院应当及时调整，班主任岗位不得出现空缺。

班主任聘任由学院院长负责，经教师本人申请，学生举荐，或者研究所、教研室、党组织推荐，学院党政联席会研究确定并报学生工作部（处）和人事处备案。

第七条 担任班主任应当具备下列条件：

（一）政治立场坚定，政治思想觉悟和政策理论水平较高。

（二）师德优良，公道正派，为人师表，乐于奉献。

（三）专业素养良好，能够引领学生成长成才。

（四）组织、协调、沟通能力较强，能够胜任班主任工作。

（五）身心健康。

第八条 学院可以聘请本院品学兼优的本科生、研究生担任班主任助理，协助班主任开展工作。

第三章 职责与要求

第九条 班主任的工作职责是：

（一）贯彻党的教育方针，立德树人，坚持并引领正确的政治方向，引导和帮助学生树立正确的世界观、人生观和价值观，培养学生服务国家、服务人民的社会责任感，把学生培养成为品德优良、人格健全和全面发展的公民。

（二）对学生进行学习、科研、实习和实践指导，培养学生正确的学习态度、学习方法，培育优良学风。

（三）帮助学生正确认识自己、他人、环境和社会，培养和提高学生的创新精神、学习能力、实践能力和社会适应能力。

（四）按照有关规定应当承担的其他职责。

第十条 班主任的工作要求是：

（一）尊重学生人格，保护学生隐私，因材施教，对学生进行个性化指导和帮助。加强对学生在入学适应、心理健康、学业预警、实习、实践，以及就业创业等方面的教育、指导和帮助。

（二）通过班主任接待日、读书会、电话、网络或者学生喜闻乐见的其他方式，与学生建立定期或不定期的沟通交流机制。每两周至少与学生交流互动一次，每学期参加班集体活动不少于两次，帮助和指导考试不及格和学习困难的学生至少两次，随时掌握学生的思想、学习和生活动态。

（三）与辅导员分工合作，相互配合，共同推进素质教育，促进学生健康成长和全面发展。其中，班主任侧重学生的品德教育、学业指导和专业能力培养，辅导员侧重学生的思想政治教育、综合素质培养、事务管理与服务。

（四）班主任和辅导员在学生评奖、评优、组织发展及困难资助等工作中应当加强协作，通过日常交流、学生工作联席会和学生工作沙龙等形式，及时共享信息，共同探讨教书育人的新思路和新方法。

（五）班主任应当在每学年开学后两周内向学院提交上一学年度工作总结。

第四章 激励与保障

第十一条 学校、学院及各部门应当积极为班主任开展工作创造条件，为班主任优先安排办公场所，提供在教务系统查询所负责学生的学习情况等工作便利。

第十二条 学校按照统一标准每月为班主任发放工作补贴，提倡并鼓励有条件的学院根据具体情况向班主任发放适当的津贴。经班主任申请，学院审批，学院给予一定的活动经费。

第十三条 班主任认真完成工作任务并且年度考核合格的，学校每学年为其计36课时的课堂外教学工作量。

第十四条 班主任培训纳入学校教师培训整体计划，学校有计划、有组织、有保障地安排班主任参加国内外培训考察。

第五章 考核与续聘、解聘、辞聘

第十五条 学院每学期至少召开一次由全体班主任、辅导员参加的学生工作联席会，研究工作，解决问题，交流经验，了解班主任和辅导员工作状况。

第十六条 学生对班主任工作有意见的，可以向学院反映，学院应当予以重视并及时了解情况，与班主任、学生沟通，做好师生思想工作。

第十七条 班主任考核的原则、内容、方式、等级和实施：

（一）考核坚持注重工作实绩、尊重学生评价、定性分析与定量考核相结合、平时考核与年度考核相结合的原则，进行综合考核，每学年考核一次。

（二）学院通过查看学生调查问卷、班主任考核表、班主任工作总结、个别访谈、召开学生座谈会、征询本院辅导员和各相关部门意见等方式进行考核。考核表报报学生工作部（处）、人事处审核备案。

（三）考核总分100分，其中学生评价50分、班主任自评10分、学院评议40分。考核结果分为优秀（90分及以上）、合格（60分-89分）、不合格（59分及以下）。

（四）考核由学生工作部（处）负责组织实施，学院具体负责。

考核标准由学生工作部（处）统一制定，考核细则由各学院制定，报学生工作部（处）备案。

第十八条　班主任聘期结束后，考核合格并符合条件的，经过本人申请、学生举荐或者学院决定可以续聘。

第十九条　班主任有下列情形之一的，应当予以解聘：

（一）不履行职责。

（二）年度考核不合格。

（三）在聘期内，本班学生要求更换班主任，经学生工作部（处）和学院调查、确认有更换必要。

（四）具有其他需要解聘的情形。

第二十条　班主任有下列情形之一要求辞聘的，应当提前向学院说明情况，学院应当允许：

（一）调离学校。

（二）聘期内出国超过一学期以上。

（三）调离专任教师队伍。

（四）因身体原因不宜继续担任。

（五）具有其他应当辞聘的情形。

第二十一条　优秀班主任的表彰纳入教师、教育工作者表彰奖励体系。

学校优秀班主任人选由学院推荐，学校评优工作领导小组评定。

第六章　附　则

第二十二条　学院应当依据本办法并结合实际制定实施细则，报学生工作部（处）备案。

第二十三条　本办法由学生工作部（处）负责解释。

第二十四条　本办法自发布之日起施行，《中国政法大学学生辅导员、班主任工作条例》同时废止。

论辅导员在中学教育到大学教育转变中的作用

孟祥滨[*]

摘　要：本文围绕大学辅导员在中学教育到大学教育过渡和转变过程中的作用展开论述，从大学生入学之后的问题分析中学教育到大学教育转变的重视不足现象，指出大学应该注意发挥辅导员在此中的作用，并从深化入学教育、后期信任关系的建立和强化等方面进行阐释，以期协助完善中学教育到大学教育的转变。

关键词：中学教育；大学教育；辅导员；转变

大学是成长成才的重要阶段，引导大学生顺利适应大学生活是当代大学教育的重要课题之一。"大学新生适应性问题是国内外高校都比较关注的问题。大学新生入校后就立即面临着社会环境、校园环境、生活环境、学习环境等各个方面的变化，需要根据这些变化在生活、情感、心理等各方面进行及时调整，否则，会对其身心产生负面的影响"[1]。卓越法治人才培养实验班（以下简称"实验班"）开始招生以来，生源结构不断优化，生源质量不断提升，总体来讲，绝大多数实验班学生在大学期间还是圆满完成了学业，从就业率和就业质量看培养效果较好，但也有部分学生在大学期间出现了问题，比如学业上无法满足推免的要求，成绩出现严重问题，部分学生无法按照要求完成硕士毕业论文出现延期毕业等现象，部分学生因为人际关系处理不好出现较严重社交困难甚至心理问题，部分学生就业遇到较大困难。笔者结合多年学生管理服务经验，

---

[*] 孟祥滨，现任中国政法大学法学院团委书记，辅导员，讲师。
[1] 彭晓：《大学新生适应性问题表现、成因及应对举措——基于辅导员视角》，载《济宁学院学报》2022年第4期。

对出现问题的学生进行分析,最大的原因可能是这些学生进入大学后,未认识到大学的真正任务,没有适应中学教育到大学教育的变化,导致大学的学习生活进入无序状态。本文试着从大学辅导员的功能角度分析引导大学生完成从中学教育到大学教育的转变。

现行教育体制下,中学教育和大学教育存在较为严重的衔接问题。"由于应试教育模式与思想的影响,我国中学教育与大学教育缺乏应有的沟通与合作,中学教育只关心如何提高升学率,对大学教育异常茫然,而大学教育更注重优秀人才的选拔,对中学教育又极度漠然,二者脱节严重,造成了教育断裂问题的出现"[1]。中学教育,特别是高中教育,从本质上说还是一种应试教育,以升学为目标。为保证目标任务的完成,构建了一套"保姆式"的贴身教育管理模式。从学校方面看,为学生配备了班主任、任课老师等较为充分的师资,而且师生比例是比较高的,保证了教师可以较好的了解自己负责的学生。另外,中学生在校时间基本都是在进行课业学习,课堂外时间基本在校外,人际关系较为简单。学校和教师的任务基本是完全围绕学生的学业进步开展,对学生的性格、社会交往等关注不多。从学生本人来看,基本是家庭——学校两点一线式的生活,社会交往很少,只要按照老师和家长的要求完成学习任务,取得理想的成绩,考取理想的大学,在当今的标准看,可谓是成功的学生。所以,我国的中学教育,无论是从社会、学校还是家庭角度,都或多或少地存在重学习轻能力的问题。进入大学后,学习生活模式发生了非常大的变化。从被管理被支配的单纯学习变成几乎所有事情都需要自己处理的自治模式。如果学生未做好准备,很有可能对大学的生活手足无措。而现今的大学教育体系中,除了大学刚刚开始的入学教育,后面很少有针对性的大学生活适应培训和指导。之后的大学生活,基本是辅导员代表校方和学生沟通、管理、服务和指导。一旦辅导员工作出现缺位或者不到位,大学生的在校生活基本是监管和教育的"真空"状态,出现问题的几率非常大。

从中学教育的全方位监管到大学的完全自治,前提是大学生应该为全面发展做好各项准备,需要大学方面特别是辅导员在大学开始引导学生认识和适应大学生活。"高校教育工作者应掌握中学——大学这一转折时期学生的心理、生理、学习、生活等特点,在对新生思想教育中要注重中学教育与大学教育的衔

---

[1] 杨柳:《从断裂到融合:中学教育与大学教育关系研究》,湖南科技大学2017年硕士学位论文。

接,采取多种形式对大学新生进行入学教育,帮助大学新生尽快熟悉大学生活的各个方面,尽快适应高校"[1]。实验班学生在本科阶段,有任课教师、生活导师、辅导员和班主任四位一体的导师体系。任课教师主要是课堂教学,属于专业教育,课堂外与学生联系较少;生活导师也都是任课教师,经过调研发现,学生与生活导师建立有效联系的并不多;担任班主任的任课老师,主要负责班级学生的学业指导和答疑解惑,班主任的作用很大程度上取决于学生的主动性;对于本科生来说,大学期间,学校方面与其学习生活接触最多的是辅导员。按照国家关于辅导员工作职责的要求,辅导员工作涉及思想政治教育、党团和班级建设、学风建设、学生日常事务管理、心理健康教育与咨询、就业指导、校园危机处理等方面,涉及学生在校期间学习生活的方方面面,可以说,辅导员是学校在校期间与学生联系沟通最多的老师。因此,在引导大学生完成从中学教育到大学教育的转变方面,辅导员责无旁贷。

一、辅导员要把入学教育的内容精深化

大学入学教育是大学生认识大学的开始。当前,针对法学实验班的入学教育,既有学校层面的校情教育、校规教育,又有学院层面的院情教育,任课教师的学习方法教育,朋辈同学的引航教育,可谓全方面多维度的教育。缺点在于,上述教育基本都集中在大学生开学前一个月,之后就是学生独立进行大学生活。辅导员应该配合好上述教育,通过主题班会的形式,给学生介绍大学与中学教育的不同之处,告知大学的基本任务,特别是综合素质培养与学习的关系处理问题,并让学生认识到在遇到困难的时候应该及时和辅导员沟通解决。此外,因为辅导员和学生的数量比例问题,在学生最容易遇到问题的开学之初阶段,很难发现问题。此时,迫切需要家长和学生干部的配合。"在新生思想政治教育方面,家校协同合作具有重要意义。高校辅导员应积极与新生家长保持沟通联系,及时反馈学生的在校表现,了解学生家庭背景和成长经历,共同关注学生的成长发展。"[2]多年的工作实践证明,大学阶段良好的家校沟通关系,

---

[1] 马金芳、罗冬梅:《从大学新生的不适应浅议中学与大学教育的衔接》,载《现代妇女(下旬)》2013年第1期。

[2] 金呈蒙:《新高考制度下高校辅导员开展新生思想政治教育的探索》,载《国家通用语言文字教学与研究》2023年第10期。

对实现学生全覆盖的情况掌握和及时发现解决问题,有较大裨益。笔者在学生入学之初,会建立学生家长群并与每个学生家长建立微信等联系,开学初会召开家长会,介绍大学生活的特点和注意事项,特别强调家长和辅导员沟通协调处理问题的重要性。学生在大学适应期,由于和辅导员不够熟悉,很多问题和家长反映比较多,由家长把问题反馈给辅导员,将大大缩短问题发现的时间。此外,通过学生骨干和寝室长等,及时报告新生的问题进行适时干预也是较好的补充。

二、辅导员要与学生建立起良好的信任关系

辅导员工作是对人的工作,要想完成工作目标,必须与工作对象也就是学生建立起良好的信任关系。辅导员工作要点面结合,既有"面"上的上传下达、开会教育等工作,更要有"点"上的与学生个性化的咨询、指导和教育。只有建立起较为信任的师生关系,"有事找辅导员"成为学生在校的一种习惯,学生有问题能够找辅导员咨询和求助,相信可以基本杜绝学生对大学生活的适应问题。

(一)辅导员要尽快了解每一个学生

了解学生是开展辅导员工作的起点,辅导员应在学生入学初,通过学生的学籍卡、入学登记表、入学信息采集、学生档案和与家长沟通等,在最短时间内建立学生的个人信息库,包括学生的生源地、高考成绩、家庭成员、家庭经济情况等。与家长沟通可以大致了解学生过去的经历,初步掌握学生的性格特点,为学生勾勒出"立体框架"。

(二)辅导员要在尽快完成与学生一对一深度谈话

在初步掌握学生信息后,应该进入辅导员和学生正式"认识"的阶段。"谈心谈话是面向个人的一项细致性工作,能够充分发现学生特质、了解学生需求、洞悉学生想法"[1]。辅导员要帮助学生客观认识和定位自我,不要沉浸在过去的"领头羊"角色中,也不要盲目自卑,认清大学生的基本任务,完成从中学

---

[1] 李青、夏泽龙:《高校辅导员谈心谈话工作探究——基于"以人为本"的视角》,载《领导科学论坛》2023年第12期。

生到大学生的角色转换。辅导员要通过与学生面对面的谈话,听取学生大学的奋斗目标、初入大学后的感想、入学后的困惑和问题等,从中了解学生的性格特点,通过问题的分析和解答也让学生对辅导员有直观的了解,初步建立起较好的信任关系。

(三)辅导员要认真对待学生的咨询和求助

辅导员的工作比较繁琐,除了完成上级布置的任务外,还要经常性地接受学生的咨询和求助,而学生的问题更是五花八门。但正是这日常性的问题解决,才促成了学生对辅导员正面评价的建立。辅导员要有高度的工作责任感,认真对待学生的每一次求助,耐心解答直至问题最后解决,这是师生建立信任关系的最核心要素。有过一次求助成功经验后,学生对辅导员的评价是"靠谱"的,以后有问题也会再向辅导员请教,而这也会影响其他的同学,慢慢形成"有事找导员"的氛围,师生间形成良性互动关系。辅导员在日常工作中坚持"有求必应",对学生的求助,坚持第一时间回复,耐心解答并持续追踪,与学生建立起较好的工作和个人关系,学生出现严重问题特别是心理问题的现象就会非常少。很多辅导员工作责任心不足,日常工作基本限于上传下达,对学生的求助不热心,回复问题不及时,敷衍了事,导致学生对辅导员评价不高,后续沟通渠道不顺畅,学生出现问题不能及时掌握,容易导致问题严重化。

(四)辅导员要有解决学生问题的信息能力和处理能力

实验班的学生,专业学习的影响,很多学生非常注重隐私,很多事情不希望学校和家长知晓,信息化时代的显著表现是,学生的微信朋友圈、微博和QQ空间等是屏蔽辅导员的。不掌握学生的第一手信息,辅导员很难开展干预和指导,因此,辅导员要有较强的信息能力,要对学生关系网有较好的了解和把控,特别是要与家长和室友,保持经常性的沟通,及时发现问题。要对重点学生,如有心理问题的学生、单亲家庭学生等,保持较高的关注度。辅导员要有处理学生各类问题的能力,要主动打破师生的"代沟",能够用大学生的视角去看待问题,要对学生所学专业有较好的了解,要熟悉当代大学生的沟通方式、语言特点,用学生能够接受的方式去沟通会事半功倍。

新时代"三全育人"视域下高校辅导员的角色定位与履职路径研究

刘彦君[*]

摘　要：作为最贴近学生学习生活的人，高校辅导员是处在思政教育前沿、对大学生进行价值引领的骨干力量，是落实立德树人根本任务的重要依托。基于新时代"三全育人"的视角下，通过理解新时代高校"三全育人"理念的新内涵与方法，对辅导员的工作角色进行精准的定位，可以使辅导员的作用和力量得到全面的调动和发挥，还能使高校政治工作的开展得到全面的加强。基于此，本篇文章主要对"三全育人"视角下高校辅导员角色定位及履职路径进行深入的研究和探讨。

关键词：新时代；三全育人；辅导员；角色定位；履职路径

党的二十大报告指出，培养什么人、怎样培养人、为谁培养人是教育的根本问题。育人的根本在于立德，全面贯彻党的教育方针，落实立德树人根本任务，培养德智体美劳全面发展的社会主义建设者和接班人，这是以习近平同志为核心的党中央对新时代教育事业的总体战略部署。高校是人才培养的主阵地，要全面贯彻党的教育方针，落实立德树人根本任务，坚持德智体美劳全面发展，以全员、全程、全方位的育人，全面落实立德树人的根本任务，办好人民满意教育，着力培养担当民族复兴大任的时代新人。辅导员作为高校人才培养队伍的重要基础环节，在三全育人的建设中发挥着尤为重要的作用。作为高校辅导员，在新时代"三全育人"背景下应既胸怀大思政大格局，又落细落实学生工

---

[*] 刘彦君，中国政法大学法学院团委副书记、辅导员。

作的方方面面，以全员、全程、全方位的工作理念，时刻坚守培养担当民族复兴大任的时代新人的"初心"，勇担培养社会主义合格建设者和接班人的"使命"，引领当代青年立鸿鹄志、做奋斗者，贡献新时代青年的青春力量。

一、新时代高校"三全育人"理念的新解读

"三全育人"即全员育人、全程育人、全方位育人，是《关于加强和改进新形势下高校思想政治工作的意见》提出的坚持全员全过程全方位育人（简称"三全育人"）的要求。[1]习近平总书记在党的二十大报告中明确指出："教育是国之大计、党之大计。培养什么人、怎么培养人、为谁培养人是教育的根本问题。"新时代背景下，这一教育根本问题事关中国特色社会主义事业后继有人的全局，新时代"三全育人"理念应有着更深层次内涵。

（一）发展育人队伍，激发"全员育人"的主体自觉

"三全育人"是"人、时、空"的统一，通过制度激励和机制协同，形成"以教师队伍育人为主体、思想政治工作队伍育人为支撑、管理服务队伍育人为保障"的结构，有助于形成具有高校特色的价值导向和行为规范。

（二）聚焦贯通衔接，形成"全程育人"的系统合力

"全程育人"的本质是把思想政治工作贯穿于教育教学全链条和学生成长全流程。坚持过程导向，优化学生评价，从时间序列上规划不同的育人主题、育人制度、育人活动，实现过程控制与质量控制相统一。推动教育教学活动与育才育德活动融入结合，把思想政治工作贯穿于招生录取、教育教学、就业创业等大学生涯各环节各方面，努力做到"因事而化、因时而进、因势而新"。

（三）实现多场域融合，构建"全方位育人"的多维格局

"全方位育人"意味着要突破课堂、校园的空间限制，在校内，统筹办学治校各领域、人才培养各方面的育人力量和资源，完善管理育人、服务育人、组

---

[1]《奏响"三全育人"最强音》，载 http://theory.people.com.cn/n1/2019/0226/c40531-30901931.html，最后访问日期：2024年7月16日。

织育人、实践育人、资助育人等育人协同链；在校外，强化家、校、社合力，针对立德树人对学生能力素质的各个方面要求，找到运用社会资源开展教育活动的契合点，发挥好各类爱国主义教育基地、生产实习基地、国情社情一线现场等各类场所的教化育人功能，在"看得见、摸得着"的育人环境中提升立德树人实效。

"大思政课"善用之，也是"大教育课"善用之，只有各个方面齐抓共管、形成教育合力，才能不断夯实立德树人系统工程。

二、新时代"三全育人"视角下辅导员角色定位分析

（一）培养全局意识，做学生的引路人

作为高校思想政治工作队伍的重要一员，作为开展大学生思想政治教育的重要骨干力量，辅导员应具备全局意识。只有具备全局统筹的广博胸怀，才能在高校思想政治工作体系中洞悉规律、辨明方向，在思政发展中找准自身定位、明确自身职责。辅导员的全局意识就是要紧紧围绕"大思政"的大格局，有为党育人、为国育才的大志向，有培养一群立大志、明大德、成大才、担大任的新时代青年的大情怀。作为新时代辅导员，首先必须要对培养什么样的人、怎样培养人、为谁培养人这个根本问题了然于心；其次要切实把增强"四个意识"、坚定"四个自信"、领悟"两个确立"、做到"两个维护"落到具体行动上；再次要把辅导员所做的工作放在整个学校、学院事业发展中来看，要有大局观念和整体意识，不能囿于辅导员的岗位职责而拒绝其他工作或者对其他工作视而不见、听而不闻。

（二）抓实细节过程，做学生的热心人

"天下大事必作于细"。作为当代大学生的人生导师和知心朋友，作为高校辅导员，不仅要在思想认识上具有大局观，还要在细节执行上不断细化。辅导员的服务对象是广大的学生群体，而落实到每一位同学的问题又细致入微，所以必须要怀揣情感温度，坚持以生为本，坚持解决思想问题和实际问题相结合的原则，深入班级、深入宿舍、深入学生内心，尊重每个学生的个性特点，了解他们的家庭状况和成长经历，抓住特定的切入口和重大事件节点，落实到九

大职责的一个个具体方面，比如做好家庭经济困难学生的资助工作，加强学生学业就业指导，加强人文关怀和心理疏导，促进大学生身心和人格健康发展等，积极帮助学生解决合理的诉求，做到精准辅导，精细滴灌，精心培育，做好学生管理的主导者、学生成长的主心骨，以此守护好学生的人生航向，坚守阵地，使学生工作有温度，以此做好大学生的知心人，不负时代赋予我们的立德树人使命。

（三）统筹全局与细节，做学生的知心人

作为新时代青年的引路人与知心人，高校辅导员既要站位高，紧紧围绕思想政治工作规律，坚持用习近平新时代中国特色社会主义思想武装青年，有深度的有意识地做好大学生思想政治教育，引导大学生立大志，明大德，做到全方位育人；同时也要把控好细节，紧紧围绕学生成长规律，用细心、爱心与耐心做好大学生的日常事务性工作，切实解决好每一位学生的实际问题，做到全员育人全过程育人。作为辅导员，要培养"大局意识"与"细节把控"兼具的思维模式，使我们的思想政治工作兼具高度与温度，以此种好思想政治教育的责任田，做大学生的热心人。

三、新时代"三全育人"视角下辅导员履职路径探究

（一）重点工作做加法，拓宽高等教育广度

思想政治教育既是辅导员工作的主线，也是辅导员的重点工作，为此要创新工作方式和工作载体，整合多方资源创新思想政治教育，拓宽高校思想政治教育的广度与深度。比如，善于利用三微一端等网络新媒体，让育人工作深入学生内心；开展内容丰富、形式多样的活动，增强思政教育的可感受性，以社会实践为有效载体，基于乡村振兴的大背景，依托红色教育场所以及扶贫基地与乡村，让学生深入社会，以此推进全员、全过程、全方位育人，引导广大青年以实际行动实现中华民族伟大复兴的中国梦。

（二）难点工作做减法，增强高等教育温度

作为辅导员，要坚持解决思想问题与实际问题相结合的原则，要走进学生

内心深处，要多听听学生的心里话，做好学生人生规划的指导者和引路人，也要使学生明确自身的学习目标，减小学生心理压力。定期通过一对一交流、走访等形式，听任课老师说、听同学说，及时了解不同类型学生的学习状况以及存在的困难，并有针对性提出解决措施，要对特殊群体给予分类指导，减小学生学习的阻力，减少辅导员工作盲区，真心实意，精耕细作，从而增强育人的温度。

（三）焦点工作做乘法，提高高等教育深度

半年来，我认识到辅导员工作千头万绪，小到学生的日常事务管理，大到学生的思想政治教育，较为繁杂，但要摸透辅导员工作的本质，把控焦点工作，多措并举。如要坚持实现教育管理合力，发挥学校、家庭、社会实习单位等的共同力量，将教育管理合力发挥至最大化；坚持搭建校园平台，科学建设大学生素质提升阵地；坚持发挥学生工作品牌引领作用，打造集学院特色、法学专业特色以及个人特色于一体的学生工作品牌，以特色鲜明、形象生动的校园品牌，努力成就"标杆"，以此提高育人的深度。

（四）堵点工作做除法，凸显高等教育亮度

在学校就读期间，学生会面临不同的挑战和选择，为此面对不同情况要巧做"除法"，引导学生摆正心态，脚踏实地。如对于无故旷课、迟到学生，及时向学生了解情况，进行批评教育，通过特殊学生群体排查，掌握学业困难的基本情况，在做好学业预警工作的同时，组织学业发展规划座谈会，除去学生"懈怠""无为"思想。尤其针对毕业生，要引导学生去除浮躁功利，去除眼高手低，去除朝秦暮楚，多一份沉稳，多一份踏实，多一份执着。要巧用"除法"，除学生的"躺平"与"内卷"，除学生的浮躁与功利，守护学生的人生航向，坚守阵地，引导学生正确处理各种关系、解决学习中遇到的难题，旗帜鲜明，体察入微，引导学生科学做好人生规划，顺利走向社会。

高校新生适应性教育研究

——以 R 学院"第一时间,第一接触"新生辅导员工作室为例

张宇飞　吴紫夷[*]

摘　要：新生适应性教育是高校思想政治工作的起点,其育人效果关乎高校落实立德树人根本任务的成效。如何做好高校新生适应性教育成为高校必须思考和亟待解决的重要问题。当前,高校新生适应性教育面临教育内容刻板、教育形式单一、教育力量分散和教育周期短暂等问题。针对存在的问题,R 学院聚焦迎新工作,紧抓学生入学的关键时间点,以"第一时间、第一接触"的创新性理念开展新生适应性教育,取得了显著成效,为高校新生适应性教育的有效开展提供参考。

关键词：大学新生；适应性教育；思想政治教育；辅导员工作室

党的二十大报告强调,办好人民满意的教育……全面贯彻党的教育方针,落实立德树人根本任务[1],明确了高校思想政治工作的目标。高校思想政治工作是高校各项工作的生命线,是培养社会主义建设者和接班人的基石。新生适应性教育是高校思想政治工作的起点,具有奠定基调、夯实基础、引领航向的重要作用。高校开展新生适应性教育,其目的在于帮助新生更快更好地实现角色转变、融入大学的校园环境并适应全新的学习和生活方式。新生适应性教育所取得的成效,直接影响到学生的成长成才和高校人才培养的质量,进而对建

---

[*] 张宇飞,中国政法大学校团委,讲师；吴紫夷,中国政法大学人文学院,辅导员,讲师。
[1]《习近平：高举中国特色社会主义伟大旗帜 为全面建设社会主义现代化国家而团结奋斗——在中国共产党第二十次全国代表大会上的报告》,载 https://www.chinacourt.org/article/detail/2022/10/id/6979112.shtml,最后访问日期：2024 年 7 月 15 日。

设教育强国这一目标的推进起到关键作用。如何做好高校新生适应性教育，切实提高新生适应性教育的成效，帮助新生扣好人生第一粒扣子，成为高校必须思考和亟待解决的重要问题。

一、高校新生适应性教育存在的问题

（一）教育内容刻板，缺乏针对性

高校新生适应性教育往往遵循着一套基础模式，主要包含军事训练教育、爱国荣校教育、校纪校规教育、学科专业教育和职业规划教育等，这些教育内容基本涵盖了新生适应的各个方面，具有全面性、普适性和鲜明的教育引导作用。但是，多年来高校新生适应性教育都按模板开展，形成了思维定式，每一届学生接受的适应性教育内容基本雷同，缺乏针对性。当今世界处于百年未有之大变局，风云变幻的时代背景赋予新生独特的思维方式和行为模式，例如自我意识突出、心理相对脆弱、思想开放、包容性强等，老一套刻板化的适应性教育无法结合新生的特点进行针对性引导，难以引起新生的共鸣，进而导致教育效果欠佳。此外，新生来自五湖四海，家庭和教育背景存在差异，所学的专业也不一样，因此遇到的适应性问题各不相同。泛泛而谈的适应性教育无法很好地回应不同学生个性化的问题，内容与实际脱节让新生不愿意全身心投入到适应性教育中，导致适应性教育呈现出"走过场"的不良态势，耗时耗力但收效甚微。

（二）教育形式单一，缺乏创新性

新生适应性教育的形式直接影响到教育的效果。考虑到新生的数量众多，一对一开展新生适应性教育显然不具备可操作性，大多数新生适应性教育采用讲座和报告等一对多主题宣讲的模式。虽然从实操性、覆盖性和普适性的角度来考虑，宣讲的模式确实具有实践意义。但对于新生来说，他们刚从高中升学进入大学，大多数刚成年，思想不够成熟，理解能力有限，习惯于重复性的学习和训练，因此对单次主题性宣讲所传达的观念很难入脑入心，真正被新生理解和接受。由于形式比较单调，内容理论性较强，创新性和趣味性不足，导致新生在接受教育时非常被动，并且出现失望、厌恶等消极情绪。受限于僵化的形式，新生适应性教育的效果无法满足新生适应的真实需求，新生大多是为了完成任务而应付式地参会，很少有新生能够认真完整地听完主题教育。由此可见，单一的宣讲式教育已经无法胜任帮助新生适应的重任，急需结合新生的特点进行创新性改革。

（三）教育力量分散，缺乏整合性

在"三全育人"理念下，构建全员育人格局、形成育人合力已经成为高校思想政治工作的战略方针。但是，在实际的育人实践中，全员育人政策在推进落实过程中面临着挑战，新生适应性教育中就出现了教育力量分散的问题。新生适应性教育是全校多部门共同参与、校院两级协同安排组织的总动员教育模式。从高校入学教育工作方案上可以看到，新生适应性教育工作涉及到学生处、宣传部、教务处、图书馆、国际合作与交流处、心理健康教育咨询中心、校医院、保卫处和二级学院等多部门，内容丰富，需要各部门协调配合。但实际上，新生适应性教育主要由学生处来牵头，其他部门基本上是按学生处的要求来做好相应的准备，发挥的作用非常有限，主观能动性较差，最终很多工作还是落到了学生处身上，导致学生处的压力过大，在有限的时间里很多工作无法做细做深做实。此外，在学生处的组织和要求下，各二级学院学生工作办公室分别组织各院的新生适应性教育，学院之间很少进行合作，各学院基本都是单兵作战、各显神通，小院容易陷入人数较少、资源有限的困境中；学院内部专任教师的积极性不足，专任教师专注于科研和教学，很难让专任教师参与到新生适应性教育中，和辅导员的协同和交流较少。总体来看，新生适应性教育力量整合不足，没有形成教育合力。

（四）教育周期短暂，缺乏长效性

以往的研究发现，大多数高校的新生适应性教育时间都在 1 个月以内，采用高密度、集中化的教育模式，在短时间内灌输式地向新生输出内容[2]。实际上，改变是需要时间的，新生很难在短时间内实现从高中生到大学生的身份转变，熟悉全新的大学环境，适应离家的集体生活，由老师主导教学转变为自主学习探索模式，在学校中建立友谊和支持系统。集中信息轰炸般的新生适应性教育挑战着新生的理解接受能力，没有给新生足够的实践操作时间和空间，传授的知识技巧难免落于纸上谈兵的境地，经常出现新生还没有来得及对大学生活进行全面体验时，新生适应性教育已经结束的问题。此外，在短时间内开展新生适应性教育，教育的深度和广度必定无法兼顾，往往是牺牲深度来照顾广度，所以导致谈论到的很多内容都浮于表面，很难给新生带来指导和启发。短期的新生适应性教育无法结合新生适应转变情况进行调整，删减不合适的主题，增加需求较多的新内容，缺乏反馈调整的长效机制。

针对在新生适应性教育中存在的不足与问题，R 学院在结合工作实际、学校办学特色、专业特点的基础上，不断探索与创新工作理念与实施办法，取得了一系列突破性的进展与成果。

二、R 学院"第一时间，第一接触"新生辅导员工作室概况

R 学院"第一时间，第一接触"辅导员工作室，聚焦迎新工作，紧抓学生入学的关键时间点，开展系列工作。"第一时间 第一接触"是 R 学院新生入学教育辅导员工作室开展系列活动的总称和专业思想教育的最大特点。

针对学生的专业思想特点，R 学院逐渐形成了包括专业教师迎新、印制新生指南和导师手册、家长会、专业师生见面会、新生自我介绍、成长规划、班主任深度辅导、"人文心声"经验交流、宿舍文化节、启明星素质拓展、迎新工作调研等一系列入学教育活动，突出让新生及家长第一时间了解专业信息，第一时间接触专业教师，加深对所学专业的认识，稳定专业思想，尽快融入大学生活，适应大学学习，在学好专业的同时积极培养个人综合素质，全面发展。

三、"第一时间，第一接触"具体内容

"第一时间，第一接触"包括迎新及新生入学教育系列活动，除常规的入学教育外，针对 R 学院学生的思想特点，重点围绕稳定专业思想，加强学生对专业、对学院的认同展开。主要内容有：

（一）第一天

新生入校报到第一天是个关键点，学校的迎新工作会给新生和家长留下深刻的第一印象。除了常规的迎新工作，主要举措有：

1. 班主任和专业教师参与迎新。本科生班主任和专业教师参与迎新一直是学院的传统，每年院系领导也都会到迎新现场。这使新生在报到第一天就能接触专业教师，解答其对专业的疑问。

2. 印制《新生指南》。《新生指南》内容有学院介绍、师资力量、专业教师

寄语、校园生活介绍等，帮助新生初步了解学校、学院、专业；每年都会有学院领导、新生班主任亲自撰文，表示欢迎之意。

3. 家长见面会。安排在迎新报到期间，由学院领导、辅导员、班主任参加，在第一时间与家长面对面沟通，介绍学院概况、学生培养、学生管理等情况，就一些常见问题寻求家长的重视与支持，对家长们关心的问题进行解答。近三年因疫情原因，家长会由线下转为线上进行。

4. 学生助理辅导员。由选拔的高年级学生担任助理辅导员，在新生入学初期提供帮助和引导，了解情况，介绍学习生活经验，帮助新生迅速适应大学生活。

（二）第一周

除学校的入学教育外，开学后第一周学院重点举办专业师生见面会、新生自我介绍会、开学典礼，以及新生基本情况调查、家庭经济困难学生摸底、校规校纪教育、安全教育、军训动员等。

1. 专业师生见面会。这是第一周入学教育的重头戏，本科专业的全体教师参加。既显示专业教师对新生的重视，也展示了各专业的师资力量，第一时间给新生充分的专业冲击，会给新生留下非常深刻的印象，有利于今后学习的开展。会上，专业负责人介绍本专业发展状况以及未来发展前景、课程设置等，告知新生学科教育的基础性与重要性，并请高年级优秀学生介绍经验。

2. 新生自我介绍会。室内户外举办均可，结合团体辅导中的"破冰行动"，提供打破新环境、新同学间陌生隔阂的平台。同时进行的新生基本情况和家庭经济困难学生调查，有助于辅导员快速了解新生基本情况。

3. 新生年级大会。相比较自我介绍会的轻松氛围，年级大会较为严肃，由辅导员整体讲解学校的规章制度、学习制度、集体生活、大学规划等管理与服务内容，让新生对大学生活的"自由意志"与"道德责任"有一个大致的了解。后续学期中会再次分章节具体讲解。

4. 学院开学典礼与新生第一课。本科和研究生新生、全院教师一起参加的开学典礼，介绍学院整体情况、学院风格和发展理念、提出对新生的希冀等。学院新生第一课由学院院长和知名教师讲授，是增强学院认同感和向心力的又一重要活动。

四、思政教育篇

（三）第一月

第一个月开展的有大学成长规划、班团委选举、素质拓展、新生心理适应讲座等。

新生入学第一个月，主要是军训和正式开始大学课程（近三年因疫情，军训有所调整）。这一个月对新生来说，是忙乱和新鲜的，大学生活的苦与乐、独立与自由、轻松与忙碌、眼花缭乱与无所适从，都扑面而来。新生在学着适应新环境新生活时，也在思考新方向新发展。

1. "解读心灵"大学成长规划。"解读心灵"是 R 学院新生入学教育的特色，让每名学生写一份关于自己的家庭环境、成长经历、学习经历、专业志愿等的介绍，并初步制订大学成长规划，主题为"写给四年后的自己的一封信"。辅导员可以借此了解学生的家庭背景（以便人性化开展资助相关工作）、个性特点，对专业的看法，对如何度过大学生活的初步打算，在今后的深度辅导中可以对照督促，帮助学生认清现实，解决问题，找准方向，实现成长目标。

2. 新生班团委选举。根据学校学院相关制度，班级民主推选，主持、监选、竞选，整个过程都由学生自主进行。通过这大学校园民主第一课，培养学生正确认识独立、竞争、责任、勇气、民主与集中、自由选择与承担后果等，树立班级意识，增强班级凝聚力，同时也可加深辅导员对学生的认识。

3. 党团班一体化建设。R 学院坚持以高质量党建引领高质量发展，持续推进党团班一体化建设。坚持党的领导，以党建带动团建，由学生党支部副书记兼任学院团总支书记，直接与团委学生副书记对接工作，牢固树立党团不分家的思想，提升凝聚力。将团支部建立在班级，各班由团支书负责具体的团务工作。将团小组建立在宿舍，由宿舍长担任团小组组长，从而将工作做细做实。

（四）第一学期和第一学年

主要活动有：谈心谈话、"人文心声"经验交流、迎新工作调研、迎新晚会、宿舍文化节、趣味运动会等。

1. "人文心声"经验交流。"人文心声"经验交流是 R 学院朋辈教育的关键环节，主要分为两个部分：线下经验交流会和线上朋辈榜样事迹分享。一方面，"人文心声"交流会邀请老师和高年级优秀学生交流学习、工作、生活经验。"人文心声"现已扩展成为持续大一学年的大学学习生活指导系列讲座，由辅导员主讲，并邀请教务、就业、心理、图书馆等相关老师和高年级同学，围绕大学生成长手册、校规校纪、安全、专业培养方案、职业生涯规划、学习、诚信考试、图书馆资源、论文写作与科研项目、入党、班级和社团工作等诸多主题详细讲解。另外还有面向高年级的考研、求职、发展等经验交流会。另一方面，R 学院利用全媒体新技术赋能，拓宽线上宣传渠道，例如活用学院微信公众号平台，设置"俊采星驰"经验分享栏目；使用腾讯会议打通时空限制，邀请优秀校友为在校同学进行线上经验分享等。

2. 迎新晚会和宿舍文化节。通过艺术表演、宿舍展示、卫生评比、素质拓展等环节，增进新生宿舍之间的团结拼搏，养成良好的宿舍卫生习惯，增进班级和宿舍团结与交流。

3. 谈心谈话。辅导员与每一位新生进行一对一谈话辅导，在"解读心灵"的基础上，了解新生在学习和校园生活等方面遇到的具体困难困惑，有针对性地进行解答和指导。

4. 第一堂思政课。活动由 R 学院本科生党支部承办，邀请支部中在志愿服务、社会实践、重大活动服务保障中表现突出的党员同学进行分享，讲述自己在青春奉献祖国实现价值的故事，引导新生树立强国有我的理想信念，落实立德树人任务，扣好大学生活第一粒扣子。

5. 新生趣味运动会。运动会以新生为主体，鼓励 R 学院全院同学积极参加，以趣味活动为主，友谊第一比赛第二，让所有同学都可以走到室外，在趣味运动的参与中养成运动习惯，也增进不同年级之间的交流熟悉，在集体协作中加强沟通与团队建设，增进学院凝聚力与向心力。

6. 迎新工作调研。通过问卷调查收集同学对本年度迎新工作的意见，并在今后的迎新工作中加以改进提升。

四、"第一时间，第一接触"成效

面对社会认知的"冷门"印象和学生及家长怀揣法学梦想而来的预期，R 学院新生专业思想不稳定一直是个非常严峻并长期存在的现实状况。R 学院正视现实，努力投入，积极引导学生正确认识所学专业的内涵，充分发挥专业教师的影响力，换来的也是令人欣慰的变化。从 2002 届到 2022 届，一届届学生，从一无所知、心怀拒斥到认同专业、重新出发；从"我们是小校园小学院小专业里的小人物"的耿耿于怀，到"我们更是大智慧大思想大胸怀的大学生"的自信自强；从每年招生时第一志愿报考的仅一两人，到每届毕业生都有多人考取国内境外知名高校本专业的研究生继续深造。事实证明，学院的入学思想教育确实取得了显著成效，也得到了学生和家长的肯定。

"第一时间，第一接触"，强调在新生入学后的几个关键时间段内，充分发挥学院领导、专业教师、学工系统、团学组织、学生自我教育的作用，通过系列活动打出"组合拳"，帮助新生更好地适应大学生活，加深对专业的认同。R 学院全院上下齐心协力，学工系统和专业教师密切配合，针对学生思想特点采取的各种举措，对稳定学生专业思想发挥了良好的影响，成为学校德育百花园中的一片馨香，谱写了一曲师生共唱的赞歌。

五、结　语

当然在工作过程中，新生们越来越丰富的个性需求与行为特征多元化，既对大学生良好适应新的学习环境与阶段提出了挑战，也对 R 学院的新生适应性教育工作有了更高的要求与更好的标准。基于工作室的工作经验，R 学院创造性地提出了"第一时间，第一接触"的工作理念。在丰富适应性教育内容、关注特殊群体发展需求、引导大学生进行自我调适、强化家校联动共育等方面取得了新的突破与发展。

在丰富适应性教育内容方面，R 学院革旧出新，除了传统的公共卫生安全教育、思想政治教育课程外，还大量增加创新创业指导课程、学业规划指南讲座、心理健康课程等新内容，以便适应新时期教育发展，并且增强学生们对于时代变化的适应性，拓宽新生人生发展的新渠道与新面向。如在心理教育课中，新生可以及时结合现有生活和困境，向心理健康老师寻求帮助来缓解焦虑与紧张，引导新生主动学习并掌握情绪调整法、维护校园人际关系的方法。

同时，随着新时代的发展，高校的新生群体在适应性发展方面存在显著的差异性，家庭环境、心理状况、生活习惯等方面的不同会让一部分同学在刚入学时面对丰富多彩、迥然不同的校园生活时不能及时转变，进而处于自我消极的状态。对于这方面特殊群体的发展需求，在"第一时间、第一接触"理念的指导下，R 学院的辅导员利用面对面谈话的形式，主动倾听他们的真实想法，为他们制订个性化的解决方案。针对家庭经济困难学生，R 学院及时向新生传递奖助学金、生活补助等方面学校的规章政策，减轻他们的担忧。

在新生适应性教育团队主体的建设方面，R 学院在以学工系统为主体力量的基础上，着重发挥家庭对学生教育的不可替代性作用。父母作为孩子们的第一任老师，对于学生的成长过程和成长成才有着突出的意义。在家校共育的理念指导下，R 学院新生辅导员工作室通过入学前的线上沟通、开学时的新生家长见面会、家长进校园等活动让新生家长及时、全面地掌握大学校园的学习生活情况、专业内容及发展前景、学院师资团队与管理队伍等内容。在丰富家长了解的基础上，深度发挥家庭教育的效力，让家庭与学院教育相结合，形成高校新生适应性教育的组合拳，发挥家校育人的合力。

新生适应性教育其实是充分展现本校办学特色和育人目标的良好侧面，R 学院在学校的总体部署之下，发挥学院优势与特点，以"第一时间、第一接触"的创新性理念把握住新生第一天、第一周、第一月、第一学期等重要关键节点，结合了自己的专业特点与培养方案为新生制订科学化、系统性的具体实施计划。这既帮助新生更好适应大学生活，也进一步推动了学校落实为国育人、为党育才的办学理念，完成立德树人的根本任务。

参考文献：

[1] 吕鑫：《论发展性团体心理辅导对高校新生角色适应的影响》，载《延边教育学院学报》2023 年第 5 期。

[2] 孙磊、邓丽芳、侯丹丹：《大学新生适应性心理问题的案例分析与干预启示——基于高校辅导员工作视角》，载《教育教学论坛》2023 年第 39 期。

[3] 刘李爱蕾：《在高校新生中开展"启航工程"入学教育的探索——基于大一新生职业生涯规划咨询和指导案例引发的启示》，载《人生与伴侣》2023 第 23 期。

[4] 徐小田：《小我融入大我：从新生宿舍卫生问题看集体认同教育——高校辅导员工作案例分析》，载《现代职业教育》2022 年第 36 期。

[5] 蔡畅：《大学新生学校适应能力的现状及对策研究》，中南民族大学 2022 年硕士学位论文。

[6] 牛伟、李甜：《多维视角探索高校新生入学教育工作——从纵向主体维度和横向内容维度入手》，载《中国多媒体与网络教学学报（上旬刊）》2022

年第 5 期。

［7］张彬、吕正欣：《易班平台应用于高校新生入学教育的思考与实践——以哈尔滨工程大学"哈军工精神"教育为例》，载《黑龙江科学》2022 年第 1 期。

［8］张彬、吕正欣：《高校新生入学教育现状分析及对策研究——基于黑龙江高校大学生的调查》，载《教育教学论坛》2021 年第 36 期。

［9］成建红等：《高校新生适应性教育现状研究》，载《大学教育》2021 年第 6 期。

［10］王冠、于蕾：《高校新生入学适应性教育的途径研究》，载《吉林工商学院学报》2020 年第 1 期。

［11］唱思迪：《大学新生适应性教育与社会工作介入的实务研究——以 E 大学新生成长营项目为例》，华东理工大学 2019 年硕士学位论文。

［12］文译、张媛媛、于淼：《网络新媒体在大学新生适应性教育应用中的实证研究——以电子科技大学为例》，载《科技资讯》2017 年第 36 期。

学生发展需求的变化对学生发展工作的挑战

——以法学院卓越法律人才培养为例

樊昌茂[*]

摘　要：高校对学生的教育管理和服务，从供求关系上看就是高校根据学生发展的需求，为学生提供优质的有针对性的教育。学生需求的满足需要高校和学生积极性的合力，学生自我供给是内因，是满足和实现自身发展需求的根本渠道；学校的有效供给属于外因，推动着内因渠道的实现。适应学生就业多维度、基层化的需要，需要按照主导性和精致性的原则从提升学生发展意识、完善主题教育、创设平台着手完善学生工作。

关键词：供求关系；多维度；基层化；主导性；精致性

经济学理论认为产品的供给和需求是一个国家经济正常运行的必要条件，供求关系的状况决定着一个国家经济健康发展的程度，也决定着经济发展的后劲。需求决定着供给的实现，推动着供给的继续进行；供给决定着需求的满足，又创造着新的需求。高校学生在高校的发展也符合供求关系的原理。学生的就业和发展是需求，推动学生发展需求的实现是高校教育的目的；满足学生就业和发展需求措施的实施是有效的供应，有效的供应是实现高校教育目的的手段。手段和目的的关系说明了高校和学生之间的关系，那就是高校根据学生发展的需求，为学生提供优质的有针对性的教育。

学生发展的供求关系目前面临着结构性的矛盾。在大学初期，学生对自身的发展需求知之甚少，学校的教育供应却不足和不到位。学生的需求取决于自

---

[*] 樊昌茂，中国政法大学法学院辅导员，副教授，博士研究生学历，思想政治教育专业。

身的专业兴趣和社会需求，但很多学生在大学前三年对自身的兴趣特点和能力特点了解不足，对社会对人才的能力要求也知之甚少。这一阶段往往是集体活动最为密集，班级活动和社团活动最为密集，自我认知和能力培养非常关键的阶段，也是学生适应处理集体活动、提升各种能力与学习之间矛盾的阶段，但很多学生却不能明确地树立自己的职业规划，不能设计出明确的职业步骤，在迷茫中度过了关键的三年。如何改进高校学生工作，有效地调动学生自身发展的积极性，帮助学生充分了解社会需求，有效地了解自身的特点是高校学生教育管理工作的重中之重。

有效供给的实现符合内外因相互作用的原理。有效的供给需要学校向学生提供往届生就业发展的信息、提供往届生就业发展的经验和教训、帮助学生明确就业发展的步骤和条件，创设平台调动和激励学生发展的积极性。需要学生在了解社会需求和自身兴趣和能力特点的基础上，通过学习和实践活动锻炼自己，丰富和增强自身满足社会需求的能力。所有的这些信息都需要最后转化为学生的自觉行动才能真正实现有效的供给。学生自我供给是内因，是满足和实现自身发展需求的根本渠道。学校的有效供给属于外因，推动着内因渠道的实现。

一、学生需求变化具有多维度、基层化的特点

根据对法学院2008级、2011级、2015级实验班研究生学生就业情况的跟踪调查统计，当年毕业时进入公务员和事业单位系统的占到50%，毕业两年后共有60%的学生进入公务员系统主要是公检法岗位；毕业当年30%的学生从事律师行业，18%的学生毕业当年进入银行、证券、企业法务单位；2%学生升学。

国家就业形势和政策的变化决定着就业去向的基层化。对于法学专业的学生来说，考取公务员是一个重要的就业去向，主要包括毕业直接考取公务员、就业几年后转考公务员。根据国家公务员关于报考条件和岗位设置的情况，可以看出绝大多数岗位都附设了两年基层工作经验的限制，并且规定公务员不能再继续考公务员，这两项规定直接导致了就业地点和去向的地方化、基层化趋势，进一步让学生确立了先工作，再考省级别以上公务员的顺序关系。再加上随着法学实验班实习的开展，拓宽了学生的就业去向视野，越来越多的学生从事律师行业。律师行业既成为一次就业的平台，也成为二次就业的跳板。

社会需求决定着就业的质量，满足社会需求的能力决定着就业岗位的档次。

社会需求是一个导向杆，它决定着学生在校期间应该培养的能力，也决定着学校应该着力做的事情。根据对2011级、2015级、2021级实验班同学和往届毕业生关于大学期间最应该提升的就业能力的问卷调查统计，排在第一位的是司法考试证书。第二位的是语言和文字表达能力，其中写作总结能力尤为重要。第三位是管理时间的能力。第四位是交际能力。第五位是英语表达能力。其中语言表达能力和交际能力可以通过参加班级活动、社团活动、班会演讲、实习等渠道获得；文字表达能力通过论文写作、实习、社会调研渠道获得；管理时间的能力需要目标明确、毅力和意志、实践活动来锻炼；英语表达能力需要在平时训练和出国交流中得到增强。

二、顺应学生发展需求的满足，学生教育工作必须做到工作主导性、工作精致性

主导性是主动性、超前性的统一。在学生对自身发展需求和社会能力需求不甚了解的情况下，学生工作的主导性往往起到画龙点睛的作用。主动性要求辅导员工作是自觉而非被动的、热情而非消极地开展学生的工作，能够及时地向学生传递发展的信息，廓清学生发展的迷茫；超前性要求辅导员帮助学生提前了解和规划自身的发展需求及步骤，在有效的时间内进行有效的活动，而不使自己浪费必要的时间。

精致化作为一种人文性和科学性相统一的教育管理理念，是满足高质量需求的迫切要求和必要保证。要求在工作的细节、过程和结果方面追求卓越、精益求精、周到细致、精雕细刻。对于辅导员工作来说，精致性强调内容的有用性，要求辅导员工作围绕学生的发展需求精心设计，精心安排，精心组织，有的放矢，注重活动的实用性和渗透性，使学生在活动中明确自身的发展需求、自身特点、发展步骤、调动学生自我发展的积极性和主动性。

三、顺应学生发展需求的变化，强化学生教育工作的完善

（一）增强辅导员就业责任意识和服务意识，提升就业工作的超前性

责任意识就是使命感。只有富有守土有责的使命感，才能真正全身心地投

身于就业工作,才能在工作中以学生的成长成才为出发点和立足点,围绕着学生的需要而饱满热情地开展工作。

增强责任意识必须热爱辅导员工作,具有爱心,爱心是增强责任意识的催化剂。而热爱辅导员工作的前提是必须明确自己工作的使命。辅导员要明确认识到学生成才对国家和社会发展的重要性,明确辅导员所肩负的历史使命;同时,更要认识到自身的工作对学生本人成长成才的重要性,有使命感的辅导员工作不仅能预见到问题的出现,进行预警,而且能及时指导学生少走弯路或把学生引到正道;不仅能帮助学生解决困扰,促进成长成才,甚至能及时地确保学生本人的生命安全。

历史责任的实现需要有强烈的服务态度。强烈的服务态度能使辅导员主动深入细致地了解学生的实际情况和需求,能帮助学生寻找适合自己的解决问题的方法和方式,能加强师生之间的朋友关系,从而增强服务和教育的实效性。

服务意识就是坚持以人为本的理念,以学生的成长成才为出发点和立足点,主动围绕着学生的需要而饱满热情地开展工作。要求辅导员首先站在学生的角度思考学生遇到的问题,感同身受地理解学生的问题;要求辅导员能够快速地帮助学生解决应急问题,又能够耐心地帮助学生运用发展的眼光长远地规划自己的发展问题,理性地看待自己遇到的发展的问题。

增强服务意识要求辅导员必须具有问题意识。问题意识要求辅导员通过发现学生问题的出现而提前预见到问题发展的程度和后果。问题意识能够帮助辅导员提前介入到问题的解决,把不利因素扼杀在摇篮中,能够帮助学生及早走出困境。辅导员要深刻地掌握并能灵活运用马克思主义理论,尤其是辩证法,对学生遇到的问题进行理性的分析,帮助学生发展地看问题和解决问题;辅导员要深刻理解社会对学生的素质要求,能够在不同阶段指导学生锻炼和培养各种能力;能够在学生感性看问题的时候,提醒保持理性的态度。

增强服务意识要求辅导员必须具有目标意识。具有目标意识要求辅导员的工作从一开始就应是着眼于学生长远的发展。着眼于学生的长远发展是辅导员工作的最终目的,也是思想政治教育的核心目标。辅导员应以帮助学生实现长远的目标来统帅学生应急问题的解决,用长远的目标来激励和调整学生的学习和生活动机;辅导员工作的内容也应是以发展为主,以目标促发展,以目标带动和引导发展。

（二）唤起学生发展需求的危机意识、目标意识和行动意识

唤起学生危机意识和目标意识是学生发挥主观能动性，提升自身能力而付出行动的前提。行动意识决定着能力的提升效果。唤起意识必须让学生明确就业形势、目标和能力需要以及在大学阶段应该采取的步骤。目前，就业面临着严峻的形势，就业工作也必须早入手，早做准备，提前向学生灌输竞争就业的意识。第一，需要帮助学生明确就业去向的选择，明确去向所需要的条件，明确司考、英语登记证、注会、证券从业、公务员考取的条件以及规划时间和步骤；第二，要帮助学生明确就业能力的内容以及培养能力的步骤和平台。

（三）组织优质服务，精致化地指导学生群体和个人发展需求的实现

学生综合素质的提高是通过各学期的主题教育实现的，精致化地做好各学期主题教育能够提升教育的实效性。精致化地做好各学期的主题教育既需要教育内容具有延续性，又要求各学期的工作有所侧重，这样既确保了教育的连续性，又加强了教育的效果，从而提高学生的各种素质，实现国家和学校的教育目标。不同学期，主题教育是不同的，各有侧重点。针对学生群体要根据每年学生的实际问题组织有针对性的主题教育，既要强调阶段性，也要强调连续性和系统性。对于大一、大二的学生来说要帮助学生根据国家的就业形势和国家教育的要求进行职业规划，初步明确努力的方向；解决如何在班级搞好人际关系的问题；探索适合自己的学习方法；树立正确的世界观、价值观、人生观和恋爱观，进一步对自己进行性格、能力定位；开始有针对性地培养自己的各种能力的问题。大三大四主要解决的是帮助他们优化世界观和价值观，明确自己的奋斗方向，明确自己的兴趣爱好；继续加强各种能力的培养，加强各种证件的获取。研一解决的是就业的问题，比如简历的制作，找工作的技巧培养和各种考试，以及在找工作时如何处理心理困惑等等。

（四）创新能力提升平台，推动学生自我能力的提高

学生自我能力的提高既需要激励，也需要压力推动。平台是一种制度，需要物质和人力的推动，好的平台必须靠制度来保证和推动。

优化班会、团支部、党支部会议内容，增设主题发言，以锻炼学生的语言表达能力；创设班刊，以增强文字表达能力；严格班委分工制和工作内容考核

制,增加同学锻炼机会。

严格论文写作的规范。第一,应该在大二进行论文写作的培训,包括收集资料、选题、开题、格式等程序的规范;第二,严格质量把关,严肃打假、糊弄行为,实施重写和不及格制度,对于重写和不及格的论文不能参与评优。

增设论文大赛并结集出版。国家科研创新项目、校院级优秀论文作为本科学年度和研究生研一国家奖学金评定的重要因素进行考量。

创设就业和出国交流平台。通过年级大会和微信群组平台增强与往届毕业生的交流活动,通过交流平台了解就业形势、就业信息、就业历程、就业心理、出国形势和就业前景、前期准备等。

社会的需求是变化的,学生自我兴趣的发展也是变化的,在变化中调整学生工作的思路和步骤永远都是一个永恒的课题。永恒中渗透着红线,那就是学生工作一定要有的放矢,以提高学生发展能力为己任,满足学生发展的需求。

"五育并举"视域下资助育人体系建设研究

——以中国政法大学为例

韦 婷[*]

摘 要：当前，我国脱贫攻坚取得了全面胜利。在新的时代背景下，高校应在实现精准资助的基础上，通过资助育人，努力让每个家庭经济困难学生都有人生出彩的机会，尽力阻断贫困代际传递，成为德智体美劳全面发展的社会主义建设者和接班人，为全面推进中华民族伟大复兴做出新的更大贡献。本文以中国政法大学学生资助工作为例，跳出资助看资助，通过研究"资助育人"工作的内涵，围绕"五育并举"，探索资助育人体系化建设，实现资助工作高质量发展。

关键词：五育；资助育人；体系建设；成效

党的二十大报告明确指出："全面贯彻党的教育方针，落实立德树人根本任务，培养德智体美劳全面发展的社会主义建设者和接班人。"新时代高校"五育并举"的五大要素：德育、智育、体育、美育、劳动教育相辅相成，互相促进。其中，德育是首要和根本，是培养人的思想道德和个人品质的重要途径；智育是基础和关键，是培养具有高素质和创新能力人才的必要环节；通过体育以体树德、以体塑形、以体健体、以体增智；通过美育坚持立德树人，扎根时代生活，遵循美育特点，弘扬中华美育精神；通过劳动教育弘扬崇尚劳动、尊重劳动、热爱劳动的劳动精神。

一、新时代资助育人工作内涵

习近平总书记在党的二十大报告中指出，办好人民满意的教育……全面贯

---

[*] 韦婷，现任中国政法大学学生资助管理中心副主任，讲师。

彻党的教育方针,落实立德树人根本任务,培养德智体美劳全面发展的社会主义建设者和接班人……促进教育公平。学生资助工作寄托了党和国家对家庭经济困难学生的殷殷关切,也承载着众多家庭和学子的美好梦想。"不让一个孩子因家庭经济困难而失学"的承诺基本实现。在新时代新征程上,我们要正确认识和把握学生资助工作面临的新形势、新机遇、新挑战,坚持以习近平新时代中国特色社会主义思想为指导,深入贯彻落实党的教育方针,从保障型资助向发展型资助深化,加快推动学生资助工作高质量发展。[1]

资助是手段,目的在育人。[2]学生资助应紧紧围绕"立德树人"根本任务,坚持"精准资助、精细管理、精致服务、精心育人"工作理念,建立健全资助育人体系,在做好经济保障的同时,以德为首,坚定理想信念,筑牢信仰之基;以智为本,把稳学习方向,激活生涯引擎;以体为基,强健身体素质,砥砺强国担当;以美为媒,提升审美素养,涵养心境情操;以劳为实,锤炼劳动精神,凝聚奋进力量。

二、"五育并举"提升资助育人实效

资助育人工作体系建设及工作开展应坚持以习近平新时代中国特色社会主义思想为指导,深入贯彻落实党的二十大精神和习近平总书记关于教育的重要论述,致力于使家庭经济困难学生共享人生出彩的机会,共享梦想成真的机会,共享同祖国和时代共同进步的机会!为实现"三个共享"目标,构建"四项计划"深化资助育人,即领航计划、护航计划、助航计划、远航计划,涵盖家庭经济困难学生的思想政治教育、学业帮扶、感恩励志教育、美育、体育、劳动教育等诸多方面,以推动"解困—育人—成才—回馈"良性循环,着力构建资助育人长效机制,助力学生全面发展、全面成才。

开展"领航计划",引导家庭经济困难学生立志明德。开展理想信念教育,组织家庭经济困难学生"走出去",通过参观各类成就展、赴改革开放前沿阵地调研、走进美丽乡村、观看爱国影片、走访红色教育基地等,让学生沉浸式感

---

[1] 王克冬、刘冠丽、武佩佩:《脱贫攻坚精神融入高校思想政治教育探析》,载《学校党建与思想教育》2023年第21期。

[2] 张永:《治理现代化视域下高校资助育人高质量发展路径探索》,载《思想理论教育导刊》2022年第11期。

受党和国家事业取得的历史性成就、发生的历史性变革，进一步坚定理想信念、汲取奋进力量；强化品德涵养，把社会主义核心价值观培育融入奖学金评选、助学金发放、助学贷款办理、勤工助学、基层就业代偿、服兵役教育资助、新生入学教育、毕业生教育等全过程、各方面，教育引导学生自觉做社会主义核心价值观的坚定信仰者、积极传播者和模范践行者；打造"自强之星"暨"感动法大人物"评选表彰品牌活动，大力宣传家庭经济困难学生自强不息、艰苦奋斗的优秀事迹，营造崇德向善的积极氛围，激励家庭经济困难学生向先进模范学习，争做崇高道德的践行者、文明风尚的维护者、美好生活的创造者。

开展"护航计划"，推动学生资助工作精准规范。制定并完善家庭经济困难学生认定、奖助学金评选、困难补助发放等各类办法，确保学生资助工作公平、公开、公正，建立健全资助工作制度体系；扩宽资金来源，加强奖助学金管理，实现家庭经济困难学生百分之百全覆盖；加强信息化建设，全面取消"校园绿卡"，以信息化手段推动精准资助，简化办事流程，保护个人隐私，避免标签化对待家庭经济困难学生；深入落实入学资助政策，将"绿色通道"延伸到学子家乡，为困难新生发放来京路费并开展"益"路护航机票资助活动等；增强困难补助发放的针对性和精准度，结合实际情况发放"抗疫/抗灾临时困难补助"、网课流量补助、过节补助，结合重要时间节点组织新生座谈会、走访慰问寒假留校学生等，有针对性地关注帮扶特殊群体，切实让学生感受到党和国家以及学校的关心关爱。

开展"助航计划"，助力家庭经济困难学生全面发展。一是加强学业帮扶，举办"添翼工程"周末补习班，聘任一批具有奉献精神、具备扎实专业知识的老师和学生担任教员开展"一对一"或小班教学，已连续举办十六期，累计3109人次学生通过周末补习班受益。二是深化就业帮扶，"一人一册"建立家庭经济困难毕业生帮扶台账，及时发放求职就业补贴，开展"宏志助航"就业能力培训，加强校企合作，带领学生走进律所企业与用人单位深入交流，进一步加强家庭经济困难学生的就业竞争力。三是实施"海外提升计划"，与教务处联合开设雅思、托福公益培训班，资助雅思、托福考试成绩符合留基委要求的家庭经济困难学生赴海外交流学习。四是推动全面发展，带领学生走进国家大剧院、北京音乐厅等国家级艺术殿堂欣赏高水平演出，资助学生走进博物馆、名胜古迹、大自然，体验京城文化，让学生感受艺术魅力，提高审美能力和人文素养。五是开设劳动教育实践课程，通过生活劳动提升实践、生产劳动体验实践、校园先锋劳动实践、"专业+劳动"主题实践，以"寓"见美丽法大、校园先锋行动等品牌活动为载体，把劳动教育纳入人才培养全过程，引导学生树立正确的价值观、劳动观和成才观。

开展"远航计划"，鼓励受助学生勇于担当。设立专项奖学金，对前往偏远山区开展普法行动、法治教育、法律援助等实践活动进行资助，对深入践行砺德为民、致学为公的优秀学子予以表彰和奖励，激励学生积极投身公益、回馈社会，并加强对获奖学生典型事迹的宣传，发挥先进典型的示范引领作用；丰富实践活动，开展"小我融入大我，青春献给祖国"主题实践，鼓励家庭经济困难学生深入田间地头，奔赴乡村振兴一线，走进城市社区开展志愿服务、理论宣讲、社会调研、生产劳动、勤工助学等形式，在实践中锻炼能力，以自身所学回报社会；搭建线上服务平台，开展"以笔传情，守护成长"解忧信箱、"冬日温情，情暖花开"线上支教、"冬火"远程线上普法等公益志愿活动，面向山区中小学生、社区居民开展通识教育、普法宣传，利用信息化手段拓展学生投身公益新渠道。

三、资助育人工作短板及展望

资助育人围绕"立德树人"根本任务，以培养德智体美劳全面发展的建设者和接班人为目标，是一项系统工程。"五育并举"应做到平衡及充分发展，形成相互补充和促进的有机整体。[1]目前资助工作中，"五育"实施力度不均。德智美劳教育的组织实施已相对成熟，取得了较好的育人效果。而体育教育，尚未形成丰富的内容和品牌。下一步，要不断完善顶层设计，加强系统谋划，深化统筹推进，健全工作督导，盘活"五育并举"，形成一体化工作格局。坚持全员、全程、全方位"三全育人"工作要求，引导全体师生参与到资助育人工作中，让学生成为育人主体和实践者；在整个教育过程中贯穿资助育人，从学生入学前到毕业后，结合重要时间节点，精心安排育人环节；从各个方面、各个领域、各个层次进行育人工作，充分利用各种教育载体，让学生资助工作切实成为落实立德树人根本任务的有效抓手，以培养学生的综合素质为目标，促进学生全面发展。

---

[1] 饶珈瑞、邱锦泉：《脱贫攻坚后高校资助育人质量提升的思考——高校资助育人工作探析》，载《大学》2023 年第 25 期。